关键词：财经记者·现场调研·一手资料

直击自贸区

从投资贸易便利到共享金融创新红利

步步为赢

孟庆伟　方　辉　郝红波◎著

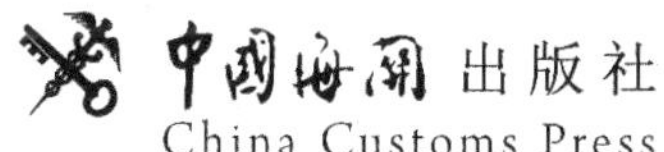
中国海关出版社
China Customs Press

图书在版编目（CIP）数据

直击自贸区：从投资贸易便利到共享金融创新红利步步为赢/孟庆伟，方辉，郝红波著．—北京：中国海关出版社，2016.3

ISBN 978-7-5175-0115-2

Ⅰ.①直… Ⅱ.①孟… ②方… ③郝… Ⅲ.①自由贸易区—研究—中国 Ⅳ.①F752

中国版本图书馆 CIP 数据核字（2016）第 042479 号

直击自贸区：从投资贸易便利到共享金融创新红利步步为赢

ZHIJI ZIMAOQU：CONG TOUZI MAOYI BIANLI DAO GONGXIANG JINRONG CHUANGXIN HONGLI BUBU WEIYING

作　　者：孟庆伟　方　辉　郝红波
策划编辑：史　娜
责任编辑：史　娜
出版发行：中国海关出版社
社　　址：北京市朝阳区东四环南路甲 1 号　　邮政编码：100023
网　　址：www.hgcbs.com.cn；www.hgbookvip.com
编 辑 部：01065194242-7535（电话）　01065194231（传真）
发 行 部：01065194221/4227/4238/4246（电话）　01065194233（传真）
社办书店：01065195616（电话）　01065195127（传真）
　　　　　http://store.hgbookvip.com（网址）
印　　刷：北京新华印刷有限公司　　经　　销：新华书店
开　　本：710mm×1000mm　1/16
印　　张：20.25　　字　　数：258 千字
版　　次：2016 年 3 月第 1 版
印　　次：2016 年 3 月第 1 次印刷
书　　号：ISBN 978-7-5175-0115-2
定　　价：48.00 元

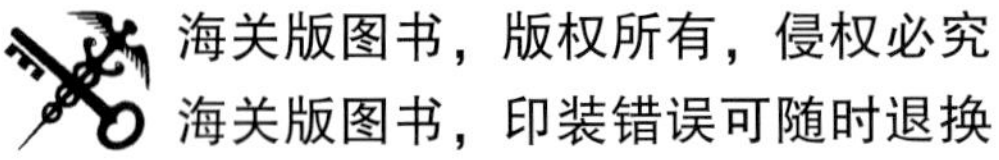

这一象征中国新一轮改革开放地标的“前海石”，伫立在深圳前海的前海湾旁。2012年12月7日，习近平总书记在党的“十八大”后离京视察的第一站就选择了前海，并在这块“前海石”旁做出了重要指示。习书记表示，过去是香港辐射广东，现在是港深合作、粤港合作、相互促进、共同发展。中央决定设立前海深港现代服务业合作区。它的作用就是促进粤港、深港合作。　（孟庆伟/摄）

30多年前，招商局集团创办蛇口工业区，这是中国第一个对外开放的工业区，也使得蛇口成为我国第一轮改革开放的策源地。随着自贸区战略的推开，蛇口再次站在了我国进一步扩大开放的舞台上，与前海一起建设我国金融业对外开放试验示范窗口、世界服务贸易重要基地和国际性枢纽港。

图为蛇口区块部分区域俯瞰图，蛇口网谷、南海意库、海上世界等近年蛇口产业转型升级的代表项目就集中在此区块。（孟庆伟/摄）

位于福建平潭片区澳前区块的平潭·台湾商品免税市场，是平潭的一张“名片”，它是大陆第二个对台小商品免税交易市场。目前超过200家商户入驻，其中台湾商户约占60%。

平潭与台湾隔海相望，是祖国大陆距离台湾本岛最近的地区，距台湾本岛直线距离仅68海里。这里正在重点建设两岸共同家园，其中旅游商贸产业是平潭自贸片区重点打造的产业之一。（孟庆伟/摄）

厦门片区是福建自贸区面积最大的片区。2015年4月22日，国务院总理李克强来到福建自贸区厦门片区，在象屿综合服务大厅考察自贸区改革经验落地、简政放权等情况。

厦门片区在改革试验中形成的创新举措有18项为全国首创，率先实行的“一照一码”企业登记制度得到总理的高度认可，并指示在全国推行。目前更多创新政策正在厦门片区试验。

图为厦门自贸片区象屿综合服务大厅。（孟庆伟/摄）

推荐序

孟庆伟、方辉、郝红波3位作者完成了《直击自贸区》一书，邀我作序。我欣然接受，因为，进行建立自贸区综合试点，在中国改革开放的进程中具有标志性的意义，如果说20世纪80年代开始设立经济特区标志着中国改革开放的基本政策取向是以"特殊政策"、"优惠待遇"在计划经济体制中打开缺口，为市场经济和对外开放"杀出一条血路"；那么，设立自贸区则标志着中国改革开放的基本政策取向开始转向以公平竞争和普惠政策为主导，形成更完善的市场经济体制和更开放的全球化战略。

《直击自贸区》的3位作者都是新闻记者，对于上海、天津、广东、福建等4个自贸区的观察和讨论完全基于一线采访和深入调研。以近距离接触所获得的信息告诉读者，在自贸区试点建设过程中，身处第一线的实践者们的所作所为，所思所想。作者笔下的自贸区和他们的建设者、探索者们是鲜活的，读者们所看到的不是抽象的概念而是具象的面貌。

今天的自贸区和当年的经济特区，尽管都具有"试验"性质，但两者的含义是非常不同的。经济特区试点的基本含义是“特区可实行而其他地区不实行”，即特殊政策待遇只可限于特殊地区或园区；而自贸区试点的含义则是“自贸区实行的其他地区也可以实行”，叫做“可推广、可复制”。也就是说，自贸区的发展将不再依靠差别性特殊政策的刺激，而主要依靠统一开放市场条件下的公平竞争。按照自贸区的政策取向，要为全国的市场经济发展趟出一条新路：产业发展再没有政策捷径可寻，不能靠吃“政策偏食”，而要靠自由公平竞争条件下的创新！

因此，自贸区试点标志或者预示着：在新的发展时期，经济发展的动力机制将改变，产业发展的空间结构也将改变。“低价格资源供应”和“差别性优惠政策激励”的区域经济发展动力机制时代将历史性地成为过去。从一定意义上可以说，中国产业发展的基本态势正在从“特政”时代转向“自贸”时代。“特政”时代的动力逻辑是各地区都力图以“划区”方式构建“特殊政策区”，不仅有正式命名的经济特区，而且有无数“参照特区政策”，甚至实行“更加特殊的政策”的产业园区，总之是以“差别性”和“优待性”促发展；而“自贸”时代的动力逻辑则是努力融入更大范围的内外开放、公平竞争和有序合作的一体化经济区域，进而同体现自由贸易原则的全球经济化接轨，融入一体化的全国经济和全球经济，总之是以“公平性”和“开放性”促发展。

可见，自贸区试点的意义绝非一般，其艰巨性极具挑战，其历史性非常深远。既然没有特殊政策，所有的改革均应具有可推广、可复制性，这就是说，自贸区负有为实行普惠政策“趟路”的责任，而不应谋求中央政府给予的特殊政策的扶持，那么，自贸区的优势在哪里？她们凭什么能够获得更显著的成效？据3位作者的观察，自贸区的精神表现为创新、务实、勤奋。也许这就是3位作者在上海等4个自贸区建设现场所见所闻留下的最深刻印象，并为之感动，也是他们决定著书实录的缘由。

记者的眼光常常是敏锐而独特的，在本书中，3位作者的观察和论述不仅直面现实，而且不乏内容新颖、颇具启发之处，帮助读者了解自贸区，促使读者思考自贸区。当然，上海等4个自贸区试点建设还刚刚起步不久，未来的道路还很漫长，而且，全国可能还会有更多的自贸区试点。所以，对于中国改革开放新阶段的宏大形势，几个自贸区试点目前还只是新体制机制的“星星之火”。所以，我为此书作序，一方面是对3位年轻作者表示祝贺；另一方面也是希望他们能够继续跟踪自贸区试点建设进展，争取今后不断发表更多反映全国各地自贸区发展状况的报道和著述。

中国社会科学院学部委员
《中国经营报》社社长　金碚
2016年3月19日

自　序

1896年，丙申年，严复先生于天津译著《天演论》，宣扬“物竞天择，适者生存”。

新世纪，又一个丙申年，两甲子过去了，虽沧海桑田，然变革依旧。

就在30多年前，为了适应时代，一场波澜壮阔的改革开放发端于南海的那个“圈”。而如今，新一轮对外开放已然开局。

将时间回推到2014年12月，在上海自贸区（全书“自贸区”均指“自由贸易试验区”）挂牌一年半后，中央决定将上海自贸区经验在更大范围推开，在广东、天津、福建新设3个自贸区，并扩展上海自贸区区域范围。

至此，上海、广东、天津、福建，寥寥数枚“棋子”，从南到北，自贸区的雄伟格局已初步形成。

保持30多年经济高速增长后，进入新常态的中国需要培育新动能。而进一步扩大对外开放，将使中国在开放中增强发展新动能、增添改革新动力、增创竞争新优势。

“自贸区要勇于承担先行先试的职责，当好改革的掘进机，开放的破冰船。”2015年11月25日，国务院总理李克强在上海自贸区考察时如是表示。可见自贸区作为中国扩大开放新“试验田”的作用举足轻重。

自贸区战略简言之，就是围绕投资便利化、贸易便利化、金融制度创新、事中事后监管等为核心开展一系列制度创新试验。对中外企业而言，这是前所有未有的发展历史机遇。

2014 年年底自贸区扩容的消息一出，中国海关出版社就开始筹划如何帮助企业分享改革红利。在 2015 年 4 月 20 日定调四大自贸区战略定位的方案经国务院发布后，出版社将目光聚焦在财经媒体人身上。也因此，覆盖四大自贸区、财经记者、现场调研、一手资料、实操性强成为本书的关键词。

身为财经媒体人，在平日的职务采访与报道中，笔者接触自贸区政策与建设颇多，并刊发过多篇关于自贸区的一线调查报道。也正基于此，笔者总希望有一个机会能将自己的积累梳理、提炼以分享给公众，尤其是分享给身处新时代的企业人。偶然的机会，这一想法与中国海关出版社不谋而合，在深感荣幸的同时，也自当竭智尽力。

写作本书的困难是不小的，但每每见到自贸区人的奋斗，则只有竭诚以待，不敢言退缩。在书写每段文字的时候，常常有一个问题在笔者耳边响起：自贸区何以发展得如此迅速？自贸区人又凭借什么敢为天下先？

随着书稿渐渐完成，答案也日益清晰。我想有三。

其一，是创新。

自贸区建设的核心任务是制度创新，是打造“制度高地”，而不是“政策洼地”。也因此，挂牌以来，每个自贸区根据各自区位优势、产业结构等不同进行制度创新，硕果累累，不乏亮点。

比如，上海自贸区的金融创新一直扮演着“领跑者”的角色，跨境人民币业务、资本项目可兑换、外汇管理等改革举措降低企业融资成本，促进贸易投资便利化；福建厦门片区率先实行的“一照一码”企业登记制度得到总理认可，并指示在全国推行，这项创新让企业注册可在1日内办结；广东南沙片区率先实施的海关快速验放机制，使海关通关时效提高50%以上；天津自贸区以信用风险分类管理为依托的市场监管制度、京津冀区域检验检疫一体化新模式两项创新举措入选商务部评选的8个最佳实践案例……

一项项创新制度的设计、实施，增加了自贸区的经济活力，也给企业插上了飞得更高更远的翅膀。

其二，是务实。

从实际出发，一切靠事实说话，不仅是改革开放30年的利器，也是自贸区致胜的法宝。

土地紧张、开发任务重，几乎是每个自贸片区在开发建设中遇到的共性问题。但为了新一轮改革开放的成果在寸土寸金的土地上落地生花，各自贸区对土地、空间的规划是审慎且务实的。

广东前海管理局一位管理者的话至今令笔者难忘："前海这么少的土地如果全部拿出来，一夜就卖光了。我们不是为了拉 GDP，而是要走出现代服务业发展的新路子"。

笔者所到之处，自贸区的建设者都着眼于十年、甚至几十年的发展规划土地，引进项目。

其三，是勤奋。

勤奋是一个容易表达但难于实现的品质，既要耐得住寂寞，又要吃得了辛苦。

在今年 3 月广东南沙片区宣布将设两个类似前海管理局的法定机构之前，前海管理局是所有自贸片区中唯一一个，也是内地首个法定机构。法定机构借鉴香港的模式，兼具企业经营和政府行业管理职能。

然而，前海管理局一群"75 后"为主力的前海人却工作在由 333 个废旧集装箱搭建而成的铁皮临时办公区里。笔者在前海考察时正值炎热夏季，室外近 40 度的高温，室内即便有冷气也酷热难耐。工作人员说，天冷有海风时这里又被吹得好像冷库。而这样的简易办公区，在未来 3～5 年的时间里都将见证前海人的奋斗。

即便办公条件艰苦，前海人依然干劲十足，尤其是自贸区获批后，办公区的夜晚经常灯火通明，简陋的食堂到晚上 8、9 点还有很多工作人员就餐。

不仅是前海，四大自贸区人都在铆足了干劲，播种着扩大开放的梦想，让自贸区成为改革开放30年后在全国引领高水平开放的新热土。

在笔者看来，创新、务实、勤奋，这就是自贸区的精神，也是改革开放的精神。而笔者所为之事，正是要将这精神如实地记录下来。

四大自贸区格局形成以来，自贸区的政策红利正吸引来自全球各地的投资人到自贸区掘金，也有越来越多的国内企业通过这一平台走出国门、参与国际竞争。最直观的体现，就是四大自贸区在2015年新设企业数量已成倍增长，注册资本呈几何级增长。

改革会带来最大红利，让企业“赢得大未来”。因此笔者在实地探访自贸区时，都特别注重企业的诉求，而书中随处可见的“服务小达人”便是有针对性地答疑解惑。

比如在前海时，笔者遇到了一位来自北京的投资人，他已注册一家融资租赁公司，想了解如何将香港资金引入前海，笔者就带着这个疑问向前海管理局相关处室发问，并得到耐心解答。类似的“小贴士”全书还有很多。

随着自贸区战略的推进，多个内陆省份已相继提出申建自贸区，第三批自贸区也渐行渐近。这意味着，自贸区战略或将自东向西打造内陆开放新高地。这也与十八届五中全会通过的“十三五”规划建议提出的“提高自由贸易试验区建设质量，在更大范围推广复制”的要求相一致。

顺历史潮流而动，则星星之火总可以燎原。可以预见的是，随着一个个开放新高地的建立，自贸区势必将为我国进一步深化改革和扩大开放作出更大贡献。

“雄关漫道真如铁，而今迈步从头越。”创新、务实、勤奋，是今天中国改革的动力，愿自贸区蓬勃发展，日新月异。

本书写作前，笔者的职务报道曾得到多个自贸区的大力支持。故在本书真正写作时，此前建立的良好关系使笔者在实地考察时又得到很多协助和诸多一手资料。在此，谨对广东省商务厅、福建省商务厅、南沙新区管委会、前海管理局、招商局自贸办、横琴管委会，福州片区自贸办、厦门片区管委会、平潭片区管委会等一并致谢。还要特别感谢福建师范大学经济学院副院长、福建自贸区综合研究院院长黄茂兴教授。

是为序。

孟庆伟

2016年3月16日

目　录

引 言　自贸区扩容

打造中国经济“升级版”

推进自贸区建设，是我国经济发展进入新常态的形势下，为全面深化改革、扩大开放探索新途径、积累新经验而采取的重大举措。

2014 年 12 月底，在上海自贸区挂牌运行一年半后，中央决定扩展上海自贸区区域范围，并在广东、天津、福建再新设 3 个自贸区。2015 年 4 月 20 日，四大自贸区总体方案公布，随后 4 月 21 日新设的自贸区同时挂牌。这意味着，自贸区作为中国扩大开放新试验田的格局已经初步形成。

一、自贸区是什么?

2013 年 8 月，国务院正式批准设立上海自贸区。同年 9 月 29 日，上海自贸区正式挂牌成立。该自贸区以上海外高桥保税区为核心，辅之以浦东机场保税区和洋山港临港新城，成为中国经济新的试验田。

上海自贸区的挂牌，成为了我国进一步扩大开放的一个历史性事件。此后，我国进入了“自贸区时代”。

何为自贸区？本书中的自贸区，均为自由贸易试验区的简称，是在国内设立的一类自由贸易园区。

“自由贸易园区”（Free trade zone，英文简称“FTZ”），指在某一国家或地区境内设立的实行优惠税收和特殊监管政策的小块特定区域，类似于世界海关组织的前身——海关合作理事会所解释的“自由区”（Free zone）。国务院发展研究中心相关领导曾公开解释称，“自由贸易园区”，指在一个独立关税区之内，一个特定的区域实行特殊的海关监管办法的区域。

按照该组织 1973 年订立的《京都公约》的解释：“自由区”系指缔约方境内的一部分，进入这一部分的任何货物，就进口税费而言，通常视为在关境之外，并免于实施通常的海关监管措施。

很多国家有自己的“自由贸易园区”，比如迪拜的杰贝阿里自贸区、美国纽约港自贸区、巴拿马科隆自由贸易区等。

我国此前设立的经济特区、保税区、出口加工区、保税港、经济技术开发区等特殊经济功能区都具有“自由贸易园区”（FTZ）的某些特征，即商品从国外进入区内的时候是可以保税的。但在上海自贸区设立前，并没有与国际通行的“自由贸易园区”完全对应的区域。

上海自贸区的功能和一般的海关特殊贸易监管区不一样，除了具有进口商品保税、海关监管、货物贸易等便利化内容以外，还有一个重要的内容是服务业的开放。2013 年 9 月国务院批准的《中国（上海）自由贸易试验区总体方案》（以下简称《上海总体方案》）就涉及 6 个领域、18 个部门正面清单的开放。

这里需要提及一个与“自由贸易园区”相近的一个概念——“自由贸易区”（Free Trade Area，英文简称“FTA”）。“自由贸易区”，是指两个以上独立关税区之间的自由贸易安排，一般是指两个以上的主权国家或单独关税区，通过签订自由贸易协定，在 WTO 最惠国待遇基础上，相互进一步开放市场，分阶段取消绝大部分货物的关税和非关税壁垒，改善市场和投资的市场准入条件，从而形成的实现贸易和投资比优化的特定区域。

目前我国已与东盟、巴基斯坦、智利、韩国、澳大利亚等国签署了自由贸易协定。

上海自贸区的设立，有几个关键的国际国内大背景。彼时，2012 年我国经济总量由 1978 年的 3645 亿元迅速跃升至 518942 亿元，经济总量居世界第二位，经济总量占世界的份额由 1978 年的 1.8%提高到

2012年的11.5%。

这是改革开放30多年来取得的来之不易的成果，但问题也不可回避，全球竞争优势发生转换、低成本的劳动力优势在逐年削弱、现代服务业发展严重滞后、全球区域经济一体化面临挑战……

因此，进一步扩大开放，在某一区域先行先试，打造中国经济“升级版”，成为上海自贸区的应有之义。打造中国经济“升级版”，是李克强在就任总理后提出的命题。李克强指出，关键在推动经济转型，把改革的红利、内需的潜力、创新的活力叠加起来，形成新动力，并且使质量和效益、就业和收入、环境保护和资源节约有新提升，打造中国经济的“升级版”。

这一命题，在2013年9月国务院批准的《上海总体方案》中也被明确提出：自贸区将成为我国进一步融入经济全球化的重要载体，打造中国经济的“升级版”。

也正因此，上海自贸区从挂牌开始，就肩负着我国在新时期加快政府职能转变、探索管理模式创新、促进投资贸易便利化，营造国际化市场化法治化营商环境的重要使命，为全面深化改革和扩大开放探索新途径、积累新经验。

同时上海自贸区还特别强调，要探索转变政府职能，从商事登记、外商的审批到负面清单的管理方式及多个监管部门协调统一执法等方面作改革探索并积累经验，同时通过进一步扩大开放倒逼国内的经济体制改革。

那么为何第一个自贸区“落子”上海？2013年3月，李克强总理就任总理后在上海考察时对上海市主要领导说过的一番话或许能给出答案。

总理说："30 年前，波澜壮阔的改革首先是由沿海开放的经济特区带动的。今天看来，用开放促进新一轮改革，依然有很大的空间和动力，而在这种开放的过程中，改革将释放巨大的制度红利。中国走到了这一步，就该选择一个新的开放试点，上海完全有条件、有基础试验这件事。"

对自贸区战略的实施，国际舆论给予了很高评价。《华尔街日报》中文网指出，上海的自贸区试验意义比肩甚至超越第一轮以开放促改革时建立的深圳经济特区。这是一个完整的从经济体制到监管体制再到行政体制改革的综合试验区，它将创造出一个符合国际惯例、自由开放，鼓励创新的市场经济环境。

美国《福布斯》杂志评价称，上海虽然起步较晚，但近年来朝着亚洲乃至世界贸易和金融中心的目标发展，自贸区的设立将推动上海成为香港之后又一个金融中心。设立自贸区说明中国的改革开放进入了一个全新的高度，今天的中国将以更加开放的心态面对世界，在世界经济的舞台上更加成熟、更加充满活力。

二、自贸区扩容

上海自贸区挂牌运行一年多后，形成了一批可复制、可推广的改革创新成果。这些成果包括：以贸易便利化为重点的贸易监管制度有效运行；以资本项目可兑换和金融服务业开放为目标的金融创新制度有序推进；以政府职能转变为核心的事中事后监管制度也初步形成。通过大胆尝试，简政放权等改革效应逐步显现，极大地激发了市场主体活动，提高了政府效能，探索了适应更加开放新形式的管理模式。

2014 年 12 月底，为进一步深化上海自贸区改革开放试点，同时为了与上海自贸区形成对比试验，互补试验，通过试验的多样性验证制度创新措施复制推广的可行性，建设更多的改革开放“试验田”，党中央、国务院决定扩展上海自贸区的区域范围，并且在广东、天津、福建再新设3个自贸区。

2015年4月20日，备受期待的4个自贸区的总体方案由国务院印发，包括《进一步深化中国（上海）自由贸易试验区改革开放方案》、《中国（广东）自由贸易试验区总体方案》（以下简称《广东总体方案》）、《中国（天津）自由贸易试验区总体方案》（以下简称《天津总体方案》）及《中国（福建）自由贸易试验区总体方案》（以下简称《福建总体方案》）。

就在当天上午，上海、广东、天津、福建4省市相关负责人齐聚北京答记者问。商务部介绍，这4个自贸区以改革开放排头兵、创新发展先行者，形成更多可复制、可推广的经验为目标，在上海自贸区原试点内容的基础上提出了进一步扩大改革开放的创新措施。

新设的3个自贸区复制了上海自贸区的成功经验，在投资管理制度、贸易监管模式、金融制度和事中事后监管等领域改革创新，并且进一步提出建立行政咨询体系、审管分离、审批归口等创新做法。同时，扩容后的上海自贸区新增推动公平竞争、权益保护等试点内容。

同时，4个自贸区将实行统一的、更加便利的与负面清单管理模式相配套的外商投资企业设立及变更备案制度。

四大自贸区均服务于进一步扩大改革开放的国家战略，但依据区位优势、产业结构等不同，将构筑起各有侧重的对外开放新高地。

广东自贸区立足推动内地与港澳经济深度合作，天津自贸区立足于推动京津冀协同发展，福建自贸区立足于深化两岸经济合作，上海自贸区继续在推进投资贸易便利化、货币兑换自由、监管高效便捷及法治环境规范等方面担当“领头羊”。

同时，中央还赋予了自贸区将可复制、可推广的经验辐射全国的使命。

方案公布后，4 月 21 日，新设的三大自贸区同时挂牌。这意味着，作为我国扩大开放新试验田的自贸区已经战略开局。

福建师范大学经济学院副院长、福建自贸区综合研究院院长黄茂兴表示，自贸区由 1 个增加为 4 个，将为我国开放型经济打造改革开放的“试验田”；对推动东部沿海地区更加开放开发、与国际投资贸易平台的对接积累可复制、可推广的经验；自贸区还将带动整个国内的开放，同时倒逼改革进程，比如政府职能转变、简政放权、负面清单制度等。

自贸区由 1.0 版本升级为 2.0 版本，4 省市对周边地区，甚至两岸的辐射带动作用将是巨大的。

广东自贸区将通过加工贸易转型、打造区域发展综合服务区等带动泛珠三角区域和内陆地区转型升级；天津自贸区在促进京津冀协同发展的基础上，利用口岸协作等机制来辐射带动内陆的发展；福建自贸区着力加强闽台产业对接、创新两岸服务业合作模式，以此来辐射带动海峡西岸经济区发展；上海自贸区通过建设长三角区域国际贸易“单一窗口”等助推长江经济带快速发展。

建设开放新高地，是自贸区试验的一个重要内容。与总体方案一起发布的，还有适用于 4 个自贸区的《自由贸易试验区外商投资准入特别管理措施（负面清单）》。

早在 2013 年 9 月 18 日国务院公开批准《上海总体方案》时，就提到探索建立负面清单管理模式。

所谓负面清单管理模式，相当于投资领域的“黑名单”，是指政府列出禁止和限制进入的行业、领域、业务等清单，清单之外的领域都可以自由进入。也就是说，明确企业不该干什么，做到“法无禁止皆可为”。

负面清单主要包括市场准入负面清单和外商投资负面清单，其中外商投资负面清单适用于境外投资者在华投资经营行为，是针对外商投资准入的特别管理措施。

自2013年9月上海自贸区诞生第一版负面清单以来，至今已更新了3个版本。2013年9月版的负面清单《中国（上海）自由贸易试验区外商投资准入特别管理措施（负面清单）（2013年）》，特别管理措施有190项。到2014年7月升级为第二版时，特别管理措施减少到139项，其中实质性取消了14项管理措施，放宽了19项管理措施。

到四大自贸区共用一张负面清单时，特别管理措施已经调减到122项，进一步缩小了限制范围。而在负面清单管理模式施行前，我国外资准入管理原有1000多项审批。可以说，自贸区外商投资的准入条件不断放宽，外商投资开放度和透明度大大提升。

自贸区的负面清单管理模式也推动着全国市场准入负面清单制度的步伐。2015年10月发布的《国务院关于实行市场准入负面清单制度的意见》，提出推进负面清单制度实施步骤的时间表：自2015年12月1日至2017年12月31日，在全国部分地区试行市场准入负面清单制度；从2018年起，正式实行全国统一的市场准入负面清单制度。市场准入负面清单是适用于境内外投资者的一致性管理措施，是对各类市场主体市场准入管理的统一要求。

负面清单制度对我国进一步扩大开放意义重大。2015年11月25

日，国务院总理李克强在上海自贸区考察时曾强调，自贸区要以“三个清单”为突破口，大胆地试，使权力做减法，给责任做加法，为市场做乘法，用更高水平的改革开放释放经济发展的潜力。

总理所说的“三个清单”中的一个，就是负面清单，另两个清单则是“权力清单”，明确政府该做什么，做到“法无授权不可为”；“责任清单”，明确政府怎么管市场，做到“法定责任必须为”。

三、让企业“赢得大未来”

按照中央给出的时间表，新设的3个自贸区将用3~5年时间完成中央赋予的改革探索任务，其间还要及时进行综合评估和专项评估，甚至是第三方机构的独立评估。

转眼，广东、天津、福建3个新设的自贸区挂牌及上海自贸区扩区已近一年。在2016年全国两会期间，商务部官员透露，自贸区改革政策应当说效果已经显现出来，目前正在对其进行评估，择机根据评估情况再推出相关举措。

这一年中，各自贸区的创新试验硕果累累。自贸区的政策红利，吸引了世界各地的投资人涌向中国，涌向自贸区。企业“用脚投票”，或许是对自贸区政策评价最好的注脚。

据官方统计，2015年上海自贸区新设企业数1.8万家，同比增长20%，一年新设企业数量相当于浦东开发开放25年来新设企业总数的1/10。其中，有税收记录的新设企业占比在七成左右。外商投资方面，2015年新设外资企业数量相当于2014年的1.5倍。

在提升上海地区经济活力的同时，上海自贸区创造的经济总量也可圈可点。扩区后的上海自贸区创造了浦东新区3/4的生产总值，相当于上海市 1/4 的生产总值。

金融制度创新，是上海自贸区的主要任务之一。据上海市银监局统计，截至 2015 年末，上海自贸区内共设有 21 家法人银行、99 家分行、13 家专营机构和 301 家支行级网点，此外还有 27 家非银行类金融机构和 4 家资产管理公司。

新设的 3 个自贸区也在加速度前进。广东自贸区 2015 年新注册企业 5 .6 万家，包括 2 万多家金融类企业，注册资本在 10 亿元以上的企业超过 220 家，31 家世界 500 强企业在广东自贸区兴办 50 多个项目，中铁建、TCL、中粮等央企也在自贸区成立总部。

临近的福建自贸区，改革创新的发展活力也正在这里显现。从挂牌到 2016 年 1 月底，福建自贸区所承担的 186 项重点实验任务已实施 145 项，41 项正在全力推进；共新增企业 16201 户，增长 4. 78 倍，注册资本 3189. 16 亿元，增长 8. 53 倍。

天津自贸区作为目前国内北方唯一的自贸区，其创新发展一直备受关注。挂牌至今，天津自贸区共推出两批 175 项制度创新清单，123 项已落地实施。在商务部拟向全国复制推广的 21 项自贸区创新成果中，有 9 项来自天津；进一步释放市场活力，新增市场主体 1. 4 万多户，注册资本近 4000 亿元。

2014 年 9 月，李克强总理考察调研上海自贸区时曾表示：“要让在上海自贸区注册的企业，不但站得住，而且活得好，更要赢得大未来!”

从四大自贸区的“成绩单”看，自贸区战略正让越来越多的企业走在“赢得大未来”的大路上。

四、打造“制度高地”

2015 年 4 月 22 日，在福建自贸区厦门片区象屿综合服务大厅里，李克强总理最感兴趣的是这里将工商、质检、税务“三证三号”合并为“一照一码”的改革探索。总理说，“这将大大便利市场主体，也是商事制度改革最硬的骨头。你们要当好改革先行者，推动全国年内实现‘一照一码’”。

如今，这一创新成果已在全国推行。从2015年10月起，“三证合一、一照一码”改革在全国全面实行。“三证合一”改革，是商事制度改革的重要环节，“一照一码”是该项改革措施的升级版。官方数据显示，到2015年底全国共发出了350.94万张“三证合一、一照一码”的营业执照。国家工商行政管理总局局长张茅丁2016年2月曾表示，今后还要继续加强与相关部门的密切协作，确保“三证合一”的营业执照在各领域的互认互通。

事实上，厦门自贸片区商事主体登记服务模式创新只是整个自贸区扩大改革开放创新举措的一个缩影。

提起扩大改革开放，人们自然会想到30多年前我国从南海那个“圈”开启的第一轮改革开放，当时还设立了深圳、珠海、厦门等多个经济特区，并推出了一系列优惠政策、减免关税等措施，重在打造“政策洼地”。

但自贸区不同，其重点是打造“制度高地”、“改革高地”，以开放促改革促发展的“试验田”。

早在上海自贸区挂牌运行之初，李克强总理就曾强调：“我们在上海搞自贸区的试验，可以说它是一个改革的高地，而不是一个政策的洼地，主要是在两个方面进行试验：第一方面，是如何处理政府和市场的关系；第二方面，是如何处理发展和开放的关系。我们定的时间表是，一年要进行总结，使上海自贸区创造的经验可复制，在面上向全国其他地区逐步推广。”

也因此，商务部部长助理王受文曾表示：“在自贸区没有一项关于税收优惠的政策，广东前海、横琴等片区的税收政策不是因为自贸区而赋予的，而是原来就有的，这是一个显著的不同。”

那何为制度高地？自贸区在哪些方面进行着创新试验？

简言之，自贸区就是围绕投资便利化、贸易便利化、金融制度创新、事中事后监管等为核心开展一系列制度创新试验，以构建国际化、市场化、法治化的营商环境。

在投资便利化方面，自贸区正进行着投资管理制度，对外资和内资均实行负面清单管理模式，不断放宽外商投资的准入条件；对负面清单之外的外商投资要进行备案管理；建立国际贸易“单一窗口”，为企业节省通关费用和大量时间成本；企业登记推行“一照一码”商事登记制度等创新试验。

在贸易便利化方面，自贸区创新了海关监管制度、检验检疫监管模式，如在“先进区、后报关”、“保税展示交易”、通关无纸化、海关特殊监管区域内开展期货保税交割业务、简化 CEPA 及 ECFA 原产地证书提交需求和放宽海运货物直接运输判定标准、对对台小额贸易货物实行分类管理、政府以购买服务方式帮助进出口企业支付查验费等。

在金融制度创新方面，如试点人民币资本项目可兑换、金融市场利率市场化、人民币跨境使用，鼓励企业充分利用境内外两种资源、两个市场，实现跨境融资自由化；推动人民币作为自贸区与港澳地区及国外跨境大额贸易和投资计价、结算的主要货币；允许台资金融机构设立合资基金管理公司，台资持股比例可达 50%以上；支持自贸区内法人金融机构和企业按规定在境外发行人民币和外币债券、开展大额存单发行试点、个人可办理经常项下跨境人民币结算等；

在创新政府管理方式，由注重事前审批转为注重事中事后监管，如实行“谁审批、谁监管”落实权责清单和监管清单；探索开展事前诚信承诺、事中评估分类、事后联动奖惩的信用管理模式；建立反垄断审查制度等。

值得一提的是，服务业开放是4个自贸区的重要内容，特别是金融、教育、文化、医疗、建筑、设计、电子商务、商贸物流等都是自贸区重点开放的服务业领域。

总而言之，自贸区打造“制度高地”，是要为国家层面的整体创新提供经验与借鉴。

五、政策叠加的乘数效应

事实上，作为我国进一步扩大改革开放的标志性战略，自贸区还与“一带一路”、京津冀协同发展、长江经济带等国家级战略相交集。也就是说，两个甚至多个国家级战略的交集，存在于每一个自贸区的实际建设中。

比如上海自贸区的建设要与“一带一路”、长江经济带发展相结合，建成开放度最高的自贸区；天津自贸区建设的同时还要贯彻京津冀协同发展、“一带一路”建设等国家战略，在构建开放型经济新体制的同时，探索区域合作新模式；而福建自贸区、广东自贸区要建设成为21世纪海上丝绸之路沿线国家和地区交流合作的重要平台、21世纪海上丝绸之路重要枢纽，势必要服务于“一带一路”战略。

天津市副市长阎庆民就曾表示，“如何服务好京津冀的协同发展，对天津自贸区非常重要。从这个意义上讲，天津自贸区既是天津自身的，同时也是京津冀的自贸区”。而天津自贸区在改革探索中可复制、可推广的试点成果，将率先在京津冀地区复制推广。

这意味着，每个自贸区的建设都要站在高于自贸区的位置，处理好多个国家级战略之间相结合、协同发展的关系。

上述是国家级战略间交集的问题，而部分自贸片区还存在自贸区与国家级实验区、国家级新区、经济特区等政策叠加的问题。这种叠加效应是乘数效应，这与第一轮改革开放时，深圳、珠海、厦门等沿海城市在成为经济特区前可谓一张白纸的情形完全不同。

比如福建自贸区平潭片区是4个自贸区中唯一一个国家级综合实验区。2011年11月国家发改委出台的《平潭综合实验区总体发展规划》，明确平潭实施全岛放开，在政策支持赋予平潭包含创新通关制度和措施、税收、财政投资、金融、土地配套等7方面28大项优惠配套政策，凸显的是“政策洼地”的优势。

如今，“制度高度”与“政策洼地”相结合，对平潭自贸片区来说，这是双重利好，而对片区里的企业来说亦然。

各自贸区也确实在以敢为人先的勇气将力气用在了制度创新上，而不是研究优惠政策上。

2015年4月20日，时任福建省副省长郑栅洁曾向笔者表示，“自贸区对整个平潭的开放开发可以形成一个倒逼机制，尤其在体制机制方面。所以我们现在的工作重点除了国家赋予平潭的特殊政策外，更多的精力是放在制度创新方面”。

再如广东自贸区横琴新区片区，国家对设在横琴新区的鼓励类产业企业减按15%的税率征收企业所得税，这也是国家赋予横琴这个国家级新区的特殊优惠政策。

再如福建自贸区的福州片区，随着福州新区的获批，这里已成为自贸区、国家级新区、海丝之路核心区、两岸经济合作示范区四区叠加的重点开放区域。福州自贸片区先试先行的诸多政策将被推广到福州新区；而福州新区将自贸区纳入其中，新区的发展也将促进自贸区的成长。

这意味着，如何放大各自贸区政策叠加效应，如何协调各政策之间的衔接、融合，未来将考验各自贸区建设者的智慧。

自贸区战略推开后，如何在四大自贸区构筑起各有侧重的对外开放新高地的同时，又能整体协同服务于国家进一步扩大开放的战略至关重要。

经党中央、国务院同意，2015 年 2 月，国务院自贸区工作部际联席会议制度建立。该联席会议制度的牵头人是国务院副总理汪洋，商务部是具体的牵头单位，共有 30 个中央部门参与，办公室设在商务部。今后涉及跨部门的事项，涉及自贸区改革开放试点措施需要协调的工作，自贸区工作部际联席会议制度将进行研究协调。

2016 年是我国全面建成小康社会决胜阶段的开局之年。在 2016 年全国两会上，习近平主席在参加上海代表团审议时，对上海自贸区的建设特别提出了希望。

习主席指出，希望上海坚持以自贸区建设为突破口，全力深化改革攻坚，使自贸区建设百尺竿头、更进一步。自贸区建设的核心任务是制度创新。要深化完善基本体系，突破瓶颈、疏通堵点、激活全盘，聚焦商事制度、贸易监管制度、金融开放创新制度、事中事后监管制度等，率先形成法治化、国际化、便利化的营商环境，加快形成公平、统一、高效的市场环境。

自贸区建设的核心任务就是制度创新。实际上，这不仅是中央对上海自贸区提出的希望，也是2016年乃至未来几年，四大自贸区需要一以贯之的任务。

对我国而言，自贸区建设是一次全新的试验，时间紧，改革难度大，任务艰巨。也正因此，值得每一位国人期待！

第一章 上海自贸区

发展目标

按照党中央、国务院对自贸区“继续积极大胆闯、大胆试、自主改”、“探索不停步、深耕试验区”的要求，深化完善以负面清单管理为核心的投资管理制度、以贸易便利化为重点的贸易监管制度、以资本项目可兑换和金融服务业开放为目标的金融创新制度、以政府职能转变为核心的事中事后监管制度，形成与国际投资贸易通行规则相衔接的制度创新体系，充分发挥金融贸易、先进制造、科技创新等重点功能承载区的辐射带动作用，力争建设成为开放度最高的投资贸易便利、货币兑换自由、监管高效便捷、法制环境规范的自由贸易园区。

实施范围

自贸区的实施范围120.72平方公里，涵盖上海外高桥保税区、上海外高桥保税物流园区、洋山保税港区、上海浦东机场综合保税区4个海关特殊监管区域（28.78平方公里），以及陆家嘴金融片区（34.26平方公里）、金桥开发片区（20.48平方公里）、张江高科技片区（37.2平方公里）。

第 1 节　金融创新性改革从这里开始

上海自贸区是中国第一个自贸区，从一开始就肩负着为国家探索新道路、积累新经验的任务，“可复制”是上海自贸区进行任何探索都必须具备的特点。

上海是中国传统的金融中心，上百年的积累已经让上海具备了独特的金融气质。如今，上海已经不仅是中国的金融中心，在改革的蓝图中，上海将成为亚太地区金融中心，乃至全球性金融中心。除了中国强大的经济背景外，改革、创新，将是上海提升自身价值的关键。

2015 年 4 月广东、福建、天津三大自贸区挂牌后，上海自贸区在金融方面进行改革创新的优势将愈发明显。伴随着三大新自贸区挂牌，上海自贸区也迎来了扩区，试验进入新的阶段。

2015 年 4 月印发的《进一步深化中国（上海）自由贸易试验区改革开放方案》（以下简称《深化方案》）将上海自贸区从 28. 78 平方公里扩展到 120. 72 平方公里后，企业数量从 2. 8 万家增加到 5. 8 万家，金融支持实体经济的空间倍增。如果将上海自贸区从起步至今的金融改革内容按进程来划分，可分为 3 个阶段。

一、1. 0 版时代

2013 年 9 月，国务院印发《上海总体方案》，上海市会同“一行三会”据此出台了支持自贸区建设的“51 条”意见，上海的“一行三局”相应出台了 10 余项的实施细则，确立了金融支持自贸区建设的总体政策框架，推动了自贸区金融改革的顺利起步。这就是上海自贸区金融改革的1.0版，其标志是总体政策框架基本建立。

二、2.0版时代

2014年5月，中国人民银行上海总部花了1年时间建立的自由贸易账户系统正式投入使用，强大的事中事后管理体系得以建立，简政放权和风险管理有机结合。银行、证券、保险等金融机构和企业都可以接入自由贸易账户，实现与境外金融市场的融通。从此，自贸区金融改革进入了2.0版的时代，其标志是围绕贸易和投资便利化金融改革政策全面实施、以自由贸易账户为核心的强大的风险管理系统正式投入运行。

三、3.0版时代

上海自贸区进入金融改革3.0的节点则是2015年4月22日《中国（上海）自由贸易试验区分账核算业务境外融资与跨境资金流动宏观审慎管理实施细则》（以下简称《实施细则》）的发布，其标志是自贸区金融改革和上海国际金融中心建设联动推进，围绕国际金融中心建设中难啃的硬骨头的改革政策要全面落地实施，国际金融中心的功能要素要全面到位。

到2015年2月，共有13家中外资银行接入自由贸易账户系统，开立自由贸易账户1万多个；区内企业人民币境外借款累计发生120笔金额197亿元，利率仅为4.2%，显著低于境内融资利率，大幅降低了企业融资成本。

2014年9月18日，国务院总理李克强视察上海自贸区时，非常关心实体经济发展，强调要进一步放宽境外融资，以降低企业融资成本。

2014 年 11 月 19 日，国务院常务会议明确要求，“支持跨境融资，让更多企业与全球低成本资金牵手”。

结合扩区前和扩区后的改革目标可以看出，上海自贸区建设中，金融这杆大旗会越举越高，在可复制、法治化的前提下，创新的速度会越来越快。一方面是全国性金融改革的紧迫性，另一方面是自由贸易、资本可兑换、人民币国际化等重大金融命题都将在上海自贸区内先行先试、积累经验。

第2节　扩容试验　探索对外开放新路径

在运行一年半后，上海自贸区在2015年3月迎来了扩容，自贸区的实施范围从原来的28.78平方公里扩大到120.72平方公里，涵盖上海外高桥保税区、上海外高桥保税物流园区、洋山保税港区、上海浦东机场综合保税区4个海关特殊监管区域（28.78平方公里），以及陆家嘴金融片区（34.26平方公里）、金桥开发片区（20.48平方公里）、张江高科技片区（37.2平方公里）。

海关特殊监管区域是经国务院批准，设立在中华人民共和国关境内，赋予承接国际产业转移、连接国内国际两个市场的特殊功能和政策，由海关为主实施封闭监管的特定经济功能区域。截至2015年1月，中国的海关特殊监管区达到120个。海关特殊监管区域现有6种模式：保税区、出口加工区、保税物流园区、跨境工业园区（包括珠海跨境工业园区，霍尔果斯边境合作区）、保税港区、综合保税区。

按照《深化方案》的要求，上海自贸区要“加大金融创新开放力度，加强与上海国际金融中心建设的联动。具体方案由人民银行会同有关部门和上海市人民政府另行报批”。这意味着上海自贸区金融创新将和上海国际金融中心建设全面联动，这也是上海自贸区区别于其他自贸区最重要的一个差异，是上海自贸区的最大特点。

上海财经大学自由贸易区研究院院长赵晓雷认为，所谓国际金融中心，就意味着货币在这个区域可以实现支付、计价、储备等全职功能。也就是说，在上海国际金融中心，人民币要实现这些功能。目前，上海的金融基础设施已经很好了，接下来上海必须打通人民币资本项目可兑换，并推出相应的资金跨境流动的一系列的监管措施和监管制度。只有如此，人民币才能实现真正的国际化。

赵晓雷认为，除了中国人民银行和上海市政府共同推出的上海自贸区金融改革3.0版，即“新51条”，还有3项政策也是必需的，建议相关层面尽快考虑以下3项举措，第一是个人资本账户开放，即个人突破了5万美元的换汇限制，可以自由通过FT账户及分账核算体系，投资境外资本市场和房地产市场；第二是建议在自贸区试行面向海外人民币的纳斯达克市场，其实也是一个场外交易的OTC市场，或股权交易市场，这将有助于企业股权交易和融资；第三是建议在自贸区试行面向离岸人民币市场的，以人民币计价的债券市场，其中主要是企业债券。若上述政策实现，上海将建立起一个真正的境内外双向互联互通的金融市场。

中国人民银行上海总部副主任、上海分行行长兼国家外汇管理局上海市分局局长张新则指出，《实施细则》的出台表明自贸区金融改革将进入一个全新的阶段，自贸区“金改3.0版”要在难啃的硬骨头和关键领域取得全面突破。未来半年，是我们全面推进“金改3.0版”的关键时期。它的核心是要围绕上海国际金融中心建设的各个要素，使资本项目可兑换得到全面有序实施：自贸区企业和金融机构境外融资全面放开，上海个人境外投资落地实施，利率市场化全面推进，上海金融市场实现与国际市场双向开放，金融业准入扩大对内、对外开放，金融监管的负面清单管理全面实施，以自由贸易账户系统为标志的各类强大的事中事后风险管理和金融安全系统全面到位，安全、快速、同步地推进自贸区建设与上海国际金融中心建设。

新增3个片区原产业特征是哪些?

陆家嘴金融片区：集聚银行、证券、保险等金融机构，跨国公司地区总部，期货、钻石、农产品等要素市场，是金融投资机构密集、要素市场完备、资本集散功能强劲的聚集地。其中，世博开发园区重点发展总部经济、高端商业商务服务等现代服务业，文化体育会展业等产业，突显国内外总部集聚功能、高端商业商务服务功能、国际机构集聚功能、上海文化交流中心和上海公共活动中心等五大功能。

金桥开发片区：集聚汽车、电子信息、精密机械、精细化工等产业，是上海重要的先进制造业核心功能区，生产性服务业集聚区，战略性新兴产业先行区和生态工业示范区。

张江高科技片区：拥有集成电路、生物医药、软件与文化创意等国家级产业基地，并构筑了上述领域的完整产业链。

第3节 陆家嘴金融片区：金融机构的首选地

陆家嘴金融贸易区是1990年开发开放浦东后，在上海浦东设立的中国唯一以“金融贸易”命名的国家级开发区。贸易区位于上海浦东，与浦西外滩一江之隔，为上海的母亲河——黄浦江和上海城市内环线所环绕，占地28平方公里，其中规划开发地区为6.8平方公里。陆家嘴金融贸易区是中国上海其中一个主要的金融中心区，位于浦东新区黄浦江畔，面对上海外滩。

为保证金融贸易区开发建设达到世界先进水平，政府聘请了世界著名规划设计专家与上海规划专家合作设计了总体规划、交通规划和城市规划。其中，经上海市政府批准的陆家嘴金融中心区的规划方案，集中了中、英、法、日、意等国规划大师的智慧，体现了当代规划设计的先进水平。根据规划，按功能布局，区内划分为若干重点开发小区：金融中心区、竹园商贸区、行政文化中心、龙阳居住区等。合理的功能布局，既突出了金融贸易的功能开发重点，又充分考虑了建设现代化都市的需要。

金融中心建设，在国务院批复的《上海总体方案》和《深化方案》中，都是十分重要的内容。重点涉及以下几个方面：一是推动人民币资本项目可兑换先行先试，进一步便利企业和个人开展境内外投资、融资活动；二是继续推动人民币跨境使用，特别是在贸易、实业投资和金融投资3个方面并重，积极推动人民币走出去；三是继续扩大金融服务业开放，特别是对民营资本和外资金融机构开放；四是继续推动面向国际的金融市场建设；五是推动金融开放“安全网”建设，完善金融监管机制。

目前，浦东新区正在做的事情：一是加大重量级、国际性、功能型金融机构的集聚力度，金砖国家开发银行已经落户，正在争取上海保险交易所、中国信托登记有限公司等成立和落户。二是推进金融市场体系建设，推进在自贸区建立和完善黄金、外汇、股权、债权、期货、保险、大宗商品、航运金融衍生品等面向境内外开放的交易、清算、结算平台。推进在上海证交所设立“战略新兴板”，争取在上海股权托管交易中心设立科技创新专板。三是加大金融对科技创新的支持力度，包括创新国资创投管理机制，扩大政府引导基金规模，引导社会资本加大投入力度；包括推进科技金融服务创新示范区建设，鼓励科技园区联合金融机构共同推动科技金融产品创新和服务模式创新，探索建立张江科技投资银行。四是大力发展新兴金融，在塘东总部园区建立新兴金融启航基地，在北蔡地区规划建设创投小镇，集聚一批与科技创新密切相关的创投基金。

2016 年 1 月，上海市市长杨雄在上海市第十四届人民代表大会第四次会议作政府工作报告时表示，上海国际金融中心建设将和自贸区金融开放创新继续联动。根据计划，2016 年上海自贸区将推动人民币资本项目可兑换先行先试，拓展自由贸易账户功能，适时启动合格境内个人投资者境外投资试点。

第4节 “金改51条”落地

2013年9月至12月，中国银行监管委员会、中国保险监管委员会、中国证券监管委员会、中国人民银行先后出台了支持上海自贸区金融改革的政策，共计51条，俗称“金改51条”。

《中国银监会关于中国（上海）自由贸易试验区银行业监管有关问题的通知》提出支持中资银行入区发展、支持区内设立非银行金融机构、支持外资银行入区经营、支持民间资本进入区内银行业、鼓励开展跨境投融资服务、支持区内开展离岸业务、简化准入方式、完善监管服务体系等8条。

中国保险监管委员会对上海保监局作出的8项批复包括：设立外资专业健康保险机构、人民币跨境再保险业务、保险机构开展境外投资试点、航运保险等。

《证监会支持促进中国（上海）自由贸易试验区若干政策措施》提出的5项措施涵盖了期货市场对外开放、境内外证券期货双向投资、人民币债券发行等内容。

被视为金融改革最重要政策支持的是《中国人民银行关于金融支持中国（上海）自由贸易试验区建设的意见》，共计30条，将上海金融改革推向了新的高度，主要包括创新有利于风险管理的账户体系、探索投融资汇兑便利、扩大人民币跨境使用、稳步推进利率市场化、深化外汇管理改革等方面的内容。

基于“金改51条”，上海的金融创新措施在陆续落地。但上海自贸区的政策落地是渐进式的，几项细则的实施不代表整个政策具有了可操作性，往往是细则之外还需细则。最实际的形容是，自贸区的政策落地是伴随创新实现的，而且管理层对于政策的落地也没有严格的时间限制，这就给创新留下了足够的时间和空间。

一、自贸区自由贸易账户体系（FT 账户）成为现实

在中央赋予上海自贸区的诸多金融改革、创新任务中，自由贸易账户的设立和运用是一大亮点，不仅政策落地，而且企业已经开始实际应用。

2014 年 5 月，中国人民银行上海总部正式发布《中国（上海）自由贸易试验区分账核算业务实施细则（试行）》和《中国（上海）自由贸易试验区审慎管理细则（试行）》，上海自贸区自由贸易账户体系正式落地。截至 2015 年 2 月，已有 13 家银行接入，共开立近 10000 多个自由贸易账户。

2015 年 2 月，中国人民银行上海总部发布《上海自贸区分账核算业务境外融资与跨境资金流动审慎管理实施细则》，开启上海金融改革 3.0，中国人民银行上海总部对该细则的概括为：

1. 自贸区企业和各类金融机构都可以自主从境外融资，与全球低成本资金牵手；

2. 适用于整个上海自贸区，范围含扩区前和扩区后；

3. 事前不再审批，运用风险转换因子等新的管理方式，依托自由贸易账户管理系统进行事中事后监管；

4. 在上海率先建立了资本账户可兑换的路径和风险管理方式；

5. 自贸区金融改革和上海国际金融中心建设全面提速。

二、自贸区自由贸易账户体系

自由贸易账户（简称 FTA，即 FT 账户）是金融机构根据客户需要，在上海自贸区分账核算单元开立的规则统一的本外币账户，属于人行账户体系的专用账户。根据中国人民银行要求，自由贸易账户的账号之前必须添加“FT”打头的 3 位英文字母作为前缀标识，并在资金的汇出、清算、兑换和汇入等各业务流程中全程体现该标识。自由贸易账户内本外币资金按统一规则管理，同时方便内资、外资企业，对境内企业来说，拥有自由账户基本就是拥有了一个可以和境外资金自由汇兑的账户。对境外企业来说，则意味着它们可以按准入前国民待遇原则获得相关金融服务。自由贸易账户体系是中国人民银行支持自贸区发展“30 条意见”中的关键内容，是探索投融资汇兑便利、扩大金融市场开放和防范金融风险的一项重要制度安排。自由贸易账户的试验情况将影响中国金融开放的进程。

具体来说，自由贸易账户可以办理经常项下和直接投资项下的跨境资金结算等，如帮企业跨境投资做结算；未来还可以办理资本项下的跨境资金结算，如为境外资金投资境内或境内资金投资境外股市做结算服务。

对于企业而言，拥有自由贸易账户的最直接好处，就是效率得到了极大提高。例如，某境内企业 A 公司参与国际竞标，在以往需要在不同规则下管理多类账户，换汇也要花时间。有了自由贸易账户后，A 公司只需要发出一个支付指令，银行就可依据账户协议自动为其以交易所需的币种进行支付，可以是人民币，也可以将人民币自动兑换成所需的外币，概括成一句话就是，企业的支付流程缩短了、程序简化了、效率提高了。

在2015年4月22日之前，自由贸易账户只能开设人民币账户，但这并不影响账户内的货币兑换，比如上述企业A公司进行一次境外项目收购时，可以指令将自由贸易账户内的人民币直接兑换成外币进行支付。但A公司并不能将手中的外币直接存入自由贸易账户，这就是因为自由贸易账户尚未对外币开放。

2015年4月22日，中国人民银行上海总部发布《关于启动自由贸易账户外币服务功能的通知》（以下简称《通知》），正式宣布上海市开展自贸区分账核算业务的金融机构，可按相关要求向区内及境外主体提供本外币一体化的自由贸易账户金融服务，标志着自由贸易账户外币服务功能的正式启动。金融机构可按《通知》要求，提供经常项下和直接投资项下的外币服务。这是中国人民银行积极推进资本项目可兑换、推动上海自贸区新一轮金融改革的重要举措，也是4月20日国务院发布《深化方案》后中国人民银行上海总部推出的第一项金融举措。

中国人民银行上海总部指出，本次自由贸易账户外币服务功能的启动，将大大提升自贸区的金融服务水平，是一项具有重要意义的制度安排。具体表现在以下几个方面：

1. 有利于更好地服务实体经济，便利企业和金融机构的金融活动。自由贸易账户外币服务功能的启动，将为企业提供账户内本外币资金兑换便利，降低融资成本和汇兑成本，更好地管理汇率风险。金融机构对企业参与国际竞争中的金融服务需求也可以有更好的响应和跟进，提供具有国际水准的金融服务，为境内金融服务的改进提供示范效应。

2. 实现了本外币一体化管理，为企业更好地统筹利用境内外两个市场、本外币两种资源创造条件，也有利于加快建立本外币一体化的跨境资金流动监管体系。

3. 有利于推动上海国际金融中心建设。未来一段时间，中国人民银行将依托自由贸易账户体系，围绕上海国际金融中心建设的各个要素，推动金融市场实现双向对外开放，打开自贸区企业境外融资的通道，推动自贸区建设与上海国际金融中心建设的高效联动。

三、有了自由贸易账户，企业或个人都能干些啥？

结合中国人民银行公布的两个《细则》，区内主体及设立分账核算单元的金融机构或个人，可通过开立自由贸易账户，按规定开展中国人民银行支持自贸区发展30条意见第三部分的投融资汇兑创新及相关业务。这些业务包括：

1. 上海自贸区跨境直接投资，可按上海市有关规定与前置核准脱钩，直接向银行办理所涉及的跨境收付、兑换业务；

2. 在区内就业并符合条件的个人可按规定开展包括证券投资在内的各类境外投资；

3. 个人在区内获得的合法所得可在完税后向外支付；

4. 区内个体工商户可根据业务需要向其在境外经营主体提供跨境贷款；

5. 在区内就业并符合条件的境外个人可按规定在区内金融机构开立非居民个人境内投资专户，按规定开展包括证券投资在内的各类境内投资；

6. 区内金融机构和企业可按规定进入上海地区的证券和期货交易场所进行投资和交易；

7. 区内企业的境外母公司可按国家有关法规在境内资本市场发行

人民币债券；

8. 根据经营需要，注册在自贸区内的中外资企业、非银行金融机构及其他经济组织（以下简称区内机构）可按规定从境外融入本外币资金；

9. 允许符合条件的区内机构按规定开展境外证券投资和境外衍生品投资业务等等。

同一非金融机构自由贸易账户与其开立的境内其他银行结算账户之间，可办理以下业务项下的人民币资金划转：一是经常项下业务；二是偿还自身名下且存续期超过6个月（不含）的上海市银行业金融机构发放的人民币贷款，偿还贷款资金必须直接划入开立在贷款银行的同名账户；三是新建投资、并购投资、增资等实业投资；四是中国人民银行上海总部规定的其他跨境交易。

“我” 可以申请开FT账户吗？ 在哪里可以开立？

FT账户高大上，但不是所有机构和个人都能享有，根据中国人民银行规定，自贸区内和境外5类主体可以向分账核算单元申请开立自由贸易账户：

1. 上海自贸区内依法成立的法人和非法人企业、境外机构驻区内机构，账号前缀FTE，上海全市授权开办网点都可以开立。

2. 在境外（含港澳台）注册成立的法人和其他组织，账号前缀FTN，区内注册的授权开办网点才可以开立。

3. 同业机构，指已被中国人民银行验收通过的其他金融机构的分账核算单元及境外金融机构，账号前缀 FTU，上海全市授权开办网点都可以开立。

4. 区内个人，是指在上海自贸区工作，并由其区内工作单位向中国税务机关代扣代缴 1 年以上所得税的中国公民，账号前缀 FTI，上海全市授权开办网点都可以开立。

5. 区内境外个人，是指持有境外身份证件、在试验区内工作 1 年以上、持有中国境内就业许可证的境外（含港澳台）自然人，账号前缀 FTF，上海自贸区内注册的授权开办网点才可以开立。

四、中国人民银行上海总部副主任张新谈《实施细则》出台的意义

1. 便利实体经济。2014 年 9 月，李克强总理视察指导上海自贸区工作时，提出要“在风险可控的前提下，支持有真实经济背景的跨境融资活动，支持企业运用境内外两个市场、两种资源降低融资成本”。《实施细则》对企业确实有需要、有利于实体经济发展的跨境资金流动提供了有力支持，进一步满足了区内企业和金融机构的合理境外融资需求。区内主体可以根据自身的经营需要，通过自由贸易账户更加便利地从境外融入低成本的本外币资金，企业可以充分利用境内外两种资源、两个市场，进一步降低融资成本，为其生产经营活动带来实实在在的好处。

2. 深化自贸区金融改革。出台《实施细则》，是我们落实中国人民银行支持自贸区建设“30 条意见”的又一关键举措。“30 条意见”提出，自贸区要通过创新有利于风险管理的账户体系，探索投融资汇兑便利，促进对外融资便利化，完善全口径外债的宏观审慎管理制度。自由

贸易账户业务正式启动以来，各类区内主体开户积极性高，自由贸易账户运行情况良好。同时，中国人民银行上海总部建立了功能较为完善的自由贸易账户实时监测系统，实施了本外币一体化监管，相关风险得到了有效防控。总体看，分账核算业务政策框架已经基本确立，推进分账核算境外融资业务的条件已经基本成熟。

3. 有利于加快上海国际金融中心建设。上海地区设立自由贸易账户的金融机构都可以通过自由贸易账户系统从境外融资，为自贸区金融改革发展提供了更加广阔的政策空间，充分体现了自贸区与上海国际金融中心建设联动的总体政策思路，必将有力推动上海国际金融中心建设。

4. 推动国家金融改革先行先试。出台《实施细则》是加快推进资本项目可兑换改革的重要方面，有利于充分发挥自贸区“试验田”的作用，为探索开放环境下应对外部冲击风险，建立金融宏观审慎调控机制、积极探索资本项目可兑换先行先试提供了有益的政策实践，为全局性金融改革、区域金融改革探索新途径、积累新经验。

五、《实施细则》的五个创新之处

1. 扩大了境外融资的规模和渠道，企业和各类金融机构可以自主从境外融入资金。整体上，为落实中央精神，《实施细则》上调了经济主体从境外融资的杠杆率。企业的融资规模从原来资本的 1 倍扩大到 2 倍。银行原来不能从境外融入人民币资金，在新的政策框架下，可以从境外融入本外币资金。非银行金融机构如证券公司等，也能从境外融入资金。

2. 运用风险转换因子等新的管理方式优化境外融资结构。《实施细则》创造性地使用风险转换因子（包括期限风险转换因子、币种风险转换因子、类别风险转换因子）来引导经济主体的境外融资结构。这种新的管理方式，鼓励企业和金融机构使用人民币，中长期用于支持实体经济的资金，不鼓励短期融资。同时，《实施细则》将表外融资也纳入境外融资的管理范围。

3. 改革事前审批为事中事后监管。取消了境外融资的前置审批，扩大了经济主体的自主权。借债主体可按照自身资本规模的大小、在核定的规模内，综合考虑期限、币种、融资类别等因素，自主决策以何种方式开展境外融资，融资多长期限，融什么币种的资金等，将这些本应属于企业自主决定的权利归还给企业。中国人民银行将根据系统采集到的区内主体境外融资实际情况，进行事中事后的监测管理，从宏观上把控境外融资的整体风险。

4. 建立了宏观审慎的境外融资风险管理新模式。中国人民银行可根据试验区跨境及跨区资金流动、区内及境内信贷供求情况，对境外融资杠杆率、风险转换因子、宏观审慎政策参数等进行调整，必要时还可采取总体规模调控等应急管制措施。中国人民银行根据系统采集的数据及试验区经济金融运行和跨境跨区资金流动情况建立相应的风险预警指标体系，并可根据风险防控需要对风险预警指标和宏观调控政策工具进行调整和完善。

5. 归根到底，是在上海率先建立了资本账户可兑换的路径和管理方式。在路径上，全面放开本外币境外融资。《实施细则》将本外币融资纳入统一的政策框架内，中外资企业或金融机构可依据统一规则，自主选择从境外借用人民币资金还是外币资金。在管理方式上，我们依托自由贸易账户管理系统，采用风险转换因子等现代管理手段，对风险进行24小时逐笔实时监测，确保金融安全。

服务小达人

境外融资规模这样计算

按照规定，融资主体在境外的融资规模是受限制的，计算方法是：融资主体的境外融资规模为其各项境外融资余额与期限风险转换因子、币种风险转换因子、类别风险转换因子的乘积之和。

计算公式为：∑境外融资余额×期限风险转换因子×币种风险转换因子×类别风险转换因子

风险转换因子设定办法为：

1. 期限风险转换因子。该因子随融资期限不同而不同。还款期限在1年以上（不含）的中长期融资的期限风险转换因子设定为1，还款期限在1年以下（含）的短期融资的期限风险转换因子设定为1.5。

2. 币种风险转换因子。该因子随币种不同而不同。境外融资以人民币计价的，币种风险转换因子设定为1，以外币计价结算的，币种风险转换因子设定为1.5。

3. 类别风险转换因子。该因子随融资类别不同而不同。表内融资的类别风险转换因子设定为1，表外融资的类别风险转换因子设定为0.2和0.5两档。

境外融资规模有上限

有了计算公式也不意味着融资主体可以任性地去找钱，根据新的管理模式，它们还有一个理论上的上限。

一家自贸区内企业的境外融资上限是企业实缴资本的2倍，比原来提升了1倍。

银行的境外融资，以其境内一级法人机构（通俗意义上就是总行）的一级资本的5%为上限。

非银金融机构，按照法人是否注册在自贸区内，是否接入了中国人民银行分账核算系统，分有4种情况：一是总部在自贸区，且分账核算系统已通过中国人民银行验收的非银金融机构，境外融资上限是实缴资本的3倍；二是总部在自贸区，如果是在其他金融机构开设了FT账户的，上限是实缴资本的2倍；三是总部不在区内，分账核算系统已接入中国人民银行的，按总公司资本的8%为上限；四是总部不在区内，如果只是开设了FT账户的，按总公司实缴资本的5%来计算。

啥是“熊猫债券”？

“熊猫债券”是指国际多边金融机构在华发行的人民币债券。根据国际惯例，国外金融机构在一国发行债券时，一般以该国最具特征的吉祥物命名，如IBM公司在日本发行的债券被称之为“武士债券”，英国天然气公司在美国发行的债券被称之为“扬基债券”，还有英国的“猛犬债券”和西班牙的“斗牛士债券”等。据此，国际多边金融机构在华发行的人民币债券被命名为“熊猫债券”。

境外融资能给企业省多少钱？

一般市场行情下，境内外币融资，利率水平为3%~5%，最低能达到3%以下，不过难以低到2.5%以下，而境外的外币利率可以低到1.3%的水平。如果与境外利率的下限作比较，企业在境外融资比在境内融资能节省至少50%的成本。如果遇到极端情况，国内融资成本奇高，节省的成本可能达到100%。

如果就人民币而言，境内外的利差已经不大，甚至出现了境外人民币高于境内现象。但在外币利差方面，境外比境内还有很大优势的，因此境外融资是企业的一大利好。

自贸区内企业和非银行金融机构如何办理试验区分账核算业务境外融资？

区内企业和非银行金融机构应当在境外融资合同签约后但不晚于提款前3个工作日，通过其结算银行向中国人民银行上海总部办理境外融资业务申报，并如实向银行提供以下材料：一是境外融资合同正本及合同主要条款复印件，合同为外文的应另附合同主要条款的中文译本；二是营业执照；三是最近一期验资或审计报告；四是董事会对境外融资事项的决议，分公司境外融资时需提交其境内法人机构的授权文件；五是截至申报日境外人民币、外币外债和以本机构为被担保人的境外担保等情况说明；六是针对前述材料应当提供的补充说明。

此外，区内主体在境外融资计算上限内发生外币境外融资或非资金划转类本外币计价的境外融资的，应按外债管理相关要求向中国人民银行上海总部办理外债登记或备案手续；发生人民币境外融资的，应通过开立自由贸易账户的结算银行向中国人民银行上海总部的相关系统报送相关融资信息。

企业和非银行金融机构从境外融来的资金能干什么？

境外融资所得资金的使用，应用于自身的生产经营活动、区内及境外项目建设，并符合国家和自贸区产业宏观调控方向。

对于金融机构，其通过自贸区FT账户办理的境外融资，应用于分账核算业务自身的经营活动，用于区内和境外，服务实体经济发展，符合国家和试验区产业宏观调控方向。

通过有限渗透的安排，境外融资所得资金也可用于境内区外，其具体使用规定参照中国人民银行“30条意见”及相关细则。

分账核算业务

要用上这个FT账户，需要相关金融机构开展“分账核算业务”，即通过设立分账核算单元，和境内业务做一风险隔离后，为相关方面提供自由贸易账户及相关服务。

第 5 节　投资便利化尝试

上海市在对外投资便利化方面的尝试从自贸区设立之前就开始了，2010 年上海市出台了《上海市开展外商投资股权投资企业试点工作实施办法细则》。

在 2014 年国家大幅放开对外投资管理前，上海自贸区的备案制在全国属于首例，也成为资本快速出境的标杆。

彼时，中国境内（自贸区外）公司对外直接投资，要走一系列的程序：无论以什么币种对外投资，等值 1 亿美元以下的，要到当地商委、发改委备案；超过等值 1 亿美元，要到当地发改委审批，俗称“拿路条”，拿完路条再到外汇管理局备案，拿着外汇管理局的单子，到银行去做结售汇，再把钱打出去。其中，上海的企业实体对外投资，“拿路条”的门槛是等值 3 亿美元的投资。

而在上海自贸区，企业跨境股权投资，则无需向上海市的相关部门申报，只需要在上海自贸区备案。具体而言：一是将上海市属的审批权限下放到自贸区，由审核制改为备案制；二是推出一表申报、一口受理：上海自贸区经济发展局的一个窗口，会受理原来要到各部门去报批的流程，材料的要求也大为简化。核心信息集成在一张表格上，使得流程简化。

受益备案制的企业人士表示，“对一个投资公司来讲，资金的保证、决策的速度、决策之后交易进行的速度，是相当关键的竞争力。国内目前涉及跨境投资的多部门审批，往往是前置审批，审批时间具有不确定性，特别是对跨境投资并购，容易造成影响”。另外，监管从事前移到了事后，既是对企业的尊重，也是对市场的尊重，企业是趋利的，真金白银的付出，它们的风险意识会更强。

2014年第四季度，国家层面开始对中国资本走出去“松绑”，先是国务院公布《政府核准的投资项目目录》（2014年本），中央层面核准的投资项目数量将进一步减少40%，加上2013年减少的数量，中央层面核准的项目数量两年合计减少约76%。此后，商务部发布了新修订的《境外投资管理办法》，提出“企业境外投资涉及敏感国家和地区、敏感行业的，实行核准管理。企业其他情形的境外投资，实行备案管理”。这意味着未来99%的境外投资项目都只需备案即可。

由于上海自贸区的创新活动具有可复制的特性，对外投资“松绑”从上海自贸区开始，可以说是先进做法可复制的典范。

第 6 节　人民币国际化大命题

人民币国际化，是指人民币能够跨越国界，在境外流通，成为国际上普遍认可的计价、结算及储备货币的过程。

人民币国际化的含义包括 3 个方面：一是人民币现金在境外享有一定的流通度；二是以人民币计价的金融产品成为国际各主要金融机构包括中央银行的投资工具，以人民币计价的金融市场规模不断扩大；三是国际贸易中以人民币结算的交易要达到一定的比重。

根据现成的国际货币的网络效应的惯性，按照中国人民大学关于世界主要货币国际化指数分析，2014 年，美国是 55. 24，欧元是 25. 32，英镑 4. 94，日元 3. 82，中国是 2. 47。

国务院发展研究中心金融研究所名誉所长夏斌认为，人民币的理想目标应该是，让中国经济赶超美国之时，人民币和美元、欧元应该是三分天下，人民币的国际化指数和今天相比是成倍的增长，起码指数在 20%以上。夏斌认为要实现上述目标需要坚持以下原则：

一、维护世界经济格局变化的趋势和世界经济稳定发展，是完成人民币国际化的基础条件

人民币国际化问题，为什么在前几年才提出来，那是美国经济的危机和中国等一批新兴国家的崛起发展加快，是世界经济格局大变化的结果，这给我们的人民币国际化创造了条件。因此，只要我们继续确保未来大国之间的政治平衡和世界的基本和平，并且让世界经济格局的变化

趋势继续延续下去，金砖五国、新兴11国为代表的世界经济新兴体的经济实力会进一步壮大。他们迫切需要发展与世界第一大贸易国——中国的贸易，他们迫切需要降低汇率风险，而使用人民币。因此就中国而言，为实现人民币国际化的未来目标首要的基础性工作，不是金融领域的事。

二、国际货币体系和国际金融秩序的改善是一个渐进的过程

用渐进思维去思考国际货币金融秩序的改革，人民币国际化的进程，我们应该向历史学习，顺应历史、沉住气、顺大势、造大势。直接的目标是着力于维护世界和地区经济的发展。在策略的选择上，应该以递增式的改革推动国际货币体系的改革。

三、货币国际化进程要适应转轨中面临的问题，要配合转轨的节奏和步骤

计划经济国家和发展中国家的经济金融转轨或者开放，都存在利率、汇率、资本管理的改革，利率市场化，汇率市场化和资本项下放开，不管是计划经济国家，还是原来的发展中国家，都存在这样的问题。

上海作为中国金融改革的窗口，无疑承担了推动人民币国际化的重任，在金融改革1.0和2.0版本中，自由贸易账户的设立、资本可兑换的尝试、人民币跨境使用等都在促进人民币国际化。

数据显示，截至2015年5月底，共24家金融机构通过分账核算系统验收，开立15675个自由贸易账户，账户收支总额3738.7亿元人民币。此外，区内跨境人民币结算总额为2683.52亿元，累计有146家企

业发生跨境双向人民币资金池业务。

2015 年 10 月 30 日，中国人民银行等五部委和上海市人民政府联合印发《进一步推进中国（上海）自由贸易试验区金融开放创新试点加快上海国际金融中心建设方案》（以下简称《方案》），此《方案》提出率先实现人民币资本项目可兑现、进一步扩大人民币跨境使用、不断扩大金融服务业对内对外开放、加快建设面向国际的金融市场等内容。无疑，率先实现人民币资本项目可兑现成为其中最大亮点。该《方案》提出，要进一步拓展自由贸易账户功能；鼓励利用自由贸易账户开展金融创新；允许或扩大符合条件的机构和个人在境内外证券期货市场投资；逐步扩大本外币兑换限额，率先实现可兑换。这一金融改革新政的出台，被认为是上海金融开放将迈入 4.0 时代。

第7节 打造上海国际地位的“贸易便利化”

上海自贸区2.0中，贸易便利化被当地企业视为最具突破优势的领域之一。按照设计目标，上海自贸区要力争建设成为开放度最高的投资贸易便利、货币兑换自由、监管高效便捷、法制环境规范的自由贸易园区。

一、单一窗口

在《深化方案》的主要任务和目标中，第三块为“积极推进贸易监管制度创新”。

（一）在自贸区内的海关特殊监管区域深化“一线放开”、“二线安全高效管住”贸易便利化改革

在自贸区内进一步推进海关特殊监管区域整合优化，完善功能。加快形成贸易便利化创新举措的制度规范，覆盖到所有符合条件的企业。并且加强口岸监管部门联动，规范并公布通关作业时限。鼓励企业参与“自主报税、自助通关、自动审放、重点稽核”等监管制度创新试点。

（二）推进国际贸易“单一窗口”的建设

不断完善自贸区内国际贸易“单一窗口”的货物进出口和运输工具进出境的应用功能，进一步优化口岸监管执法流程和通关流程，实现贸易许可、支付结算、资质登记等平台功能，将涉及贸易监管的部门逐步纳入“单一窗口”管理平台。探索长三角区域国际贸易“单一窗口”

的建设，有效推动了长江经济带通关一体化。

（三）统筹研究推进货物状态分类监管试点

自贸区内按照管得住、成本和风险可控原则，规范政策，创新监管模式，在海关特殊监管区域统筹研究推进货物状态分类监管试点。

（四）推动贸易转型升级

自贸区内推进亚太示范电子口岸网络建设。加快推进大宗商品现货市场和资源配置平台建设，强化监管、创新制度、探索经验。深化贸易平台功能，依法合规开展文化版权交易、艺术品交易、印刷品对外加工等贸易，大力发展知识产权专业服务业。推动生物医药、软件信息等新兴服务贸易和技术贸易发展。按照公平竞争原则，开展跨境电子商务业务，促进上海跨境电子商务公共服务平台与境内外各类企业直接对接。统一内外资融资租赁企业准入标准、审批流程和事中事后监管制度。探索融资租赁物登记制度，在符合国家规定前提下开展租赁资产交易。探索适合保理业务发展的境外融资管理新模式。稳妥推进外商投资典当行试点。

（五）完善具有国际竞争力的航运发展制度和运作模式

自贸区内建设具有较强服务功能和辐射能力的上海国际航运中心，不断提高全球航运资源配置能力。加快国际船舶登记制度创新，充分利用现有中资“方便旗”船税收优惠政策，促进符合条件的船舶在上海落户登记。扩大国际中转集拼业务，拓展海运国际中转集拼业务试点范围，打造具有国际竞争力的拆、拼箱运作环境，实现洋山保税港区、外高桥保税物流园区集装箱国际中转集拼业务规模化运作；拓展浦东机场货邮中转业务，增加国际中转集拼航线和试点企业，在完善总运单拆分国际中转业务基础上，拓展分运单集拼国际中转业务。优化沿海捎带业务监管模式，提高中资非五星旗船沿海捎带业务通关效率。推动与旅游业相关的邮轮、游艇等旅游运输工具出行便利化。在符合国家规定的前提下，发展航运运价衍生品交易业务。深化多港区联动机制，推进外高桥港、洋山深水港、浦东空港国际枢纽港联动发展。符合条件的地区可按规定申请实施境外旅客购物离境退税政策。

上海财经大学自由贸易区研究院院长赵晓雷认为，在积极推进贸易监管制度创新方面，“探索长三角区域国际贸易‘单一窗口’的建设，推动长江经济带通关一体化”、“符合条件的地区可按规定申请实施境外旅客购物离境退税政策”都是新内容。另外，推进货物状态分类监管试点是国际上先进的有关贸易便利化的一个管理制度，如果没有这套监管制度，后面的国际中转集拼就要受到制约，也会影响海关监管的质量和水平。

对于“符合条件的地区可按规定申请实施境外旅客购物离境退税政策”也是一种国际贸易的通行标准，属于贸易便利化的政策，将促进服务贸易和旅游等服务业的发展，对居民生活密切相关。

上海自贸区管委会的工作文件对“贸易便利化”的阐释，一是推进“一线放开”和“区内自由”，海关将在保税区域内推出“一区注册、四地经营”等创新措施，检验检疫将探索推出“空检海放”、“边检边放”、“少检多放”等改革举措。二是深化国际贸易“单一窗口”试点，“单一窗口”功能性应用项目增加了企业资质、贸易许可、税费办理等 3 个模块的一批应用项目。三是深化货物状态分类监管试点，将出台实施货物状态分类监管配套支持措施，推动实现规模化运作。四是推动国际船舶登记试点取得突破。

2015年6月30日，上海国际贸易“单一窗口”1.0版上线运行。所谓“单一窗口”，就是企业能够通过一个入口，向各相关政府机构，提交货物进出口或转运所需要的单证或电子数据。单证或电子数据通过相关政府机构审查后，结果可以通过“单一窗口”通知申请人。

对于企业来说，“单一窗口”能节省不少时间，过去企业通关要一个个部门分别去约时间和递材料，如果协调不好，会影响贸易的进度，“单一窗口”实际上是将企业自己协调的部分转移到了职能部门，这对于职能部门的协调能力也是提出了要求。报关和报检分别有40多个栏目，而其中30多个是共用的信息，通过“单一窗口”，企业就不需要重复填写。

相比原有的“单一窗口”模式，1.0版本在功能上有了拓展，除了一般贸易进口货物的申报与结果反馈、船舶出口岸联网核放，目前系统已覆盖了货物进出口申报、运输工具申报、支付结算、企业资质、贸易许可和信息查询等6个模块，参与单位扩大到海关、检验检疫、海事、商务、国税、外汇、食药监、港务等17个口岸和贸易监管部门。

以国际物流为例，上海在扩区之前就已经在探索“先进区后报关”、“集中检验分批出证”等模式。上海元初国际（中国）有限公司、上海元初供应链管理有限公司董事长黄影明表示，“现在大批量的货物都是老百姓的衣食住行所需品，还有汽车零部件之类的，涉及的品名太多，相比大宗商品进口要繁复的多”。由于是个人消费品，对通关效率要求非常高，也推动了清关模式的创新。

据了解，按照现有清关模式，在针对个人消费品方面，不仅能提高效率，实现“当天进区、隔天外运”，而且也会减少商品损耗，有利于商品进口。以葡萄酒为例，按照以前“出一批检一批”的模式，如果

100 瓶葡萄酒分 10 次外运，就要检验 10 次，按每批检一瓶算，一共要损耗 10 瓶，而按照现有“集中检验分批出证”的模式，只需要检一次，损耗远小于逐批检验。

黄影明认为，随着自贸区经验的复制推广，上海的物流企业也会迎来新的机会，因为全国各地海关和港口都能使用最先进的经验，而上海的企业已经参与了此模式的建立与试验，更具优势。

二、服务业大拓展

国际中转集拼业务，是衡量一个国际枢纽港口的重要指标，历来是各大港争夺的重点领域。比如一批货物要出口到美国，共装了三个半集装箱，但如果不做集拼，运价还是按照 4 个集装箱算，成本就高了。在这种情况下，一些货主就会选择去国外港口做这个业务，以降低成本。公开资料显示，现在中国香港、新加坡、韩国釜山等港口，国际中转集拼业务的占比都超过了 50%，新加坡的占比甚至有 80% 多。据浦东航运办最新统计显示，2015 年 1 至 5 月，洋山港国际中转箱量达到 63.8 万标箱，国际中转占比已经达到 10%。

上海自贸区不仅可以使贸易便利化，而且可以使贸易转型升级进程加快。国际贸易近年来呈现出一个重要特征：服务贸易和离岸贸易加快发展，并且出现总部高度集聚的特征。数据显示，20 世纪 90 年代，全球服务贸易额年均增长率只有 6.5%，而 2005 年至 2011 年上升为 8.8%，而自由贸易园区正是国际服务贸易的重要载体。在这方面，同处于亚太的中国香港和新加坡既是上海的标杆，又是上海的竞争对手。

以香港为例，依托高度发达的专业服务及外包市场，香港不断拓展贸易信息资讯、展示与国际贸易相关的研发设计和打样、代理、融资、结算和保险服务，以及国际物流、采购、电子商务等服务。近年来，其服务贸易平均增速超过10%，远超货物贸易的增速；而服务贸易的进出口额达到1850亿美元，占其GDP比重高达70.3%。

因为实行“境内关外”的监管方式，以及高度便利化，自贸区具备开展离岸贸易等离岸业务的先天优势。新加坡在这方面是个好榜样，上世纪90年代初，新加坡开始实施“特许石油贸易商（AOT）”和“特许国际贸易商（AIT）”计划，鼓励各家公司将新加坡作为开展离岸贸易的活动基地。在过去20年间，新加坡离岸贸易以年均15%的增速快速发展。

服务贸易和离岸贸易的快速增长，又带动了其他方面的快速发展，其中总部经济是一大亮点。截至2012年6月，跨国公司在中国香港设立的地区总部达2412家，而新加坡有超过4000家的跨国公司设立了地区总部。新加坡、中国香港因此集聚了航运交易、船舶经纪、航运咨询、海事培训与研发等航运服务产业链，为其成为亚洲物流枢纽和世界国际航运中心奠定了基础。

第8节 企业案例

——弘毅跨境投资 享金融制度创新红利

弘毅创领（上海）股权投资基金合伙企业（有限合伙）（下简称“弘毅”），是上海自贸区第一家私募，也是最早享受自贸区金融制度创新红利的企业。

入驻自贸区后，弘毅即在短时间内完成了两笔高效率的境外股权投资。其中，弘毅出资1.86亿元（折合3000万美元）与苏宁联手收购PPTV，是上海自贸区私募股权基金跨境投资第一例。此后弘毅频频出手，先后投资了美国STX、英国餐饮品牌Pizza Express等。

2013年9月底，上海自贸区挂牌成立。随后，《中国（上海）自由贸易试验区境外投资开办企业备案管理办法》与《中国（上海）自由贸易试验区境外投资项目备案管理办法》于当年10月1日开始实施，针对区内企业从事境外投资作出规范。

根据政策，只要不涉及境外证券投资、危害国家安全性质的、额度不超过3亿美元的境外投资项目，相关企业只需在自贸区管委会等部门完成项目备案，就可以直接向外管局申请换汇投向境外。从原来的审批制变为备案制，5个工作日内可以完成境外投资项目或境外投资开办企业备案。

弘毅相关负责人曾在公开场合阐述过上述政策的利好：一是将上海市对内对外投资审核权限下放给了自贸区，而且由审核制改为备案制；二是推出“一表申报、一口受理”，所有的信息都是集成在一张表上，也不用跑上海市商务委、发改委等多个政府部门，直接找到上海自贸区的经济发展局就可以了。

值得一提的是，“一表申报、一口受理”给企业节省了信息披露的相关成本。因为一表申请只需要填写大概的信息，投资细节不用披露得“很细”，而在过去，材料准备是“比较麻烦”的。

“对我们投资公司来讲，资金的保证和决策的速度，或是决策之后进行交易的确定性都是非常重要的竞争力，对我们能不能做成有全球竞争力的投资公司也是非常关键的。”该弘毅相关负责人称。

上述政策的影响，落实到弘毅跨境投资上，只需完成“四步走”：

第一步，设立基金管理（GP）公司。2013 年 9 月，弘毅首批入驻自贸区，成为首批入驻的金融企业，也是第一个入驻的 PE。

第二步，设立基金公司。为把握当前国内企业和资金逐步融入世界实体经济的大趋势，弘毅在自贸区内注册人民币基金投资主体。

第三步，对外投资备案。经过与自贸区管委会、财政金融局等部门的反复沟通研讨和设计路径，弘毅通过自贸区“备案制路径”，向弘毅跨境投资平台注资，为在海外市场拓展适宜中国资本海外投资机会做好准备。

第四步，完成具体跨境投资项目——PPTV 公司投资。2014 年 2 月，弘毅将投资 PPTV 公司的部分资金，通过自贸区通道完成 3000 万美元资金出境。

继 PPTV 之后，弘毅通过上海自贸区的平台，又实现了对另外 3 个境外项目的投资，总金额接近 2 亿美元。其中，2014 年 3 月，弘毅又投资了美国好莱坞的 STX。而这一单，只用了 4 天时间。

利用上海自贸区在制度创新方面的优势，越来越多的企业正选择上海自贸区的境外投资服务平台实现境外投资。据了解，除弘毅投资外，鼎晖投资、东风汽车、现代设计集团和一些民营企业都到上海自贸区注册公司以完成对外投资。

据统计，截至2015年8月底，上海自贸区累计办结境外投资项目510个，中方投资额达166.13亿美元。上海自贸区正成为中国跨境投资的最佳平台。

第9节　自贸区观察

——监管创新需要与金融创新同步进行

日前，黑龙江省政协向省委、省政府提交调研报告，建议争取国家批准设立绥芬河跨境自贸区，与此同时，黑龙江省政协也申请在抚远建立跨境机构及合作区。这是2016年最早出现的申请的自贸区的地区，自贸区的热点并没有因为大寒潮的来临而降温。

“外界往往有个误解，认为自贸区是法外之地，有特殊的优惠政策，实际上不是这样，上海自贸区作为中国自贸区之始，采用的是负面清单，主要是创新，而且创新的经验还要可复制。”上海自贸区一位官员对笔者表示，上海的试验没有突破法律的界限，因为可复制，才有天津、广东、福建3个新的自贸区。

正是因为可复制，中国的各大自贸区分别在所属领域想点子、出主意，最终形成的是“1+1>2”的结果。但制度创新不易，金融制度创新更加不易。金融制度关乎整个宏观经济的大局，对整个产业链有着直接而深远的影响。从2013年上海自贸区开始运作至今，金融创新一直备受关注，或许各大自贸区在金融领域的创新步伐并不如外界预期的那样快，但只要创新被认可，在理论上将是各地区都可以复制的制度。

上海最早开始金融创新的探索，先后出台了多份金改方案，方案之后还有细则，细则之后还有解读，金融事大，无论是地方政府还是企业法人，亦或是个人投资者，都不敢“轻举妄动”。上海之后的天津、广东、福建都在做金融创新领域的改革，但都尚处于制度设计阶段。

2016年新年伊始，《中国人民银行关于金融支持中国（天津）自由贸易试验区建设的指导意见》出台，中国人民银行天津分行行长周振海在2016年1月17日解读意见时认为，意见提出的改革方案实现了“四个突破”：在扩大人民币跨境使用、深化外汇管理改革、促进租赁业发展和支持京津冀协同发展方面。

实际上，各大自贸区所做的金融创新与以互联网金融为代表的金融创新不是一个概念，但双方也有关联，在互联网+的新时代，互联互通能产生颠覆传统的优势力量。

就目前来看，金融创新所面临的一大议题是如何改善监管？在外界看来，各大自贸区所做的制度创新探索都与“突破”、“松绑”有关，但放松之后如何防范风险，如何监管，资本的逐利性往往会酿成灾难性的后果。

在2007年全球金融危机爆发之后，中国的银行家们曾经发出“美国的金融创新需要吃泻药，中国的金融创新需要吃补药”的呼吁，但同时他们也提出了金融创新需要与监管创新的同步进行，此后互联网金融迅速崛起。

相对于金融创新来说，监管的创新往往滞后。在互联网金融爆发出诸多危机和风险之后，中国人民银行于2015年7月份终于发布了《关于促进互联网金融健康发展的指导意见》，但之后依然爆发了不少“跑路”事件，可见监管的难度非常大。相应的在自贸区的金融创新中，由于涉及的多为审批加快，监管的难度也会加大。

上海自贸区2.0中，贸易便利化、金融创新被当地企业视为最具突破优势的领域。按照设计目标，上海自贸区要力争建设成为开放度最高的投资贸易便利、货币兑换自由、监管高效便捷、法制环境规范的自由贸易园区。

上海、天津、广东、福建都是中国金融相对发达的地区，它们辐射的也是中国最为富庶的长江三角洲、京津冀地区、珠江三角洲、海峡西岸地区，以人民币国际化、资本可兑换为例，在这些地区的试验成功，即可以证明制度的合理。但话说回来，除了上述地区外，更为广大的中国地区，尤其是经济相对落后的中西部地区，如何有效复制？要设计出放之天下皆准的新金融制度，将极大考验中国人的智慧。

第二章 广东自贸区

中国（广东）自由贸易试验区
CHINA (GUANG DONG) PILOT FREE TRADE ZONE
珠海横琴新区片区
HENGQIN AREA OF ZHUHAI

发展目标

依托港澳、服务内地、面向世界，将广东自贸区建设成为粤港澳深度合作示范区、21 世纪海上丝绸之路重要枢纽和全国新一轮改革开放先行地。

实施范围

自贸区的实施范围 116.2 平方公里，涵盖 3 个片区：广州南沙新区片区 60 平方公里（含广州南沙保税港区 7.06 平方公里），深圳前海蛇口片区 28.2 平方公里（含深圳前海湾保税港区 3.71 平方公里），珠海横琴新区片区 28 平方公里。

第 1 节　立足粤港澳深度合作成为新一轮改革开放先行地

30 多年前，我国改革开放的号角在广东吹响。多年来，这片发展的热土一直走在改革的前沿。如今，她再一次站在了我国进一步扩大改革开放大潮的潮头。

按照《广东总体方案》，广东自贸区的战略定位是依托港澳、服务内地、面向世界，将广东自贸区建设成为粤港澳深度合作示范区、21 世纪海上丝绸之路重要枢纽和全国新一轮改革开放先行地。

广东有着肥沃的改革土壤，也势必要承担重要的先行先试的重任。

一、着力建设与国际通行规则相对接的营商环境

广东自贸区将积极对接国际高标准规则体系，加快建设国际化、市场化、法治化的营商环境，实现各类市场主体公平竞争。比如，对外资和内资均实行负面清单管理模式，建立国际贸易“单一窗口”，企业登记推行“三证合一”，并逐步过渡到“一照一码”（已在 2015 年 9 月 1 日起正式实行）；依托广州知识产权法院，探索建立重点产业知识产权快速维权机制；建立国际仲裁、商事调解机制。

二、着力建设权责一致的行政管理体制

广东自贸区将加快编制实施政府权责清单，全面推行电子政务，做

到政务信息网上公开、投资项目网上审批、社会事项网上办理、政府效能网上监察，并为自贸区每一家企业配置专属网页，由政府主动提供“一网揽尽”的全方位服务。目前，广东省已公开两批政府权责清单，共涉及各类权责事项约7000项。同时，广东政府将陆续下放省级经济管理权限，赋予自贸区更大的自主权和更高效的运转机制。

三、促进内地与港澳经济深度合作

广东自贸区将在CEPA（《关于建立更紧密经贸关系的安排》的简称）框架下，进一步取消或放宽对港澳投资者的资质要求、股比限制、经营范围等准入限制，重点在金融、商贸、科技等服务领域取得突破。同时，积极参与国家“一带一路”战略，共同打造粤港澳大湾区，促进互利共赢发展。

广东对港澳的区位优势明显，加强对港澳的经济合作无疑成为自贸区先行先试的重中之重。

广东自贸区实施范围116.2平方公里，3个片区将错位发展：南沙片区重点面向世界先进发达国家，建设以生产性服务业为主导的现代产业新高地和具有世界先进水平的综合服务枢纽；前海蛇口片区重点推动粤港深度合作，建设我国金融业对外开放试验示范窗口、世界服务贸易重要基地和国际性枢纽港；横琴片区重点推动粤澳深度合作，建设文化教育开放先导区、国际商务服务休闲旅游基地和促进澳门经济适度多元发展的新载体。

香港、澳门在我国改革开放试验当中发挥着十分重要的作用，对广东而言，港澳一直是广东扩大开放的窗口、桥梁和纽带。近年来，广东与港澳的进出口额占广东省进出口总额的60%，来源于港澳的投资占了全省外商在广东投资总额的60%，广东的企业联合港澳企业“走出去”投资占了全省对外投资的60%以上，这3个60%充分说明了港澳地区与广东紧密合作的重要地位和作用。

广东省委常委、常务副省长徐少华表示，新一轮改革开放，广东自贸区将致力于推动粤港澳的深度合作，同时要为港澳企业在广东自贸区的投资发展带来更大的便利。具体体现在3个方面：一是进一步放宽投资的准入，对香港、澳门的企业进入这3个片区将进一步放宽准入的限制，使港澳投资者在准入的资质要求、股比限制、经营范围等方面享受更低的门槛。二是要促进贸易的便利化，将推进内地与港澳服务行业标准规则进一步对接，探索贸易市场互联、项目资金互通、服务产品互认。三是要提供就业方面的便利，在3个片区设立港澳青年创业园，为港澳青年的创业项目提供孵化器等方面的支持；将专门制定港澳人才认定办法，给予项目申报、创新创业、评价激励、服务保障等方面更宽松的措施，让港澳的人才能够更方便到自贸区来找到一份更好的工作，更好的创业平台。

值得一提的是，香港作为国际金融中心、服务贸易中心和航运物流中心，市场网络遍及全球，市场机制成熟完善，香港企业在参与广东自贸区建设过程中的优势十分明显。首先，香港企业将在自贸区设立总部，建立整合物流、贸易、结算等功能的营运中心，有助于联手内地企业深度开拓国际市场。其次，香港企业将推动香港国际航运高端产业向内地延伸和拓展，有助于增强广东自贸区国际航运服务功能，共同建设21世纪海上丝绸之路物流枢纽。最后，香港企业将在自贸区的金融领域获得更大的开放发展空间，有助于深化金融领域的开放与创新，如推动投融资便利化，促进跨境人民币业务创新发展。此外，香港企业将发挥其熟悉国际高标准投资贸易规则的优势。香港企业的市场触觉遍及全球，有助于为自贸区营造国际化、市场化、法治化的营商环境。

自贸区改革的核心是制度创新。在通关便利化方面，广东自贸区通过建立口岸通关快速查验机制，实行“进口提前申报，船边分流验放”、“出口提前申报，卡口分流验放”，使港区进出口货物物流运转时间由之前的2~3天缩短为1天以内，海关通关时效提高50%以上。

广东自贸区还创新国际转运货物监管模式，实现国际转运货物24小时全天候自助通关，货物转驳时间由之前的1~2天缩短为3~5小时，实现国际中转货物延迟中转，中转货物报关期限从14天延长至3个月。

116.2平方公里的广东自贸区，突破了第一轮上海自贸区的物理围网限制，在前无经验可借鉴的情况下，边摸索，边创新。

据了解，目前海关总署25项海关改革措施已全面部署实施或细化，参与改革的企业数量正不断增加，改革红利初步显现。2015年前7个月，我国进出口总值13.63万亿元人民币，比去年同期（下同）下降7.3%。广东进出口总值继续位列全国第一，为3.39万亿元，下降1.8%，占进出口总值的24.9%。

什么是“准入前国民待遇”？

国民待遇分为“准入前国民待遇”和“准入后国民待遇”。所谓准入前阶段的国民待遇，就是指外资在进入一个市场时的设立、获取、扩大阶段，应该享受不低于内资的待遇。简而言之，如果对内资设立没有审批，那么对于外资就不应有审批的要求；如果允许内资投资于某个行业，那么就应允许外资做这个行业。但国民待遇的要求不是绝对的，各国一般都会对国民待遇设置例外，如负面清单、国家安全、税收、补贴、政府采购等例外。

第2节　南沙新区片区

一、自贸区、国家级新区“双核驱动”

在广东自贸区南沙新区片区的官方宣传册上，标题“南沙，广州的未来”铿锵有力。

南沙，位于广东省广州市南端，距离香港、澳门分别只有38海里和41海里，地处珠江出海口和大珠三角地理几何中心，是广州通向海洋的唯一通道和发展海外贸易的必经之地。古老的海上丝绸之路，经广州南沙，将东方文明传向远方，架起了东西方文明沟通交流的桥梁。

作为广州实施城市“南拓”战略的桥头堡，2005年，南沙设区，掀开了经济、社会、政治等各项事业发展的新篇章，千年商都广州也从此由“沿江城市”迈入“滨海城市”。南沙港口岸线资源非常丰富。

2012年9月，国务院批复《广州南沙新区片区发展规划》（以下简称《规划》），南沙开发上升为国家战略，广州南沙新区片区成为继上海浦东新区、天津滨海新区之后，国家在经济发展引擎地区设立的又一个国家级新区。

与此同时，南沙也被赋予在全面推动珠三角转型升级、促进港澳地区长期繁荣稳定、构建我国开放型经济新格局中发挥更大作用，建成粤港澳全面合作示范区的重要角色。

南沙新区片区集国家战略新区、国家级经济技术开发区、保税港区、高新技术产业开发区和广东省实施CEPA先行先试综合示范区功能于一体，产业基础雄厚。

南沙是国家三大造船基地之一、国家汽车和零部件制造及出口基地、珠三角核电装备制造业基地，也是国际航运物流枢纽和国家确定的整车进口口岸。它已建成一批高水平公共创新服务平台，集聚了广州市超过40%的新型研发机构。

2014年12月，随着国家在天津、广东、福建新设3个自贸区战略的启动，南沙新区片区被列为广东自贸区的重要组成部分。南沙由此跨入了国家级新区、自贸区双重国家战略叠加的“双核驱动”时代。

“一照一码”扩容至6部门

2015年8月10日，全国首张包含海关进出口企业登记及社保业务登记的“一照一码”营业执照，在广东自贸区南沙新区片区政务中心颁发，南沙新区片区成为国内首个取消单独发放纸质海关报关单位注册登记证的地区。

自贸区内企业凭借“一照一码”营业执照上的企业统一社会信用代码，即可在广州海关管辖范围办理报关手续，海关通过业务系统调取市场监管局提供的企业注册登记信息实施监管。

这是企业信用代码在企业进出口环节的首次实际应用，标志着南沙在国内率先将口岸管理“信息互换、监管互认、执法互助”理念延伸至地方商事“一照一码”改革。

截至目前，南沙新区片区已在全国率先将“一照一码”扩展至工商、质监、国税、地税、人社、海关6个部门。只要企业资料齐全，通过“一口受理”窗口24小时内就能办妥集合6证的“一照一码”营业执照。

（一）具有自贸区“基因”

按照《广东总体方案》，广州南沙新区片区由海港区块、明珠湾起步区区块、南沙枢纽区块、庆盛枢纽区块、南沙湾区块、蕉门河中心区区块、万顷沙保税港加工制造业区块共7个区块组成，共计60平方公里范围，占整个广东自贸区总面积的一半以上。

基于南沙新区片区的区位优势及产业特点，南沙新区片区的定位是重点发展航运物流、特色金融、国际商贸、高端制造等产业，建设以生产性服务业为主导的现代产业新高地和具有世界先进水平的综合服务枢纽。

早在2008年，国家发改委出台《珠江三角洲地区改革发展规划纲要（2008~2020）》（以下简称《珠三角发展纲要》）时，就明确提出要规划建设广州南沙新区片区等合作区域，作为加强与港澳服务业、高新技术产业等方面合作的载体，带动粤港澳三地优势互补，联手参与国际竞争，直接催生了“大珠三角的南沙”。直到2012年，南沙开发建设上升为国家战略的时候，实际上其自贸区的功能就开始显现。

按照2012年国务院批复的《规划》，南沙将推进粤港澳产业深度合作、融合发展，积极承接港澳产业转移，拓展港澳产业发展空间，促进港澳企业转型升级，形成以生产性服务业为主导的现代产业体系，成为引领大珠三角乃至华南地区产业转型升级的新高地。

为了加快南沙新区片区与港澳产业融合，最大限度打破与港澳合作交流的壁垒，《规划》明确了一系列加强粤港澳人、财、物更加自由流动的政策。其中，在对外开放政策中，《规划》提到，南沙将“建设粤港澳口岸通关合作示范区”，“条件成熟时，南沙新区片区部分区域可探索实行分线管理政策”；在通关便利方面，包括“研究推进往来港澳通行一年多次”等。

《规划》提出加强与港澳更紧密联系的政策，使得粤港澳之间的人、财、物的流通更为便利，既有助于港澳的商贸和专业人才安居南沙，也可以促进资本、货物的流转，类似于“自由贸易区”或“自由港”。这一系列的政策“红包”，让当时不少专家认为，未来南沙新区片区相当于拥有“自由贸易区”的功能，未来将有望成为珠三角地区真正的“经济中心”。

南沙与港澳合作自来就非常紧密。与港澳地缘相近、语言相通、商缘相连，合作历史悠久，上世纪 80 年代就与港澳企业开展成片开发合作，建成了一批高端示范项目，目前是广东省实施 CEPA 先行先试综合示范区。

基于此，如今看来，南沙进入广东自贸区的版图，其先行先试的优势是极为突出的。2002 年南沙大开发以前，南沙经济基础比较薄弱，GDP 总量仅有 60 亿，但如今，这一个数字已呈现了翻天覆地的变化。官方的数据显示，2014 年，南沙 GDP 突破千亿大关，是 2002 年的 17 倍：工业总产值达 2800 亿元，是 2002 年的 25 倍；固定资产投资超 400 亿元，是 2002 年的 29 倍；公共财政预算收入超 60 亿元，是 2002 年的 30 倍。以上几项指标增速位列广州全市第一。

目前，南沙继续保持良好发展势头，2014 年新签项目达 4767 亿元。到 2015 年 4 月广东自贸区在南沙新区片区挂牌时止，在谈项目近 200 个，涉及投资总额 4000 亿元；在建项目 295 个，涉及投资总额 1326 亿元。

南沙新区片区的设立，引起了珠三角、泛珠三角乃至东南亚和全球的关注，其中一个原因就是它得天独厚的区位优势：背靠广州、佛山，这是经济体量大、经济非常活跃的区域，东边是东莞、深圳、香港，西边是中山、珠海、澳门。

截至2015年6月底，南沙新区片区已新设立企业1.1万家，而备受关注的南沙平行进口汽车试点也已启动，至7月底，已有首批13家汽车经销商获得试点经营资质，主要是4S店及经销商集团。

目前，南沙平行进口汽车试点正在推进。政府也在积极推进监管，把涉及职能部门的相关车辆数据汇总在监管平台上。

对消费者来说，当在城市展厅看到一个商家声称的“平行进口车”时，就可以通过这个平台，输入车型代码来查询该车是不是在南沙片区进口并经过政府认可的平行进口车。如果没有查到，就不属于平行进口车，不能享受平行进口车在售后服务方面的保障。

此外，南沙新区片区再迎利好，负面清单之外的外商投资改为备案管理。自2015年5月，国务院和商务部发布了统一适用于自贸区的文件，规定外国投资者在自贸区投资负面清单以外的领域由审批制改为备案制后，广州发布文件进一步规范南沙新区片区外商投资管理改革。

2015年8月17日，广州市人民政府公布了《广州市人民政府关于在中国（广东）自由贸易试验区广州南沙新区片区暂时调整实施本市有关政府规章规定的决定》，改革外商投资管理模式，专门规定对国家规定实施准入特别管理措施（负面清单）之外的外商投资管理模式由行政审批或者特别管理措施改为备案管理，国务院规定对国内投资项目保留核准的除外，相关调整自公布之日起至2018年2月28日施行。

外商投资管理实行备案制与现有审批制有什么不同?

外商投资管理备案制，是在广东自贸区实行的以“外商投资准入特别管理措施（负面清单）”为基础的外商投资管理新模式，即对外商投资实行准入前国民待遇加负面清单管理模式，对外商投资准入特别管理措施（负面清单）之外的领域，外商投资项目实行备案制（国务院规定对国内投资项目保留核准的除外）；将外商投资企业设立、变更及合同章程审批改为备案管理。

备案制与审批制的区别主要在于：在审批制管理模式下，在外资准入阶段，商务主管部门首先对其投资主体资格、投资领域行业、投资方式、投资金额、拟设立公司的合同章程等的真实性、合法性进行审查、认可，是一种事前管理的模式。在自贸区备案制管理模式下，对负面清单以外的领域，在外资准入阶段，商务主管部门只对其投资主体资格、投资领域行业等基本信息进行备案，投资管理由事先审批转为注重事中事后监管。

什么是外商投资准入特别管理措施（负面清单）?

外商投资准入特别管理措施（负面清单），是指对外国投资者在自贸区内投资项目和设立外商投资企业采取的与国民待遇等不符的措施。

根据国际通行做法，投资东道国在管理外资时应受到国民待遇、最惠国待遇、业绩要求、高管人员资格等纪律的约束，不得违反。但一国政府为了保留必要的监管权、保护重要敏感产业，可以将与上述纪律不符的限制外资的措施纳入负面清单中作为例外保留。

对于大部分列入负面清单内的措施，在未来都不允许加严对外资的限制，只有少部分的措施和领域允许加严对外资的限制。对于负面清单之外的领域，东道国均不得针对外资采取违反国民待遇等上述四种纪律的措施。

（二）7个功能区块

从位于广州市中心的广东省政府驱车至南沙新区片区管委会，大约有60公里的距离。

如今，对南沙而言，新区建设是重点，自贸区建设是突破点，利用双区叠加的优势，以建设蕉门河城市中心为支撑点，打造南沙城市副中心；以建设明珠湾区为重点，打造南沙城市中心；而南沙港区建设是亮点。

在广东省3个自贸片区中，南沙是包含功能区块最多的一个片区，7个区块所承载的功能定位和重点发展产业各不相同，目前规划建设已全面启动。

1. 区块一：海港区块，定位为国际航运发展合作区，重点发展航运物流、保税仓储、国际中转、国际贸易、大宗商品交易、汽车物流等航运，也在国际航运服务和通关模式改革领域先行先试，联手港澳打造泛珠三角地区的出海大通道。

2. 区块二：明珠湾起步区区块，定位为金融商务发展试验区，重点发展总部经济、金融服务和商业服务。推动粤港澳金融服务合作，探索开展人民币资本项下可兑换先行试验。进一步构建粤港澳金融和商贸服务合作新机制，建成服务珠三角、面向世界的珠江口湾区中央商务区。

3. 区块三：南沙枢纽区块，定位为粤港澳融合发展试验区，重点发展资讯科技、金融后台服务、科技成果转化、专业服务等，打造粤港澳生产性服务业发展基地，探索内地和港澳社会管理创新及经济融合发展新机制。

4. 区块四：庆盛枢纽区块，定位为国际教育和医疗合作试验区，重点发展教育培训、健康医疗等产业，率先探索在教育、医疗等领域对港澳和国际深度开放。

5. 区块五：南沙湾区块，定位为粤港澳科技创新合作区，重点发展科技创新，文化创意，服务外包和邮轮游艇经济，创新粤港科技研发合作新模式，建设粤港澳创新成果产业化基地和国际化科技创新服务中心。

6. 区块六：蕉门河中心区块，定位为境外投资综合服务区，重点发展商务服务产业、培育外贸新业态、集聚中小企业总部。为港澳中小企业开拓国内市场、国内中小企业开拓国际市场提供支撑，建设成为国内企业和个人“走出去”的窗口和综合服务平台，构建“走出去”政策、促进服务保障和风险防控体系。

7. 区块七：万顷沙保税港加工制造业区块，定位为加工贸易转型升级服务区，重点发展加工制造、研发孵化、数据服务、电子商务、检测认证服务等生产性服务业。搭建促进加工贸易企业转型升级的技术研发、工业设计和知识产权等公共服务平台。

（三）打造综合交通枢纽

经过多年的发展，南沙作为珠三角区域交通枢纽的地位日益突出。南沙方圆 100 公里范围内，涵盖了珠三角 9 个城市和 5 大国际机场。广深港高铁、京港澳高速、珠三角南环高速、佛莞高速纵穿全境，南沙客运港客轮直达香港中环。不过，在南沙新区片区进入广东自贸区版图后，南沙继续在交通枢纽上发力，正全力推动重大基础设施建设，打造综合交通体系。围绕打造珠三角交通枢纽，加快推进港口、轨道交通、高快速路网建设，推动南沙由珠三角的区位中心向区域中心转变。

目前，南沙港区三期工程即将完工，四期于2015年动工，2014年货物吞吐量达2.2亿吨，集装箱吞吐量达1116万标箱，已开通内外贸班轮航线75条。地铁4号线南延段全面开工，虎门二桥、深茂铁路、广中江高速、南沙港铁路、地铁18号线、商务机场、邮轮母港等项目正在有序推进。

南沙新区片区交通发展总体战略目标是用世界眼光、区域视野、城市角度，积极落实《珠三角发展纲要》和《南沙新区片区发展规划》要求，打造与“粤港澳合作示范区”定位相适应的“枢纽引领、通道快捷、网络完善、系统协调、品质优越”的综合交通系统，打造联系珠三角东西两岸的综合交通枢纽。通过轨道交通、高快速路和城市道路建设，打造南沙港区为“主”、万顷沙枢纽和庆盛枢纽为“辅”的“一主两辅”核心交通体系。

1. 港口码头的规划方面，南沙港区由沙仔岛、小虎、芦湾、南沙4个作业区组成，其规划范围从珠江西岸小虎岛粤海码头至龙穴岛东侧新港址岸线南端，规划岸线总长度为25.1公里。其中，沙仔岛作业区规划岸线长4.1公里，小虎作业区规划岸线长4.8公里，芦湾作业区规划岸线长3.2公里，南沙作业区顺岸码头岸线长13公里。

2. 轨道交通方面，南沙新区片区共规划13条轨道交通，南沙境内总长度约318公里，目前已建成2条轨道交通约50公里。

国家铁路规划过境南沙新区片区的国铁共5条，包括广深港客运专线、京广客运专线支线、京九客运专线支线、深茂铁路、南沙港铁路。通过引入广深港客运专线、京九客运专线支线高速铁路，增加始发站列车，提升南沙铁路枢纽地位。

城际轨道规划过境南沙新区片区的城际轨道路共4条，包括肇顺南城际、中南莞城际、湾区东线、广中珠澳城际。通过规划建设“人”字形城际轨道交通（即广中珠澳城际、湾区东线），切入珠三角城际轨道网络，实现直达港澳、广州主城区及铁路主枢纽、机场等大型交通枢纽。

城市轨道建设城市轨道规划为4条城市轨道，包括地铁4号线、地铁15号线（南沙环线）、地铁18号线及轨道南线。

3. 高快速路方面，为强化珠江湾区城市群的快速联系，凸显南沙新区片区在珠江湾区的枢纽地位，南沙新区片区规划“一环十二射”共12条约230公里高快速路。高快速路的骨架路网中，规划立交节点共40座。

4. 城市道路方面，南沙新区片区规划市政道路共约1200公里，已建成和在建的城市道路约400公里。规划形成“双环+九射”主骨架道路系统，共21条主干道路。“外环”为中心区机动车交通环，是城市中心过境交通的主要疏解通道；“内环”为中心区公共交通环，是中心区各大功能节点的主要联系道路，起组织中心区交通的作用。

5. 商务机场方面，根据前期研究成果，南沙商务机场近期按照用地面积约2500亩，一条长2200米、宽45米的跑道进行规划建设，满足年起降约2万架次需求；远期建设为两条跑道。

二、探索金融改革创新

《广东总体方案》赋予广东“推动跨境人民币业务创新发展、推动适应粤港澳服务贸易自由化的金融创新、推动投融资便利化、建立健全自贸区金融风险防控体系”四项深化金融领域开放创新的先行先试政策，目前南沙也在积极落实。

南沙新区片区、南沙自贸片区批复以来，南沙获批的金融创新政策为外界瞩目。《规划》给予南沙新区片区 5 条金融创新政策；2014 年，经国务院领导同意，并由中国人民银行牵头联合相关部委正式印发了《关于支持广州南沙新区片区深化粤港澳台金融合作和探索金融改革创新的意见》，给予新区金融创新 15 条政策；促进广东前海南沙横琴建设部际联席会议第一次会议又赋予南沙 6 条金融创新政策。从 2014 年 8 月 4 日起，在全国 16 个地区（包括南沙新区片区）开展外商投资企业外汇资本金结汇管理方式改革试点；中国上海自贸区有 4 条创新金融政策可在广东自贸区复制推广；国家外汇管理局启动外债宏观审慎管理改革第 2 批试点地区申报工作，广东外汇管理局已选定在南沙新区片区和横琴新区进行改革试点，并向国家外汇管理局递交了申报材料。2014 年 12 月，国务院批准设立广东自贸区后，中国人民银行广州分行、广东银监局、广东证监局、广东保监局、省金融办等中央驻粤和省属有关单位提出了支持南沙自贸区建设的 54 条措施。

目前，上述大部分政策可按现行制度或法规执行，南沙也正在组织推动区内金融机构和企业实施，如从 2014 年 8 月实行外商投资企业外汇资本金意愿结汇到 2015 年 5 月，在南沙新区片区共有 11 家企业办理了 22 笔意愿结汇业务，结汇总金额达 5681 万美元。另外，跨境人民币贷款、自由贸易账户体系、港澳保险公司保单保险资金用于南沙开发建设等政策的实施细则（方案）已由中国人民银行广州分行、广东保监局等金融监管部门完成草拟工作，上报上级监管部门。

南沙金融创新的诸多政策，让各大银行纷纷布局南沙。2015 年 8 月 19 日，建设银行广东自贸区分行、工商银行广东自贸区南沙分行在南沙揭牌，至此，中、农、工、建国有四大行全面布局南沙自贸区，相关金融产品、金融服务陆续落地。

中国银行的科技银行，中国工商银行的融资租赁，中国农业银行的国库服务，以及中国建设银行联手中大银校共建金融创新实验室，成为各自最大亮点。

中国工商银行：发力跨境融资租赁。中国工商银行南沙分行副行长张俊曾表示，通过已成立的南沙跨境金融创新与服务中心，在南沙建立“跨境业务平台”、“产品创新平台”、“金融资产交易平台”和“总部企业服务平台”四大平台。以“商行+投行”的全方位金融服务模式，为企业“引进来”和“走出去”项目实现对接，搭建南沙区与海外投融资的桥梁。

张俊还表示，目前南沙分行在个人跨境投融资创新方面也在进行一些尝试：一是逐渐放开一定条件，可以使境外居民购买境内理财产品；二是区内个人可向境外机构贷款，用于境内大额消费型开支如买房买车等；三是 QDII2 试点，允许境内个人投资境外股市和房地产等。

中国农业银行：全国首创跨境人民币缴税。中国农业银行“粤港澳跨境业务创新基地”在广东自贸区挂牌当日正式成立。中国农业银行南沙分行副行长龚汉明曾表示，南沙分行已和中国农业银行香港地区机构签署“粤港自贸业务合作协议”，充分利用境内外两个资金市场，与港澳地区机构开展资金拆借、互存等同业融资业务和人民币信贷资产跨境双向转让业务，支持区内主体降低融资成本，促进利率市场化水平。

龚汉明介绍，在自贸区从事生产经营活动的涉外企业，仅需通过其在境外开立的人民币账户向南沙国库专用账户发起汇款，最短可在 1 个工作日内完成缴税。通过创新缴税业务流程，减免了中间环节，让企业有效规避汇率风险和减少交易成本，大幅提高了境内外企业在南沙投资的便利性。

中国建设建行：银校共建金融实验室。2015 年 8 月 19 日，中国建设银行自贸区分行与中山大学共建的金融产品创新实验室正式揭牌。中国建设银行自贸区分行行长朱小敏曾表示，“实验室经济”的春天即将来临，分行将与中山大学开展政策研究、金融创新、人员培训等多方面的交流，彰显金融创新的特色定位，为自贸区客户提供全方位的综合金融服务，为“一带一路”、区内企业“走出去”等提供跨境金融服务，力争成为广东自贸区金融首选合作银行，将南沙打造成为彰显综合金融服务标杆的重要阵地。

中国银行：为小微企业提供全球服务。中国银行广州南沙自贸区支行副行长王裕丰曾介绍，在为小微企业提供融资服务方面，该行有两大创新，一是成立了扶持中小型科技企业的南沙科技银行，二是为龙穴岛小微物流企业打造的“物流贷”。据了解，2015 年 6 月初南沙科技银行正式成立，该行与南沙区政府携手，共同成立“风险资金池”，为区内中小型、轻资产科技企业提供免抵押、低门槛、低成本的“科技通宝”产品，目前已为区内科技企业实现投放 1600 万元。

（一）“南沙金融 15 条”

2014 年 11 月 13 日，中国人民银行等国家 10 部委印发了《支持广州南沙新区片区深化粤港澳台金融合作和探索金融改革创新的意见》，也称“南沙金融 15 条”。2014 年 12 月 15 日，广州金融办对外公布了这一消息。根据国务院 2012 年批准的《珠三角金融改革创新综合试验区总体方案》，广东将把前海、横琴、南沙打造成引领全国金融改革创新与开放的重要引擎。

“南沙金融 15 条”的大致政策框架，与此前公布的《中国人民银行关于金融支持中国（上海）自由贸易试验区建设的意见》有不少相似之处，包括支持探索开展人民币资本项目可兑换先行试验、推进人民币跨境使用以及深化外汇管理改革等。其中，对比深圳前海和珠海横琴的金融政策，支持南沙探索开展人民币资本项目可兑换先行试验是南沙金改方案的一大亮点。

中国社会科学院金融政策研究中心副主任程炼曾撰文认为，对于人民币资本项目可兑换，通常被列出的潜在收益包括以下几个方面：促进国内与国际资金的优化配置，为居民提供更多投资渠道，提高国内金融市场的效率，推动国内金融市场与国际金融中心的建设，为汇率体制改革创造条件、促进国际收支平衡。

程炼认为，对于金融市场的建设而言，开放的金融环境是一个重要的支持条件，尤其是上海自贸区的国际金融中心建设，便捷的跨境资金流动更是其中的关键。由于资金的高度流动性质，试图通过与大陆市场隔离的离岸金融市场来为上海自贸区提供开放的国际金融环境面临着很高的成本与不确定性，而实现资本项目可兑换则是更为根本和彻底的保证措施。

在 CEPA、ECFA 框架下，南沙新区片区对接粤港澳台合作已展现诸多成果。此“南沙金融 15 条”则深化粤港澳合作，提出支持港澳金融企业入股南沙的财务公司，支持包括港澳在内的外资股权投资基金在南沙创新发展，支持台资机构在南沙设立合资金融机构，为港澳台居民提供跨境人民币结算等。在粤港澳台合作方面，这些政策无疑将会为进一步深化合作扫清障碍，打开更大空间。

据报道，中国人民银行上海总部副主任张新 2015 年 6 月在“十三五”时期中国金融新业态研讨会上表示，上海自贸区已做好率先全面实现人民币资本项目可兑换的技术准备。

2015 年 4 月份，中国人民银行行长周小川曾表示，我国已在人民币资本项目可兑换方面取得重大进展，未来将推进 6 项具体的改革，包括合格境内个人投资者（QDII2）试点、证券交易所互联互通、取消大多数外汇管理的事前审批事项、为海外机构投资者投资中国资本市场提供更多便利、进一步促进人民币在国际上的使用，及紧急情况下采取必要的手段防控风险等。

这 6 项改革若全面落地，意味着我国资本项目可兑换全面实现。

“南沙金融 15 条”

1. 探索研究港澳地区符合条件的金融企业作为战略投资者入股南沙新区片区的企业集团财务公司，支持资质良好的信托公司在南沙开展业务。

2. 支持包括港澳在内的外资股权投资基金在南沙新区片区创新发展，积极探索外资股权投资企业在资本金结汇、投资、基金管理方面的新模式。

3. 支持符合条件的合资机构在南沙新区片区设立合资证券、基金、期货公司。

4. 允许南沙区内的金融机构为港澳台居民（包括机构和个人）提

供跨境结算金融服务。

5. 支持设立在南沙新区片区的银行机构按照《中国人民银行关于境内银行业金融机构境外项目人民币贷款的指导意见》的规定发放境外人民币贷款。

6. 支持南沙新区片区银行机构按规定研究办理外币离岸业务。

7. 允许南沙新区片区发行多币种的产业投资基金，研究开展多币种的土地信托基金（计划）的可行性。

8. 支持南沙新区片区在符合相关规定和政策的前提下开展大宗商品交易，推进境内期货交易所交割仓库体系建设。

9. 支持具备条件的民间资本在南沙新区片区发起设立中小型银行等金融机构。

10. 支持符合条件的外资保险机构在南沙新区片区设立保险法人机构和分支机构，支持符合条件的外资保险机构在南沙新区片区设立健康保险公司等专业性保险机构。

11. 支持在南沙新区片区开展全国内、外资融资租赁行业统一管理体制改革试点，研究制定内、外资统一的融资租赁市场准入标准。

12. 支持在南沙新区片区开展人民币计价业务试点。

13. 支持在南沙新区片区开展商业保理试点。

14. 支持在南沙新区片区开展跨国公司外汇资金境内集中管理试点。

15. 支持南沙新区片区在国家总体部署和规范发展要求下，试点设立各类有利于增强市场功能的创新型金融机构。

资本项目可兑换

按照国际收支口径，通常将一国货币换、资本项目可兑换和完全可兑换的程度分为经常项目可兑换。经常项目可兑换指对国际收支中经常发生的交易项目，包括出口贸易收支、运输、旅游等非贸易收支和与国际组织往来、无偿援助、捐赠及无偿转让等不实行汇兑限制。

资本项目可兑换，是指一种货币不仅可以在国际收支经常性往来中，将本国货币自由兑换成其他货币，而且可以在资本项目上进行自由兑换。资本项目包括直接投资、证券投资等超过一年以上的资本往来，也包括一年以内的银行借款、地方部门借款等短期资本往来。

资本项目反映了国际间资金流动的主要渠道，因此资本项目下的货币可兑换对于促进国内金融开放，便利金融交易，提高资金配置效率具有重要的意义。

（二）航运金融

在广东三大自贸片区中，南沙新区片区是广东试点航运金融创新的重点片区。航运业是资金密集型行业，基础设施建设、船舶制造、航运管理与交易等方面均需要巨大的资金投入。因此，航运与金融与生俱来有着密不可分的关系，而且金融服务业对航运业的发展起到了十分重要的支撑作用。

根据广东自贸区总体方案，要增强国际航运服务功能，其中要促进航运金融发展，建设航运交易信息平台，发展航运电子商务、支付结算等业务，推进组建专业化地方法人航运保险机构，允许境内外保险公司和保险经纪公司等服务中介设立营业机构并开展航运保险业务，探索航运运价指数场外衍生品开发与交易业务。

广州航运交易所、广州港集团等共同发起设立广州航运交易有限公司，全面打造“船舶（游艇）交易、航运交易、航运人才交易、临港大宗商品交易、航运衍生品交易”等五大市场。

航运保险是港航物流和国际贸易发展不可或缺的关键环节。但目前全国航运保险市场规模仅占到全球航运保险市场的 1.5%左右，中国航运保险业发展空间巨大。截至目前，已有人保财险、太保财险、平安财险、阳光财险在内的 11 家保险机构设立了航运中心。

今年 3 月，国内首家专业航运保险公司——东海海运保险股份有限公司正式拿到保监会的筹建批文，由中国人民财产保险股份有限公司、宁波港集团有限公司、上海国际港务（集团）股份有限公司和宁波开发投资集团有限公司等 4 家公司共同发起筹建，注册资本人民币 10 亿元。

据了解，广东省正在积极争取国家支持在广东自贸试验区建立首家航运保险公司。这意味着，广东首家航运保险公司或将落户南沙。同时，广东省将支持广州市组建航运基金管理公司，加快建立南沙航运产业基金，发挥航运产业基金体系的杠杆作用。

作为广东自贸区先行先试的政策，南沙航运金融改革已正式启动。随着国有大行均已完成南沙布局，目前工行南沙分行已向区内企业推出运费融资、船舶建造期发票融资、船舶融资租赁等航运金融相关产品。

什么是航运保险？

航运保险亦即航运保险业务，包括两大类，一类是国际上通行的三种传统海上保险业务——船舶保险（船壳险）、海上货运险、保赔保险业务（包括船舶保险、海上货运险的再保险业务及保赔保险的分保业务）；另一类是新型航运保险业务，所谓新型航运保险业务，应该指针对自贸区和国际航运中心建设和发展需要而开发的保障自贸区港口、物流、船舶经纪、船舶租赁等领域面临的可保风险的相应保险业务。

（三）融资租赁统一管理体制改革试点

“南沙金融15条”中明确提出：“支持在南沙新区片区开展全国内、外资融资租赁行业统一管理体制改革试点，研究制定内、外资统一的融资租赁市场准入标准。”

融资租赁业务是指出租人根据承租人对出卖人、租赁物的选择，向出卖人购买租赁物，提供给承租人使用，承租人支付租金的交易活动。融资租赁直接服务于实体经济，在促进装备制造业发展、中小企业融资、企业技术升级改造、设备进出口、商品流通等方面具有重要的作用，是推动产融结合、发展实体经济的重要手段。

实际上，早在2014年7月，广州市政府专门发文，明确把南沙新区片区列为全市融资租赁产业发展集聚区，支持南沙新区片区作为全国统一融资租赁行业改革试点地区；并提出至2016年底，广州力争形成若干个千亿级的融资租赁产业聚集地，培育2~3家注册资本50亿元以上的融资租赁龙头企业，设立100家以上融资租赁企业，使广州成为继天津、上海之后的“中国融资租赁第三极”。

南沙成为广州融资租赁发展最快的地区。截至2015年7月底，已在南沙落户的融资租赁企业超过70家，注册资本超过300亿元，渤海租赁、工银租赁已在南沙设立SPV项目公司，已开展飞机、船舶和海洋工程设备等租赁业务；而2014年南沙的融资租赁企业还仅有20多家。据了解，广州新增的融资租赁企业有80%~90%在南沙。

下一步，南沙将继续支持推动越秀金控在南沙打造融资租赁资产交易平台，探索设立融资租赁产业发展基金，推动珠江金融租赁在南沙发起设立南沙融资租赁产业联盟等。目前，广东省首家银行系金融租赁公司珠江金融租赁公司已经落户南沙并正式开业。

融资租赁作为建设“金融强市”的着力点之一，广州意图引导融资租赁渗透三大领域：一是基础设施建设，鼓励对已建成的基建设施作售后回租，减轻财政压力，为路桥、地铁、机场、垃圾处理等项目融资，计划在2016年底引千亿融资租赁资金进入；二是先进制造业，包括汽车、精细化工、电子信息等；三是现代服务业，比如在白云机场综合保税区探索飞机融资租赁。

为此，从2014年起，广州每年安排9000万元作为奖励资金，用于融资租赁企业落户、效益贡献、项目补贴等。

今后，随着南沙新区片区开展全国内、外资融资租赁行业统一管理体制改革试点，陆续还将有一批支持融资租赁行业发展的政策措施出台。

融资租赁业经营规则

融资租赁企业可以采取直接租赁、转租赁、售后回租、杠杆租赁、委托租赁、联合租赁等形式开展融资租赁业务。融资租赁企业应当以融资租赁等租赁业务为主营业务，开展与融资租赁和租赁业务相关的租赁财产购买、租赁财产残值处理与维修、租赁交易咨询和担保、向第三方机构转让应收账款、接受租赁保证金及经审批部门批准的其他业务。

融资租赁企业不得从事吸收存款、发放贷款、受托发放贷款等金融业务。未经相关部门批准，融资租赁企业不得从事同业拆借等业务。严禁融资租赁企业借融资租赁的名义开展非法集资活动。

——《融资租赁企业监督管理办法》商务部印发

自 2013 年 10 月 1 日起施行

外商投资融资租赁公司投资者资格

1. 申请设立融资租赁公司的投资者须为公司、企业或其他经济组织。外方投资者或其境外母公司应资信良好，在境外已合法注册并从事实质性经营活动。

2. 投资各方应向审批机关提供投资各方经会计师事务所审计的最近 1 年的审计报告，审计报告显示资不抵债的不符合申请资格。外方投资者的总资产不得低于 500 万美元。

3. 存续未满 1 年的投资者暂不具备申报条件。符合条件的外方投资者境外母公司以其全资拥有的境外子公司（SPV）名义投资设立融资租赁公司，可不要求存续满 1 年。

部分审核要点：

（1）注册资本不低于 1000 万美元；

（2）外商投资比率不得低于 25%；

（3）经营期限一般不超过 30 年。

（四）跨境贷落地

继前海最早试点跨境贷政策之后，广东自贸区的另外两个片区——南沙新区片区、横琴新区也于 2015 年 7 月 13 日正式启动跨境人民币贷款业务试点。与上海自贸区、深圳前海原有的跨境贷政策相比，南沙新政具有“不限区内企业、不限区内银行、不限比例系数、不限企业规模和经济类型”等特点。

在率先开展跨境人民币贷款的上海和前海，限定了只有自贸区范围内的企业才可申请跨境人民币贷款。但2015年7月13日发布的《广东南沙、横琴新区跨境人民币贷款业务试点管理暂行办法》规定，只要是广东省辖区内的任一规模、任一产业的企业都可在南沙申请跨境人民币贷款；只要申请所得资金用于涉及南沙、横琴两地的建设项目即可。这意味着，相比上海、深圳前海，申请跨境人民币贷款的对象范围有效扩大，门槛进一步降低。此外，“不限比例系数”的规定，表明通过南沙新政申请的跨境人民币贷款在一定程度“上不封顶”。

平安银行负责人表示，“目前南沙在跨境人民币贷款上只有一个区域的业务总规模限制，而且只要一笔借贷还清，额度又可重新补足，较有弹性”。据报道，新政实施当天，就有6家广州企业办理了跨境直贷业务，业务金额合计9.4亿元，全部用于南沙企业经营和南沙项目建设。低成本是跨境贷吸引企业的最大优势，跨境贷与境内贷款的成本差距在20%~30%之间，而由于人民币和外币存在汇兑，引入境外资金在成本上有更大优势。南沙区金融局相关负责人表示，上海还贷期限是1年，南沙则没有这方面限制，企业还贷压力更小。截至2015年7月底，南沙区内已有8家企业按上述办法办理了跨境人民币贷款备案，金额总计达20亿元，融资成本下降20%~30%。

哪些企业可以申请?

在南沙新区片区注册成立并在区内实际经营或投资的企业，以及参与南沙新区片区重点项目投资、建设的广东省辖内企业。

贷款用途？用于南沙新区片区的区内生产经营、区内及境外项目建设等业务。

如何申请跨境贷？申请跨境人民币贷款采用逐笔备案制。每次备案按发生额管理，偿还后若企业再有贷款需要，则需另外申请。试点企业应在境内结算银行开立一个人民币一般存款账户，专门用于办理贷款资金收入及还本付息，按活期计息。

备案流程：试点企业——境内结算银行——中国人民银行分支机构——中国人民银行广州分行。

三、打造国际航运、物流中心

《中国（广东）自由贸易试验区广州南沙新区片区建设实施方案》中，明确提出支持广州形成国际航运中心、物流中心、贸易中心和金融服务体系融合发展格局。为此，南沙将高标准建设国际大港，适度超前规划建设一批港口基础设施，完善集疏运体系。建设集大宗商品贸易、结算、金融服务等功能于一体的交易中心、进口商品保税展示交易中心和国际采购配送中心。高标准规划建设航运服务集聚区，加快建设航运交易市场及信息平台，建立整合物流、贸易、结算等功能的营运中心，完善港口、航运服务、国际贸易、金融服务产业链，打造海上丝绸之路的物流枢纽。

2015 年，围绕航运中心的定位，南沙推进南沙港三四期、邮轮母港等一批港口基础设施建设。健全集疏运体系，着力推进江海联运、铁水联运、公水联运，年内新增 15 条国际航线、10 个“无水港”业务点以及 5 条江河联运支线。密切与国内外各航运中心的协作，开展集装箱国际中转业务。加强航运交易、服务、信息平台建设，打造广州航运交易指数。建立整合物流、贸易、结算等功能的营运中心。发起设立海上丝绸之路港口开发建设基金，建立沿线国家港口城市联盟，协商建立沿线国家口岸查验结果互认机制。

据了解，广东将探索发展围绕国际邮轮母港的新型文化娱乐休闲产业，将广东自贸区建设成为亚太地区重要的邮轮母港基地。

在政策层面，南沙计划出台启运港退税、航运“方便旗”、平行进口汽车等重点政策的实施细则，全面落实海关监管16条、质检总局支持自贸区建设22条和支持新区建设21条、上海自贸区19条、检验检疫8条等通关便利政策。

在建设国际物流中心方面，南沙启动航运服务集聚区建设，引入、建设一批企业物流配送中心和物流仓储重点项目。携手港澳开展船舶保税登记业务，开展国际检测维修业务。设立航运产业基金及船舶产业基金。开展大宗商品DIT延迟中转、内销选择性征税、出口采购集拼、先入区后报关、集报分送等业务创新。

什么是启运港退税？

启运港退税，是借鉴航运发达国家和地区先进经验，创新中国出口退税监管方式的一次有益探索。

对南沙来说，所谓启运港退税，是指国内货物只要确认开始发往南沙保税港区，即被视同出口并办理退税（即实际意义上的“境内关外”）。

在南沙保税港区开展启运港退税政策试点，有利于缩短启运地出口企业办理出口退税的时间，退税手续办理时间减少两个星期以上。此外，该政策还使原来的“国内货物、国外中转”，变为“国内货物、南沙中转”，有效减少每年国内流失到国外港口的中转箱量。

四、发展先进制造业

南沙是区域性水、陆交通枢纽，水上运输通过珠江水系和珠江口通往国内外各大港口。

凭借海港区位优势，“十一五”期间，南沙临港现代产业格局基本形成，打造了一批对南沙现代产业发展具有重要带动作用的大型生产力骨干项目，形成了汽车、船舶及海洋工程装备、港航物流、电子信息、精细化工、精品钢以及以核电装备、高压输变电设备等为重点的机械装备制造基地，临港现代产业初具规模。

造船业不仅是临港经济和海洋经济的重要组成部分，也是广东自贸区南沙新区片区发展高端制造业、建设国际航运中心、对接“一带一路”的重要引擎。广州港在未来 15 年当中有望成为珠三角最具成长潜力的港口，发展速度会非常快，经济辐射范围会更广。同时，广州国际航运中心的规划建设，对广州蓬勃发展的造船业来说是极大的利好消息。进入自贸区时间后，南沙将发展以海洋经济为主导的先进制造业。

第一，发展临港装备制造业。以中船集团龙穴造船基地等项目为龙头，重点建设千万吨级修造船及海洋工程装备基地、广东省重型装备成套供应和出海口基地，以及发展节能环保装备等高端装备和大型工程装备制造。

第二，打造千亿元级汽车产业集群。南沙是国家汽车和零部件制造及出口基地。去年 10 月，南沙汽车整车进口大通道正式打通，首批德国产保时捷“卡宴”轿车落地南沙沙仔岛汽车码头，实现了南沙汽车整车进口零的突破。依托这一口岸，南沙新区片区将着力打造辐射和服务华南、中南、西南等地的汽车整车进出口大通道，形成千亿元级的汽车产业集群。

南沙还将通过叠加南沙新区片区的保税政策，建设保税进口汽车展示中心，吸引更多上下游产业企业进驻。据了解，南沙未来将启动新增产能22万辆整车的广汽丰田三期主体工程建设，新工厂投产后广汽丰田整体产能将达60万辆；引进和建设一批汽车物流项目，推进汽车出海大通道暨全球品牌汽车展贸中心建设。目前，南沙区已招商引资引进了总投资12.42亿元的海嘉国际汽车物流园项目，以及总投资约21.5亿元的近洋国际汽车综合服务产业园项目。目前，广汽丰田发动机增加产品型号项目已经全面投产；新中国船厂南沙小虎岛造船基地项目已基本完工并超额完成全年投资计划。

第三，发展高端新型电子信息产业和智能制造产业。建设国家物联网标识平台等重大公共服务平台，推进省电子信息集团GEC产业基地等重点项目建设，发展第三代半导体芯片、物联网、大数据、云计算、3D打印材料、智能机器人等新兴产业。

第四，培育发展新兴产业。发展跨境电商和移动互联网等新业态，建设跨境进口电商综合服务平台。

五、跨境电商

从2013年底开始，广州获批成为全国跨境电商试点城市之一，伴随政策利好以及市场需求的升温，进入2014年，广州跨境市场迎来以“海淘”为代表的跨境进口业务爆发。据广州商务委提供的数据，2014

年广州跨境电商（零售）进出口额 13.1 亿元人民币，居全国试点城市第一。

南沙首家，也是目前广州最大型的跨境商品直购体验中心—风信子南沙跨境商品直购体验中心，于 2015 年 5 月 1 日开始试业。

随着福建省福州、平潭列入跨境电商试点方案获国务院批准，分别成为第 8 个和第 9 个跨境电商试点城市后，截至目前，全国跨境电商试点城市已有 9 个，此前的 7 个为：上海、重庆、杭州、宁波、郑州、广州、深圳。

南沙新区片区获批成为自贸区后，南沙新区片区对跨境电商行业的发展将有很强的引领作用。

当前中国跨境电子商务正处于快速发展时期，开展跨境电子商务外贸企业超过 20 万家。商务部电子商务和信息化司副司长聂林海曾于 2015 年 8 月表示，中国跨境电子商务平台企业达 5000 家。2014 年中国跨境网络零售交易额达 4492 亿元，同比增长 44%。其中，进口 1290 亿元，同比增长 60%；出口 3202 亿元，同比增长 40%。

海外代购市场大，增长迅速。据中国电子商务研究中心监测数据显示，2013 年中国海外代购市场交易规模达 767 亿元，较 2012 年同比增长 58.8%；2014 年这一数字是“超千亿元”，预计 2015 年将达到 2478 亿元。

到 2015 年 7 月底，已有 190 家跨境电商企业在南沙口岸部门完成备案。京东国际、1 号店、聚美优品、苏宁云商、唯品会、当当网和天猫国际等国内跨境电商企业相继落户南沙，累计审核进仓清单 1273 票，总价值超过 3.95 亿元人民币。

南沙在支持跨境电商发展方面出台了不少创新措施。如从 2015 年 4

月开始，南沙海关取消了原来收取的每票 1 元的跨境通关系统数据传输费；4 月 14 日，南沙保税港区实现跨境电商 24 小时出区，南沙跨境电商还可实现全天候自动通关；6 月 1 日，广东出入境检验检疫局跨境电商商品质量溯源平台在南沙正式上线，成为全国首个推出跨境电商商品质量溯源的自贸区。

南沙跨境商品展示交易中心、南沙跨境商品直购体验中心、跨境电商国际仓贸（南沙）保税中心、广东合捷华南电商示范园区和东涌冠胜体验中心项目在 2015 年相继落地启动。

2015 年 9 月，根据不同企业的业务需求和行业特点，广东省出台了跨境电商相应的扶持措施，扶强扶优，又首次给予跨境电商专项资金支持，力求补齐公共服务、物流、仓储和园区等多个环节的短板。

这三项政策包括：《开展创建 2015~2016 年度广东省电子商务示范企业工作的通知》、《开展创建广东省电子商务示范基地工作的通知》以及《2015 年广东省出口企业开拓国际市场专项资金跨境电子商务项目申报指南》。

根据政策，2015 年底前认定一批广东省电子商务示范基地，引导广东省电子商务企业集聚发展，推动产业转型升级。

在资金支持方面，根据政策，跨境电商公共服务平台最高补助 500 万元，公共物流服务、人才培训和创业孵化、粤港澳及“一带一路”交流项目最高预算 500 万元。

虽然 2015 年的申报已经结束，但上述政策的相关规定还是可以供电商企业参考。

南沙保税港区是广州级别最高的保税区，也是广州三大跨境业务保税区之一。根据南沙保税港区的规划，下一步将大力发展电子商务中心，这意味着未来会有越来越多的跨境电商企业在区内建仓。不过需要注意的是，由于目前南沙保税港区的仓库存量非常紧张，仓库问题不得不考虑。从目前的使用情况看，仓储缺口约有30万~50万平方米。这需要在未来几年迅速扩仓，以满足跨境电商产业的需求。

广东三大电商扶持政策要点

1. 创建省电子商务示范企业：接受申报的企业类型包含网络零售、网络批发、电商服务、跨境电商等7个类型。

2. 创建省电子商务示范基地：基地须正式投入运营1年以上、用于电商相关产业的总体办公建筑面积需大于1万平方米。

3. 跨境电子商务项目申报指南：跨境电商公共服务平台最高补助500万元，公共物流服务、人才培训和创业孵化、粤港澳及“一带一路”交流项目最高预算500万元。

什么是跨境商品？

经由海外正规渠道采购，并进行预申报备案，全程在海关、检验检疫部门的监管下，提前存储在海关特殊监管区域，待消费者完成订单支付和纳税、货物清关后直接从仓库配送到国内消费者手中。高效快捷的物流送货时间将从传统海淘模式下的“漫长等待”缩短到1~3天之内。

什么是行邮税？

指行李和邮递物品进口税的简称，是海关对入境旅客行李物品和个人邮递物品征收的进口税。由于其中包含了进口环节的增值税和消费税，故也为对个人非贸易性入境物品征收的进口关税和进口工商税收的总称。

目前行邮税税率共设为四档，分别为10%、20%、30%和50%。代购较多的奶粉，行邮税税率为10%，化妆品行邮税税率为50%。

怎样享受到免征税优惠？

个人购买跨境物品，以订单的实际销售价格作为完税价格（征税基数，海关依法征收进口税，应征税额在人民币50元（含50元）以下的，海关予以免征；超过50元税额，全额征缴。单个订单限额1000元，不可分割物品除外。

比如1罐奶粉销售价格200元，税率10%，那么税额就是20元，低于50元，不用缴税；如果一次购买3罐，税额为60元，超过需要缴纳60元行邮税。

自贸区与保税区的区别

保税区，亦称保税仓库区。这是一国海关设置的或经海关批准注册、受海关监督和管理的可以较长时间存储商品的区域。经主权国家海关批准，在其海港、机场或其他地点设立的允许外国货物不办理进出口手续即可连续长期储存的区域。

尽管保税区与自贸区都起到类似自由港的作用，但在开放程度、功能设计以及监督管理等方面还存在着较大区别。与国内保税区相比，自贸区的最大特色是“境内关外”的特殊海关监管制度，即“一线放开，二线管住”。所谓“一线”是指自贸区与国境外的通道口，“一线放开”是指境外的货物可以自由的、不受海关监管的自由进入自贸区，自由贸易区内的货物也可以自由的、不受海关监管的自由运出境外；所谓“二线”，则是指自贸区与海关境内的通道口，“二线管住”是指货物从自贸区进入国内非自贸区，或货物从国内非自贸区进入自贸区时，海关必须依据本国海关法的规定，征收相应的税收。

具体来说，一是保税区在海关的特殊监管范围内，货物入区前须在海关登记，保税区货物进出境内、境外或区内流动有不同的税收限制；而自由贸易区是在海关辖区以外的、无贸易限制的关税豁免地区。二是保税区的货物存储有时间限定，一般为2~5年；而在自由贸易区内，货物存储期限不受限制。三是由于保税区内的货物是“暂不征税”，对货物采用账册管理方式；而在自由贸易区，主要考虑货畅其流为基本条件，多数自由贸易区采取门岗管理方式，运作手续更为简化，交易成本更低。四是目前许多保税区的功能相对单一，主要是起中转存放的作用，对周边经济带动作用有限；而自由贸易区一般是物流集散中心，大进大出，加工贸易比较发达，对周边地区具有强大的辐射作用，能带动区域经济的发展。

第 3 节　前海蛇口片区

一、金融业对外开放的示范窗口

广东自贸区深圳前海蛇口片区位于深圳西部、珠江口东岸，毗邻港澳，地处珠三角区域发展主轴与沿海功能拓展带的十字交会处，30 公里半径范围内拥有两大国际机场（香港机场、深圳机场）和两大世界级集装箱枢纽港（香港港、深圳港），产业基础雄厚，具有深港融合圈、空港辐射圈、海港服务圈“三圈叠加”效应，具备发展现代服务业的最佳区位优势。

《广东总体方案》提出，要将前海蛇口片区建设成我国金融业对外开放试验示范窗口、世界服务贸易重要基地和国际性枢纽港。

前海蛇口片区规划面积 28.2 平方公里，分为前海区块（15 平方公里，含前海湾保税港区 3.71 平方公里）和蛇口区块（13.2 平方公里）。

从产业形态上看，前海蛇口片区包括 3 个功能区：一是以前海湾保税港区为核心，包含妈湾港区、蛇口港区在内的西部港区部分，将重点发展港口物流、国际贸易、供应链管理与航运服务，承接货物贸易功能，建设国际性枢纽港；二是前海区块中除了保税港区之外的非物理围网部分，可以称之为“前海金融商务区”，重点发展金融、信息服务、科技服务和专业服务及其他战略性新兴产业，承接服务贸易功能，打造我国金融业对外开放试验示范窗口与亚太地区重要的生产性服务业中心；三是蛇口区块中除了蛇口与赤湾港区的蛇口商务区部分，重点发展网络信息、科技服务、文化创意产业，适当发展服务外包、高端旅游、物流总部经济、创新金融、专业知识服务经济这5个产业，与前海金融商务区错位发展。

其中，前海深港合作区（下简称“前海”）是国家唯一深港现代服务业合作平台，是“一带一路”的重要战略支点，也是广东自贸试验区的重要板块，集深港合作、一路一带、自贸试验区三大国家战略于一身，具有独特的政策优势和改革开放战略优势。

蛇口是中国改革开放的发源地，体制机制创新的试验场，产业转型升级的先行区。前海与蛇口携手共进，融合发展，是国内开放度最高、比较优势最突出的区域之一。

在三大战略优势叠加下，境内外企业纷纷涌向前海蛇口片区。官方数据显示，截至2015年8月18日，前海蛇口自贸片区累计注册企业达到51583家，注册资本超过2.3万亿元。其中，截至当年7月31日，注册资金达5亿元以上的企业628家，港资背景企业1627家，无论是新增企业数量、新增注册资本，还是平均注册资本均远高于上海、天津、福建自贸区和广东自贸区南沙、横琴片区。

2015年5月8日，广东自贸区前海蛇口片区正式实施外商投资准入特别管理措施（即“负面清单”管理），负面清单之外的外资企业，在前海注册由审批改为备案。同日，针对外商投资者的自贸区“一口受理平台系统”上线。

这些措施大大降低了外资企业入驻成本，从提交申请到完成备案从过去的20个工作日减少到3个工作日。

这一模式的改革极大地释放了外商投资者对前海的投资热情。官方数据显示，前海蛇口自贸片区挂牌起至7月31日，前海区块新设外资企业 508 家，其中实行备案管理的 433 家，占比达 85%，占全国自贸区（除上海外）的 38%，广东自贸区的 85%。

2015 年 7 月 15 日，深圳市委常委会议讨论并原则通过《中国（广东）自由贸易试验区深圳前海蛇口片区建设实施方案》（以下简称《蛇口片区实施方案》）。《蛇口片区实施方案》明确了前海蛇口片区的战略定位、总体目标和功能布局，提出力争经过 3 至 5 年改革试验，营造国际化、市场化、法治化营商环境，构建开放型经济新体制，实现深港经济深度合作，加快培育国际合作和竞争新优势，逐步实现开放型经济治理体系和治理能力现代化，将前海蛇口片区建设成为投资贸易便利、服务体系健全、金融创新功能突出、监管高效便捷、法制环境规范、辐射带动效应明显的自贸区。

在此《蛇口片区实施方案》下，深圳提出要充分发挥前海蛇口片区和前海深港现代服务业合作区的叠加优势，进一步凸显各自承担的使命和功能定位；要积极探索开放型经济新体制，加快构建与国际投资贸易基本规则相衔接的制度框架，深化金融领域开放创新，全面加强与香港及其他发达国家和地区的金融、商贸、科技、文化、专业服务等领域合作，发挥好自贸区在新一轮改革开放中的示范引领作用。

值得一提的是，《蛇口片区实施方案》明确指出，为加强深港合作，将积极研究在前海蛇口自贸片区内设立离岸证券交易中心（前海国际板或“丝路板”）的可行路径，探索支持“一带一路”沿线国家和地区企业，特别是亚投行或丝路基金重点支持、与中国业务往来密切的境外企业在该板块发行股票并上市交易，以市场化手段促进沿线国家实体经济与中国资本市场深度结合。

《蛇口片区实施方案》还强调要建立市场化政府经济运行管理新模

式。前海蛇口自贸片区管委会主任、党组书记田夫表示，深圳前海蛇口片区将通过深化行政审批管理改革，推行“互联网+”政府服务新模式，提高事中事后监管水平。将探索与国家相关部委建立自贸区建设部市合作机制，按照“政府职能+前海法定机构+蛇口市场机构+咨委会社会机构”的多元架构，创新前海蛇口片区管委会运行管理的体制机制。

二、前海：金融创新的试验田

前海作为我国新一轮改革开放的窗口，从前海成为深港现代服务业合作区以来，加快金融业发展就被置于产业发展的首要位置。

《前海深港现代服务业合作区总体发展规划》提出，在国家金融监管机构指导下，根据国家金融业对外开放的总体部署，按照开放合作原则，在 CEPA 框架下、广东省先行先试范围内，研究探讨深入推进深港金融合作，研究适当降低香港金融机构和金融业务准入门槛，支持金融改革创新项目在前海先行先试。营造良好的金融生态环境，吸引各类金融机构在前海集聚发展。增强金融辐射服务能力，努力将前海建设成为国家对外开放的试验示范窗口。这意味着，金融创新是前海先行先试的重点。

目前，人民币已成为全球第四大支付货币和第二大贸易融资货币。“十三五”规划建议提出，要加快金融体制改革，提高金融服务实体经济效益。金融改革已进入“深水区”。从国外的经验看，金融开放有利于发展市场经济，但如同硬币的两面，金融开放也会伴随着一些风险。所以，前海的金融创新试验事关重大。

（一）金融政策先导

2012 年以来，前海一直在推动以跨境人民币业务为重点的金融领域创新合作。2012 年 12 月，跨境人民币贷款政策在前海“开闸”，2013 年 1 月，《前海跨境人民币贷款管理暂行办法实施细则》正式发布。而时至今日，这一政策已经在上海、天津等地复制推广。

2013 年 1 月，前海首批跨境人民币贷款由 15 家香港银行向前海 15 家企业发放 20 亿元人民币贷款。至今，备案金额累计破 1000 亿元。2014 年是前海金融创新的“突破年”。这一年，前海向“一行三会”争取到金融政策 29 条，涉及跨境人民币、证券、保险等多个领域。

这 29 条政策主要包括：人民银行同意前海企业的境外母公司或者控股子公司可回到境内发债，并以人民币形式调出境外使用；国家外管局同意 QDLP（允许符合条件的境内投资者投资境外市场）试点，前期给予 10 亿美元的汇购额度；中国银监会支持符合条件的金融租赁公司在前海设立专业子公司；支持具有离岸业务资格的中资银行在前海开展离岸业务；中国证监会支持在前海设立自保公司、相互制保险公司等新型保险组织以及航运保险、责任保险、健康保险、养老保险等专业保险机构；研究在 CEPA 框架下适当降低香港保险公司在前海设立机构和开展业务的准入要求，积极支持符合条件的香港保险经纪公司在前海设立保险代理公司等。

截至 2014 年年底，前海已经争取到 40 条金融创新措施落地。其中，当年 11 月底，前海跨境贷累计备案金额达到 738 亿元，极大地降低了企业融资成本，促进了人民币跨境使用。

“企业会用脚为前海‘投票’，这些金融创新对金融企业落户前海的吸引力并不亚于税收优惠。”前海管理局第二任局长张备曾表示。从 2013 年 1 月到 2014 年年底，入驻前海的金融企业从 152 家增至 9662 家，增长了 62 倍。

此外，前海外资企业资本金实行意愿结汇试点。2014 年 7 月 4 日起，前海注册的外资企业，可自由选择外汇资本金的结汇时机和结汇比率，实行 100%意愿结汇，资本金结汇后的人民币，可在企业经营范围内自主使用。此项试点政策将外汇资本金结汇的自主权和选择权完全赋予企业，帮助企业有效规避汇率波动带来的损失，并允许以投资为主要业务的外商投资企业，在其境内所投项目真实、合规的前提下，以结汇所得人民币资金进行股权投资。

在金融创新上，中国证监会正式批复准予由前海金控主导设计的"鹏华前海万科 REITs 封闭式混合型发起式证券投资基金"注册，成为国内首只公募房地产信托投资基金，这有效盘活存量资产，加快建设资金流转速度，撬动更多的社会资本参与前海开发建设。

截至 2015 年 6 月底，前海共注册互联网金融企业 1273 家，占到深圳市的 90%以上，包括 P2P 网络贷款企业数百家，第三方支付企业 56 家，大数据和数据挖掘企业 82 家，众筹企业 15 家，征信企业 11 家，以及 19 个要素交易平台。同时，前海跨境贷备案金额达到 1070 亿元，业务量大幅领先全国其他区域，强化了香港离岸人民币中心地位。

(二) 本外币"两条腿走路"

为促进前海投融资便利化，2015 年 3 月 9 日，国家外汇管理局深圳市分局正式发布《前海外债宏观审慎管理试点实施细则》，前海深港现代服务业合作区被列为首批外债宏观审慎管理试点地区。

试点主要内容包括统一中外资企业外债管理方法，对区内非金融企业借用外债实行比例自律管理，即外债余额不超过上年末经审计净资产的 2 倍；中资非金融企业办理外债签约登记时，其全部负债（含当次外债签约额）不超过其总资产的 75%；区内企业借用的外币外债资金，可按规定结汇使用。该项试点是首次允许中资企业借入外债并结汇，能有效缓解企业融资难、融资贵的问题；同时也是首次在外债管理方面给予内外资企业平等的国民待遇，有利于打造公平竞争的营商环境。不过，属于地方政府融资平台性质的公司以及房地产公司等属于一般外债管理有限制性规定的特殊行业企业，暂不参与试点。

一般而言，融资有两种渠道，一是权益性融资，主要指通过股票市场进行 IPO 获得融资；二是债务性融资，包括银行贷款、发行公司债券等方式。但近年来，国内银行贷款融资成本有所提高，目前贷款利率平均在 6~7 个点，与此同时，企业的经营利润却越来越薄。由于海外人民币利率相比国内较低，人民币跨境贷政策可以让境内企业享受一定的政策红利。但这样的利差自 2014 年以来一直处于收缩状态。此种情况下，借外币外债对企业的吸引力显得更有优势。此外，由于银行贷款到账一般需要 5 天左右的时间，借外债方式的时效性会更强。由此，外债宏观审慎管理试点与前海跨境人民币贷款政策一起，形成本外币“两条腿走路”的境外融资渠道，让企业更容易使用全球低成本资金。

随着跨境人民币贷款、借入外债结汇、前海外商股权投资企业试点等政策陆续先行先试，超过 15000 家金融企业聚集前海，除银行、证券、保险等传统金融业态外，还包括大量 PE、融资租赁、商业保理、互联网金融、小额贷款等新型金融业态。

正是基于前海在金融领域创新上所取得的成果，在《广东总体方案》中，前海蛇口片区被赋予了“建设我国金融对外开放试验示范窗口”的重任。随着前海蛇口自贸片区的挂牌，在这块先行先试、对外开放的新“试验田”中，金融改革创新的禾苗已经茁壮生长。

融资成本降3%

目前，外债的成本只有2~3个点，国内贷款利率平均6~7个点，利差近3个点，如果借1000万美金的话，相当于节省30万美金，大大降低了企业的融资成本。

企业如何能把香港的资金引入前海？

2015年5月，来自北京的张先生在前海注册了一家大陆与香港合资的融资租赁公司，注册资本为6亿元人民币，实缴6000万元人民币。作为一家新创企业，银行能给予张先生公司的授信额度最高是6亿元人民币，但他的公司一个项目的平均资金额度都在10亿元人民币以上。他最头疼的是，如何能把香港的资金引入前海？

方式一：

通过跨境人民币贷款，从香港银行贷入人民币，且内资公司没有贷款额度限制，贷款利率与期限由借贷双方自主确定。

方式二：

外商股权投资，简单说就是通过私募股权投资的方式，境外融资后投入境内项目。此种方式的弊端在于设立的审批时间较长。

方式三：

向境外发行人民币债券。不过此种方式针对国内大集团公司，对股东的筛选要求较为复杂。

什么是9号牌照?

9号牌照是香港证监会发布执行的《证券及期货条例》第9类受规管业务资格牌照，即资产管理牌照。国内的私募机构持有该牌照，意味着在国际资本市场上获得了“通行证”，不仅可以直接参与境外的投资，还可以吸引海外投资者的资金。

外商投资股权投资企业试点设立条件

外商投资股权投资企业认缴出资应不低于1500万美元等值货币，出资方式应限于货币；合伙人应当以资金名义出资，除普通合伙人外，其他每个有限合伙人的出资应不低于100万美元等值货币；外商投资股权投资管理企业注册资本（或认缴出资）应不低于200万美元等值货币，出资方式限于货币。注册资本（或认缴出资）应当在营业执照签发之日起三个月内到位20%以上，其余部分应自企业成立之日起两年内到位。

外商投资股权投资管理企业在申请设立时，应当具有至少两名同时具备下列条件的高级管理人员：

1. 有5年以上从事股权投资或股权投资管理业务的经历；

2. 有2年以上高级管理职务任职经历；

3. 有从事于中国有关的股权投资经历或在中国金融类机构从业经验；

4. 在最近5年内没有违规记录或尚在处理的经济纠纷诉讼案件，且个人信用记录良好。

申请设立外商投资股权投资企业的境外投资人，应至少具备以下条件之一：

1. 在其申请前的上一会计年度，具备自有资产规模不低于1亿美元或者管理资产规模不低于2亿美元；

2. 持有香港证监会（或境外金融监管部门）颁发的资产管理牌照；

3. 世界知名股权投资机构（权威机构评选发布的资产管理规模世界排名前100名）。

（三）世界服务贸易重要基地

前海的金融集聚和创新，也成为撬动其他产业发展的杠杆。2014年，前海注册企业合计实现增加值192亿元，同比增长287%。

“生产性服务业以金融为核心的时候，附近的业态配比是遵循市场法则的，这个市场法则还有待深入研究。近三年来，前海产业结构的比例大体维持不变，正说明业态是有科学性的，尽管是自发的，但这其中一定有其规律，这一规律恰好说明了自贸区的出现延伸了产业在前海集聚的逻辑。”前海管理局新闻发言人王锦侠向笔者表示。

2014年12月底广东自贸区获批后，仅2015年前5个月，深圳前海新增注册企业上万家，创历史新高。截至2015年5月底，前海进驻企业已从2013年的253家增至3.1万多家，注册资本达18376亿元。

值得一提的是，注册的企业结构与前海自贸区获批之前企业注册情况基本类似，约56%为金融类企业。此外，信息服务、现代物流、科技、文创产业各占约10%~15%的比率。

“为什么产业结构与此前大体一致呢？这反映了前海当时的产业定位选择是比较精确的。”王锦侠说。

据官方数据显示，截至2015年2月底，前海区内注册物流企业3425家、信息服务业2772家、科技及其他服务业4048家，前海位于深圳西部、珠江口东岸，毗邻港澳，地处粤港澳1小时生活圈的核心，到香港机场只需要13分钟，到香港中环也仅需半小时。正是由于前海对港独特的区位优势，2010年，国务院批复《前海深港现代服务业合作区总体发展规划》，逐步把前海建设成为粤港现代服务业创新合作示范区。前海规划面积15平方公里，规划期至2020年。前海成为“特区中的特区”。

2012年12月7日，习近平总书记在党的“十八大”后离京视察的第一站就选择了前海，并作出重要指示：前海开发开放是深圳经济特区发展的新契机，转型升级的新推力，改革开放的新起点，粤港、深港合作的新平台。按照广东自贸区总体方案，深圳前海蛇口片区重点发展金融、现代物流、信息服务、科技服务等战略性新兴服务业，这与国务院批复的前海深港现代服务业合作区总体发展规划中的产业定位基本一致。

据了解，来前海注册的外资企业中，超过93%来自香港。截至2015年5月底，有1400多家港资企业在前海注册。据前海最新统计，截至2016年1月31日，前海注册企业已达至67472家，注册资本近35469亿元人民币。其中注册资本金逾10亿元的企业高达473家，实缴资本逾百亿元的亦有4家。在前海注册的香港企业共有2439家，占总数3.6%；资本达3227亿元人民币，更是占了总数近一成。

根据“十二五”规划纲要草案所描绘的蓝图，前海拟通过10年时间完成建设，到2015年预计地区生产总值达到500亿元左右。到2020年，聚集一批具有世界影响力的现代服务业企业，成为亚太地区重要的生产性服务业中心；在全球现代服务业领域发挥重要作用，成为世界服务贸易重要基地。也正是基于此，前海提出将在2020年实现GDP达到

1500 亿元左右的目标。

（四）港资企业可获专项扶持资金

近年来，国家从资金投入、税收优惠等方面陆续出台了一些支持服务业发展的政策。而前海作为我国国家级的现代服务业合作区，国家给予的政策支持更加有力度。

2012 年 7 月 16 日，财政部、商务部联合印发《财政部商务部关于批复深圳前海深港现代服务业合作区现代服务业综合试点方案的通知》，随后的 2013 年 1 月，又出台《深圳前海深港现代服务业合作区现代服务业综合试点专项资金管理办法》，通过整合中央与地方财政资金，采取财政资助、以奖代补、贷款贴息、落户引导奖励等方式，重点扶持前海金融业、现代物流业、信息服务业等生产性现代服务业项目。

具体而言，专项资金扶持包括以下领域：

1. 金融业：围绕跨境人民币业务、财富管理、资产管理、股权投资、要素交易市场建设、金融产品创新、金融中介服务领域开展的有利于金融业改革创新发展的项目。

2. 现代物流业：围绕供应链管理、国际综合贸易、物流增值服务、物流技术研发与应用领域开展的有利于在前海深港合作区形成高端物流新型业态集聚的项目。

3. 信息服务业：围绕信息传输服务、软件和信息技术服务以及信息内容服务领域开展的有利于推动网络经济与实体经济融合发展的项目。

4. 现代服务业其他领域：促进现代服务业商业模式创新的项目、支撑现代服务业绿色低碳发展的项目、促进现代服务业人才集聚的服务平台建设项目、提升现代科技标准化应用水平的服务平台建设项目、财政部、商务部重点支持的新型服务业创新项目、经领导小组批准并报财政部、商务部备案的其他项目。

不过，每个项目原则上只能采用一种扶持方式，具体为：

1. 股权投资主要用于扶持要素交易、人才服务、信息资源平台类项目，以及对现代服务业有引领、示范、集聚效应的项目。

2. 财政资助主要用于扶持公益性强的项目。

3. 以奖代补主要用于扶持已实施并实现增长目标的项目。

4. 贷款贴息主要用于扶持投资规模较大、能够获得银行贷款的项目。

5. 落户引导奖励主要用于奖励总部型项目和创新型项目。

从扶持标准看，各种扶持方式单项扶持额度最高的不超过5000万元。

专项资金用于前海深港现代服务业合作区现代服务业综合试点，引导现代服务业在前海聚集发展，对在前海注册的企业尤其是中小企业来说，无疑是站在了很高的起点。

由于前海与香港独特的地缘优势，越来越多来自香港的投资人落户前海。前海管理局依托前海现代服务业综合试点专项资金，并结合香港商业习惯，通过贷款贴息和财政资助的方式，对港资企业（独资或合资方式）在前海注册的中小企业给予扶持。该扶持政策《深圳前海深港现代服务业合作区现代服务业综合试点专项资金管理办法补充规定》（以下简称《补充规定》）于2014年12月出台，已于2015年2月启动。

与前海整体的扶持领域相同，前海的港资企业符合金融业、现代物流业、信息服务业以及现代服务业其他领域的项目都可以提出申请。其中，补贴方式分为贷款贴息和财政资助两种。按规定，采用贷款贴息方式的，对企业的实际贷款给予3个百分点的贴息，贴息时间最长2年，在企业支付完结贷款利息后一次性拨付贴息资金。另外一种是采用财政资助方式，按企业申报时实缴注册资本的50%予以资助。专项资金将发放到企业的监管账户，资助金额超过20万元的，监管银行根据企业发展进度分期拨付资金。值得注意的是，两种方式的最高扶持额度均不超过200万元。

上述《补充规定》也对试点专项资金的地方配套进行详细说明，采用财政资助、以奖代补、贷款贴息或者股权投资扶持方式的，在扶持计划审定前已经取得市级财政资金扶持的，扶持资金全部由中央资金投入，其已经取得的市级财政资金作为地方资金配套，中央资金投入和地方资金配套累计不超过扶持额度上限。尚未取得市级财政资金扶持的，扶持资金50%由中央资金投入，50%由市级财政资金拨付作为地方资金配套。

不过，3年内中央、地方共将投入的财政扶持资金的金额，也从最初的30亿元调整为15亿元，且原来按照“1：1”进行的地方配套，实际操作不再作强制性要求。

前海管理局新闻发言人王锦侠认为，《补充规定》体现了综合试点项目对港资企业的一个倾斜，现代服务业专项试点用好用活以服务业试点资金的创新，发挥了国家财政吸引香港企业到前海的杠杆作用，也有利于香港青年创业团队到前海“梦工场”孵化加速。

“梦工场”全称“前海深港青年梦工场”，于2013年12月7日由前海管理局、深圳青联和香港青协三方发起成立，是服务深港及世界青年创新创业，帮助广大青年实现创业梦想的国际化服务平台。“梦工场”以现代物流业、信息服务业、科技服务业、文化创意产业及专业服务为重点，培养具创新创业意念的18~45岁青年，以及具高潜质的初创企业共200家，于“梦工场”实践创业计划，并同时探索创新创业孵化器产业化发展的新模式。由2014年11月开始接受青年及具高潜质的初创企业申请进驻。

据报道，截至2016年2月，“梦工场”已经引进了124家深港国际创业团队，其中香港及国际团队59家，兑现了一年前梦工场创立时“香港团队不少于1/3”的承诺。2016年前海梦工场将继续扩大香港团队比例，计划将再培育50个香港创业团队，届时在前海创业的香港团队将超过100个，比例高达6成。

哪些港资企业能获得支持?

专项扶持资金扶持对象为香港投资者以独资、合资形式在前海深港合作区设立的、具有独立法人资格的外商投资企业，且须要具备以下条件之一：外商投资企业主要发起股东是在香港特别行政区依法注册或登记的法人机构，且须从事经营3年以上并依法缴纳利得税；外商投资企业主要发起股东是香港特别行政区的永久性居民（含永久性居民中的中国公民）；以合资形式设立外商投资企业的，香港投资者持有股权比率应达到或超过51%。

（五）两个产业专项资金

2013年9月和10月，中国国家主席习近平在出访中亚和东南亚国家期间，先后提出共建“丝绸之路经济带”和“21世纪海上丝绸之路”

的重大倡议，后合称为“一带一路”战略。目前这一战略已经上升为国家战略。

“一带一路”战略开创了中国全方位对外开放新格局，成为引领我国经济进一步融入世界的强力引擎。

在此背景下，“一带一路”战略，让自贸区承载了让中国企业“走出去”的使命。按照广东自贸区总体方案，广东自贸区将建设成为“21 世纪海上丝绸之路”重要枢纽。而前海作为我国新一轮改革开放的“桥头堡”，无疑将在推动企业走出去方面创新力度更大。

前海管理局依据 2015 年 2 月出台的《深圳前海深港现代服务业合作区产业发展资金管理暂行办法》（以下简称《暂行办法》），制定了两个产业发展专项资金，分别为前海产业发展资金先锋企业专项和产业发展资金“海丝之路”专项。根据该《暂行办法》，产业发展所需的资金，将从前海年度支出预算中安排，额度不低于 10 亿元/年。

据了解，先锋企业专项发展资金主要是支持前海金融、现代物流、信息服务、科技服务、专业服务、国际商务、海洋经济等产业领域中具有明显竞争优势，对前海现代服务业发展起重要引擎作用的企业。

符合条件的企业可享受租房购房补贴、特定债务贴息、培训费补贴、高管团队安家补贴等，其中高管团队安家补贴最高可达到 1500 万元。另外，个人薪金超过 50 万元的，还可按薪金的 3.5%予以地方贡献奖励；先锋企业骨干员工如果在上市公司或创新型公司有股票期权或是项目分红权，按所得额会有 5%的地方贡献奖励。

“海丝之路”专项资金的支持对象则为前海合作区内“海丝之路”的建设主体，包括“海丝之路”投资基金及其管理公司、中资企业海外投资特殊目的载体、中资跨国公司海外业务总部等。该专项对“海丝之路”建设主体依托前海开展业务所产生的成本费用予以一定比例的资助，包括保费补贴、推广费补贴、租房购房补贴、培训费补贴、审计、法律服务费用补贴等。

（六）企业化运作的法定机构

在自贸区的多项试验探索内容中，制度创新是非常重要的一项。对深圳前海蛇口片区来说，前海管理局法定机构的管理模式及蛇口多年来的企业运作开发区的经验是该片区的一大特色，也将给政府、企业合作建设自贸区带来“1+1>2”的效果。

前海深港现代服务业合作区管理局（加挂前海湾保税港区管理局牌子，以下简称“前海管理局”），是我国内地首个法定机构，也是国家唯一负责区域开发和综合管理的法定机构。

前海管理局是实行企业化管理，但不以营利为目的的履行相应行政管理和公共服务职责的法定机构，具体负责前海合作区的开发建设、运营管理、招商引资、制度创新、综合协调等工作。

简而言之，法定机构是半官方半企业机构，这些法定机构兼具企业经营和政府行业管理职能。它具有一定的独立性，实行企业化管理，运作比政府部门更有弹性。

前海管理局根据国家规定，在非金融类产业项目的审批管理方面，行使计划单列市的管理权限。深圳市政府根据前海合作区开发、建设、管理的实际情况，具体规定和调整前海管理局的行政管理职责、公共服务的范围以及市政府各有关部门在前海合作区行使职责的范围。辖区政府或者有管理权的市政府部门承担的前海合作区的行政管理职责，由前海管理局负责协调。

自 2011 年 1 月挂牌成立以来，前海管理局一直在探索为前海合作区的组织和个人提供优质公共服务的有效方式和途径，在创新金融、资本市场、保险创新、现代物流、科技创新、创意设计、专业服务等领域，实现多方面多层次的深港合作。

在国外，法定机构的历史很长。但在我国，前海是四大自贸区中乃至国内唯一实行此管理模式的地区。法定机构不是传统政府，却承载了部分政府职能，也承担如公共服务、产业发展、招商引资、综合协调、制度创新等五项职能。因此，法定机构是多种职能融于一体的机构，区别于传统政府，更强调企业化、市场化的运营管理。政府管理更注重程序，法定机构则更强调效率优先和结果，而结果导向使得法定机构更具活力。

法定机构的经费来源更加广泛，主要是政府资助、社会捐助；管理更透明，在目前的起步初期，领导小组来替代理事会；这个方向从探索的价值来说具有先导性。

在前海管理局的负责人看来，企业之所以如潮水般到前海注册，除能享受到优惠政策外，更重要的是法定机构的形式更加适应国家新区，特别是自贸区对外开放的时代潮流。

也正是因为机制灵活，前海管理局也是一个精简、高效的机构。前海管理局不到300人的队伍，人数仅相当于一般行政区的20%~25%，其中1/3为海归，平均年龄仅33岁。

前海管理局局长由市政府任命，任期五年。前海管理局可以根据工作需要设副局长若干名，协助局长工作。副局长由局长提名，市政府按规定程序任命。值得一提的是，前海管理局的高级管理人员可以从香港或者国外专业人士中选聘。

按照《广东总体方案》，在广东自贸区将探索设立法定机构，将专业性、技术性或社会参与性较强的公共管理和服务职能交由法定机构承担。建立行政咨询体系，成立由粤港澳专业人士组成的专业咨询委员会，为自贸试验区发展提供咨询。推进建立一体化的廉政监督新机制。

早在2013年，前海即成立了深圳前海廉政监督局，该机构合并了纪委、监察、检察、公安、审计等多部门的监督职能，形成大监督格局，为前海反腐倡廉的创新探索“立规矩、定方向”。

前海管理局目前是广东自贸区3个片区中唯一一个法定机构。按照总体方案，法定机构的管理模式或将在其他两个片区复制推广。而王锦侠表示，前海的经验表明，法定机构的管理模式具有可复制、可推广的价值和前景。

（七）贴心贴需

对企业来说，法定机构的管理模式有什么优势？王锦侠用了四个字概括：贴心贴需。

“法定机构的管理模式，将来在和企业的互动上会有‘1+1>2’的效果。”王锦侠说。实际上，在前海蛇口自贸区设立之前，蛇口的开发、建设，就是企业化运作的典型。

蛇口毗邻前海深港现代服务业合作区。1979年，经国务院批准，招商局集团在深圳蛇口创办了我国第一个对外开放的工业区——蛇口工业区，成为中国改革开放的“排头兵”。经过35年的改革发展，蛇口工业区已初步形成国际性港口、生产性服务业集聚的国际化滨海城区，为中国改革开放探索提供了许多有益的经验。

经过30多年的发展，招商局在前海蛇口片区拥有大量的优势产业，遍布港口、金融、地产、物流、贸易等多个领域。招商局旗下的招商局蛇口、招商地产、招商物流、中集集团等6大公司总部均设于前海蛇口片区。其中，蛇口工业区、深圳西部港区和前海湾保税港区成为招商局在前海蛇口片区的核心产业。

其中，前海湾保税港区于2009年封关运行，3.71平方公里，是经国务院批准，招商局与深圳市合作设立的国内第一家“市场化运作”的保税港区。此次纳入前海蛇口自贸片区的有招商局蛇口工业区9.4平方公里、招商局国际西部港区3.8平方公里，合计13.2平方公里。

据了解，招商局对蛇口的市场化运作，海关、边检、工商等部门按照常规设置外，相当于减少了一个局级单位，政府少投入10亿~20亿元经费。而在国内十余个保税港区中，前海湾保税港区排在前列。

目前，蛇口工业区已经由传统的加工制造工业区，转变成为宜居宜业、生态低碳的滨海城区，并且在向信息技术产业、现代生产性服务业转型上取得显著成果。深圳西部港区已发展成为现代化的国际集装箱港口，2013年的吞吐量超过1100万标准箱，与招商局遍布全球14个国家和地区的港口网络与物流设施共同构成了强大的国际贸易体系基础支撑。这些产业将为前海蛇口建设自由贸易区奠定重要的基础。

三、改革策源地　蛇口再发力

在四大自贸区中，深圳的前海蛇口片区几乎是最具新老改革基因的片区。1979年，招商局集团创办蛇口工业区，这是中国第一个对外开放的工业区，也使得蛇口成为我国第一轮改革开放的策源地。

在这次改革大潮中，具有百年历史的招商局再次率先迅速发展，开发创办了中国首个工业区——蛇口工业区，提供了许多先行先试的发展经验，在中国的改革开放中扮演了重要的角色。

（一）改革开放的排头兵

蛇口工业区脱胎于小渔村，如今经过 30 多年的发展，孵化出了招商银行、中集集团、平安保险等知名企业。同时，招商局在前海蛇口片区拥有大量的优势产业，遍布港口、金融、地产、物流、贸易等多个领域。

随着此次广东自贸区的新设，13.2 平方公里的蛇口区块（包括蛇口工业区 9.4 平方公里和赤湾及海关监管片区），作为全国唯一由企业主导开发的区块进入自贸区，誓要打造成为最具改革特色、创新特色、市场特色的自贸区，真正从改革开放的排头兵成为深化改革开放的新标兵。

事实上，蛇口经过 30 多年的发展，正面临转型升级的问题。“目前，蛇口面临传统产业优势逐渐消退、产业结构转型发展、急需进行城市更新等问题。”综合开发研究院（深圳）常务副院长郭万达曾表示。

有专家认为，把蛇口工业区纳入自贸区，可将其综合服务、航运物流等优势产业与前海合作区的金融、信息等产业有机结合，实现优势叠加，完善自贸试验区产业体系，提升自贸试验区和珠三角地区整体竞争力。

前海蛇口片区坐拥前海湾、紧邻深圳湾，地处粤港澳大湾区的黄金入海口，西部港区枢纽作用突出。招商局集团站在国家战略、区域战略的高度思考前海蛇口片区的发展，形成战略引领，计划将蛇口打造成为 21 世纪海上丝绸之路桥头堡、枢纽港、始发地及深圳湾区经济建设的重要门户。

经过 30 多年的发展、沉淀，蛇口近几年也正处在转型升级的关键点上。进入自贸区的版图后，蛇口也将实现突破为路径，与前海协同发展。

1. 产业发展再升级。对片区产业重新梳理和优化，探讨对低端临港产业（传统散杂货、粮油加工、普通钢结构制造等）的转型发展，以及片区其他低端产业的转型升级等。

2. 片区土地再规划。结合产业发展的优化定位，对片区有限的土地资源进行功能优化和调整，进一步推动对港口岸线、后方陆域及前沿水域的综合开发利用。

3. 交通组织破瓶颈。具体包括抓紧疏港出海航道的建设、抓紧轨道交通的建设，抓紧望海路下沉通道筹建、打通大小南山隧道，加快妈湾大道跨海通道、南海大道延长线建设，实现兴海大道与蛇口快速衔接等。

4. 重大项目快建设。包括加快推动妈湾智慧港——招商局全球港口运营管理中心、招银前海金融资产交易中心、招商局前海自由贸易中心、蛇口滨海深港创业创新产业带等一批重大项目的规划建设。所涉及的投资规模将超过千亿元。其中，招银前海金融资产交易中心，将成为涵盖 P2P 业务平台、金融资产交易平台、资产证券化平台和托管清算平台在内的，以大数据为核心竞争力的金融资产交易平台。

基于蛇口的产业基础和优势，围绕交通运输、金融投资、房地产开发三大核心产业，积极搭建城市转型升级发展大平台、金融创新发展大平台和国际枢纽港口三大平台。

具体而言，将整合招商集团西部港区的资源，搭建“国际枢纽港口大平台”，重点推进航运、物流、供应链金融、法律、航运管理、船舶供应、海员服务等要素向自贸区繁荣发展；整合集团各类金融资源，搭建金融创新发展大平台，创新推动自贸区的产融协同发展；整合蛇口各类资源和综合开发能力，搭建城市转型升级发展大平台，集成蛇口网谷、南海意库等先发资源，以蛇口滨海深港创新产业为核心，推动城市转型发展和区域竞争能力的再提升。

此外，蛇口还将打造招银前海金融资产交易中心、跨境电商交易中心、大宗散货交易中心、投资级红酒交易中心、海内外投资综合服务中心等几个特色平台。

检验检疫无纸化报检系统启用

2015 年 8 月 17 日，无纸化报检系统正式在蛇口检验检疫局启用，进出口企业可通过网络端口进行报检资料上传，无需到检验检疫机构现场报检，这标志着前海蛇口自贸片区进出口报检业务全面进入无纸化新阶段。

（二）与前海协同发展

一个是第一轮改革开放的策源地，一个是新一轮改革开放的“桥头堡”，蛇口与前海两个区域的联合，是一种强强联合，差别化的发展模式，对蛇口和前海都是一个在更高层次上的激活。前海目前处于大规模的开发建设期，蛇口则在基础设施、产业结构、配套体系相对较为成熟，具有先发优势。

在产业方面，前海将大力发展现代服务业，特别是近期重点发展金融业。蛇口业已形成了国际性枢纽港，在贸易服务层面的优势不言而喻。同时，通过“再造新蛇口”，区域产业成功转型升级，互联网等新兴产业发展良好，在科技服务与文化创意产业具备了一定的规模和先发优势，而且蛇口的生产、生活配套功能齐备，国际化氛围浓厚。蛇口与前海可发挥各自优势，形成功能互补和优势叠加。

据了解，蛇口已成为国际枢纽港，更需要金融业对外开放的世界服务贸易支撑，前海与蛇口的协同解决了港城联动的问题。目前蛇口部分区域已经具有中央商务区的功能，需要金融巨头来支撑，但蛇口恰好在金融领域是相对薄弱的，前海的金融创新试验田的定位，给蛇口中央商务区的功能以很好的支撑。同时，前海、蛇口被纳入自贸区后，与此前相比，各自的发展空间扩容。

“前海的发展空间比较小，面积只有 15 平方公里，规模体量较小，几乎没有回旋余地。有了蛇口后，空间大了，回旋余地更大了。”前海管理局相关负责人告诉笔者，自贸区恰到好处地解决了蛇口与前海两个区域的联动问题，对扩大全球开放、深化港澳合作、进一步激活蛇口的发展动力意义重大。

而对蛇口而言，蛇口纳入自贸区后，片区规模大幅度提升到 28.2 平方公里，这不仅仅是土地面积的简单叠加、发展空间的线性扩大，更重要的是蛇口的人才优势、资金优势、管理理念、改革创新精神等众多软性资源和要素也能够在前海蛇口片区内进行相互拓展和融合。

从管理体制上来说，前海与蛇口也具有共性。前海管理局是实行企业化管理，但不以营利为目的的履行相应行政管理和公共服务职责的法定机构。而蛇口区块是全国唯一由企业主导开发的区域，招商局其央企和港资的双重独特身份，将会与前海管理局一起，使前海蛇口片区更具市场化活力。

（三）深港合作的“纽带”

招商局集团是四大在港央企之一，既是央企，又是在港企业集团。当年蛇口就是由招商局集团创办的中国第一个对外开放的工业区。据不完全统计，蛇口企业中超过七成是港资企业或具有港资背景。这无疑为前海蛇口片区对接香港、辐射香港提供了良好的土壤。

据悉，进口消费品直销中心项目是当前广东省及深圳市政府部门大力推动的重点项目之一。招商局集团计划以保税港区为依托，引入香港等合作伙伴，通过线上与线下、批发与零售、免税与含税、集中与分散、试点与辐射等组合安排，统筹产业链各环节，以多种方式打造进口消费品直销中心。计划该项目在前海保税区围网内、围网外、自贸区红线内、自贸区红线外分四级梯度设立体验店或实体店。目前招商局集团已与众多商家、品牌客户、跨境电商平台等进行了洽商并达成合作意向，具备短期内实操的条件。

值得一提的是，招商局正拟搭建“蛇口滨海深港创业创新产业带”，集成蛇口网谷、南海意库、海上世界、邮轮中心等核心载体，并集合太子广场、V&A 博物馆、创意岛、潮人码头、价值工厂、大成艺术中心等特色节点，辅以生活居住、国际医院、国际学校等综合配套，形成功能完备的产城融合的创业创新产业带。

“蛇口网谷”是深圳南山区政府与招商局蛇口工业区联手推出的一个融合高科技与文化产业的互联网及电子商务产业基地。“南海意库”则是深圳重点发展的创意文化产业园区。二者作为近年蛇口产业转型升级的代表项目，也是深港中小企业创业创新发展的孵化基地。在科技孵化的时候，如果没有强化的金融资本作为支撑，很难孵化出强大的成果。从这个角度说，前海的科技创新也需要前海金融资本做后盾。

四、第二个平行进口汽车试点城市

2015 年 3 月中旬，商务部正式批复同意在深圳前海开展平行进口汽车试点，深圳由此成为继上海自贸区后全国第二个获批开展此项试点的城市。目前，天津自贸区、广东自贸区南沙新区片区也获批开展汽车平行进口业务。

据商务部2015年11月10日公布的数据，4个自贸区累计认定的汽车平行进口试点企业数量已达78家，其中上海17家、广东14家、福建12家、天津35家。截至数据公布时，试点企业向商务部共申领了1598辆平行进口汽车自动进口许可证。

4个自贸区正在积极推进汽车平行进口的试点工作，不过一些问题也值得关注：一些跨国汽车公司加强对国外经销商的管控，拒绝为平行进口汽车保修、调整发动机排量等，增加了汽车平行进口试点难度；平行进口汽车与我国现行通关、征税、检验、强制性产品认证、环保标准以及“三包”、“召回”等制度政策方面还未完全衔接配套。

与此同时，2015年以来，国内汽车市场需求不足，对平行进口汽车的销售也造成了不利影响。

工信部的统计显示，2015年1~9月份，我国汽车行业累计产量同比下降0.8%，销量同比增长0.3%，基本上是处于零增长的态势，增速比2014年同期分别回落了8.9和6.7个百分点。从2015年6月份开始，连续3个月汽车工业增速大幅度下滑，下滑幅度达到25%左右。

截止到2015年5月底，在深圳前海注册从事平行进口汽车销售业务的公司有3家。位于万科企业公馆的前海牧得隆平行进口商贸有限公司，是前海最早销售平行进口车的公司。据了解，该公司主营劳斯莱斯、宾利等十余个汽车品牌，价格从30多万元到300万元不等。价格上，平行进口车售价比传统的4S店相同配置的大约便宜10%到30%，价格越高的车，优惠幅度越大。2016年初，前海首家平行进口汽车电商平台入驻。

平行进口汽车的价格比较优势，吸引了全国各地的消费者购车。除价格优势外，通过平行进口的渠道，消费者还能够购买中国没有的海外车型。质保、售后服务等问题一直被认为是平行进口汽车这一新模式能否真正落地的焦点。以前海一家从事亚行进口汽车销售的公司为例，平行进口车的上牌与普通车无异，与授权渠道一样，发动机和变速箱实行3年或6万公里的核心质保。同时，销售企业还会与保险公司合作，所有签约的4S店均可提供售后维修服务。

入世多年，我国进口车价不降反升，并且在人民币持续升值的背景下，部分热销车型与欧美市场有着不小的价差，消费者未能享受到贸易自由化带来的实惠。有报道称，一些热销车型国内价格可达国外市场的3倍。

《汽车品牌销售管理实施办法》实施已有10年，其中的总经销商制多年来饱受诟病，被认为抑制了市场多元化竞争格局，也是造成进口车价格不能充分竞争、跨国公司掌控中国进口车市场重要原因之一。与此同时，经销商也在强烈呼吁加大开放平行进口渠道力度。

平行进口汽车，俗称“水货车”，指未经跨国汽车厂商和在华总经销商授权进口的，由经销商直接从海外市场购买，并引入国内市场进行销售的汽车，与国内4S店渠道平行并存。2015年1月7日，上海市商务委官网发布《关于在中国（上海）自由贸易试验区开展平行进口汽车试点的通知》，正式在上海自贸区启动平行进口汽车试点。2月15日，上海自贸区平行进口汽车展示交易中心揭牌，自贸区平行进口汽车正式开卖。

深圳市经济贸易和信息化委员会相关负责人曾表示，深圳汽车平行进口试点将依托前海区位优势，改变现有传统进口汽车经销模式，加速汽车流通及服务的模式创新和产业整合，开创进口汽车贸易新格局，持续增创前海在国际贸易特别是汽车进口领域的新优势。

与上海不同，前海平行进口汽车的业务模式充分市场化，让各家公司自己去运营，而不是让所有的平行进口车经销商聚集在一起。也因此，前海的几家平行进口汽车经销商的销售展厅并不在同一个区域内。据了解，目前前海现有的三家平行进口汽车经销商销售的汽车几乎都是经天津港进口，再由陆路运至前海。这导致每辆车的运费不菲。天津港是我国平行进口汽车的重镇。2015 年 4 月 2 日，上海自贸区第一批通过正规平行进口渠道进口的 2 辆汽车在洋山港开箱，并已经获得中国强制性产品认证（即“3C 认证”）。有报道称，在此之前，上海自贸区的平行进口汽车几乎全部来自天津港。

2015 年 10 月 30 日，前海管理局发布《深圳市经贸信息委、前海管理局、深圳海关、深圳出入境检验检疫局、深圳市市场和质量监管委关于深圳市开展平行进口汽车试点工作的通知》（以下简称《通知》）。按照《通知》，在前海注册的企业，符合一定条件可向相关部门申请开展平行进口汽车试点业务。

针对汽车进口的途径，《通知》提出，将充分利用前海合作区的政策和区位优势，以皇岗和大铲湾港区作为汽车进口口岸，由企业作为试点实施主体，按市场化方式运作。

需要注意的是，试点企业需建立符合试点工作要求的集交易、服务、保险和管理功能于一体的平行进口汽车电子商务平台。平台应开设经贸信息、市场监管、税务、检验检疫、海关等部门专用监管端口，相关端口需具备与检验检疫部门监管系统数据对接的能力。

《通知》要求，试点企业应利用其建立的电子商务平台提供如下服务：

1. 齐全的保险服务。电子商务平台引入保险机构入驻平台，为终端用户提供“三包”和“召回”等保险服务。

2. 完善的维修服务。电子商务平台应引入权威第三方评估认证机构，对拟入驻平台的4S店、汽车维修店等社会汽车维修服务站点进行质量和信用评估，并将符合认证条件的站点作为电子商务平台维修服务合作机构，建立完善的售后维修服务网络。

3. 及时的零配件供应服务。电子商务平台除应自建零配件供应中心外，还应将售后维修服务网络站点的零配件供应系统纳入平台的零配件供应体系，为汽车用户提供及时的零配件供应服务。

4. 配套的金融服务。电子商务平台应利用前海合作区的政策优势，引入金融机构入驻平台，向平行进口汽车供需双方提供相关的金融支持和服务。

什么是平行进口汽车？

平行进口汽车，俗称“水货车”，指未经跨国汽车厂商和在华总经销商授权进口的，由经销商直接从海外市场购买，并引入国内市场进行销售的汽车，与国内4S店渠道平行并存。

在前海申请平行进口汽车试点，企业需满足什么条件？

企业注册于前海合作区，注册资本不少于1亿元人民币。

具备汽车进出口贸易资质，在深圳市拥有汽车销售展示和仓储面积3万平方米以上。

企业主要股东须为注册于深圳市，在试点企业持股比率不低于50%，并具有在深圳从事汽车贸易工作5年以上经验，信誉良好，在市经贸信息、市场监管、税务、检验检疫、海关等监管部门无不良行为记录。

近两年年均汽车销售额不低于9亿元人民币的汽车经销企业。

五、法治特区中的特区

前海作为我国深港合作、粤港合作的“试验田”，其税收优惠、人才激励等优惠扶持政策，近几年吸引了越来越多的港企、港人在前海创业、投资。但因为香港实行的是英美法系，与大陆不同，如何在商事纠纷中保障港企的权益，是前海企业与政府共同开发建设的前提。

2015年1月28日，前海法院正式挂牌成立，这是前海法庭的“升级版”。区别于一般法院，前海法院将重点审判专业化的商事案件以及涉外、涉港澳台案件。据悉，前海法院不仅在内地率先实现跨行政区管辖案件，实行审执分离，同时“试水”港籍陪审员制度，选聘港籍调解员进行商事调解。

在案件管理范围方面，根据2015年1月14日广东省高级人民法院发布的《关于指定深圳前海合作区人民法院集中管辖深圳市辖区一审涉外、涉港澳台商事案件的批复》，前海法院除管辖前海辖区一审民商事案件、行政案件和执行案件外，还集中管辖原由深圳市辖区其他基层人民法院管辖的一审涉外、涉港澳台商事案件。未来，前海法院受案范围还将逐步扩大，将争取上级法院授权，管辖部分第一审金融案件和知识产权案件。

按照最高人民法院的要求，前海法院将不设审判庭，采用主审法官制，配置审判团队，建立港籍陪审员制，设立港籍调解员，4 名港籍陪审员去年已获颁人民陪审员任命书。前海法庭升格前海法院，也标志着诉讼、仲裁、调解等多元纠纷解决机制将在前海形成。

前海法院方面称，将在需要并且适合的涉港民商事案件中启用港籍陪审，特别是在深港社会影响重大的案件中，充分发挥港籍陪审制度中港籍人民陪审员的第三方中立特征，突出港籍陪审案件专家审议的性质，强化前海审判机构审理结果的权威性。

前海是国家唯一批复建设社会主义法治示范区的区域。2012 年 12 月 7 日，习近平总书记将离京视察的第一站选择在深圳前海，习总书记特别指出，前海可以在建设具有中国特色的社会主义法治示范区方面积极探索，先行先试。

前海合作区重点发展金融、现代物流、信息服务、科技服务和其他专业服务等现代服务业，现代服务业尤其是金融业对法治环境非常敏感，这意味着，前海的创新发展需要法治创新先行。

2013 年 9 月，前海法庭正式入驻前海。这是深圳探索中国特色的社会主义法治的崭新起点，也是前海打造“法治特区中的特区”的重要开端。截至 2014 年 11 月，前海法庭共受理各类案件 331 宗，其中涉港和涉外案件总和占比已超六成，其中涉港案件共 146 宗，占收案总数的 44.11%；涉外案件达 58 宗，占收案总数的 17.52%。

前海法院有哪些特点？

1. 管辖范围与行政区划适当分离。前海法院除管辖前海辖区内的第一审民商事、行政和执行案件外，还集中审理原由深圳其他基层法院管辖的第一审涉外涉港澳台商事案件。

2. 以审判为中心，扁平化管理。前海法院不设审判业务庭，按照 1 名主审法官配备 2 名法官助理和 1 名书记员的形式直接设立主审法官审判团队。

3. 精简内设机构。前海法院只设两个综合管理部门，即司法政务处和审判事务处，司法政务处负责人事党务监察、行政事务、司法警务等，审判事务处负责诉讼服务、审判管理、司法辅助事务等。

4. 人员分类管理、分途发展。前海法院法官以及法官助理、执行员、书记员、司法警察等审判辅助人员均将建立单独的职务序列，每类人员都有各自的晋升渠道和发展空间。

5. 建立相对固定与动态调整相结合的法官员额制。前海法院以每位主审法官年均办案 300 件为标准确定法官员额。法官员额空缺时，才能补充法官；收案数量变化明显时，才能调整员额。

6. 面向社会公开遴选法官。前海法院建立任期制法官制度，面向社会从优秀律师、法学专家等法律人才中公开选任法官，任期届满即结束法官身份，符合条件者可转任职业法官。

7. 实行立案登记制。前海法院改立案审查制为立案登记制，从根本上破解“立案难”。

8. 建立符合司法规律的办案责任制。前海法院取消案件审批制，裁判文书由独任审判的主审法官或合议庭审判长签发；案件管理、审判监督管理行为全部网上流转，院长、副院长行使审判监督权需登记备案、全程留痕；落实办案质量终身负责制和错案责任倒查问责制。

9. 审判权与执行权相分离。前海法院执行案件中的裁决权事项从执行机构剥离出来，由法官办理；具体强制执行事项由执行员办理，市中院统一管理和指挥。

10. 选任港籍陪审员，扩大香港法的适用。前海法院从符合条件的香港居民中选任陪审员，随机参与案件审理，在前海合作区扩大和方便香港法的适用。

六、企业、人才双 15%优惠

按照财政部、国家税务总局《关于广东横琴新区、福建平潭综合实验区、深圳前海深港现代服务业合作区企业所得税优惠政策及优惠目录的通知》，国家对设在横琴新区、平潭综合实验区和前海深港现代服务业合作区的鼓励类产业企业减按 15%的税率征收企业所得税。

前海的优惠范围主要面向生产性服务业，即与前海的产业定位相适应，也与香港目前几个主要产业相衔接。15%的企业所得税优惠也成为吸引企业入驻前海的重要优惠政策之一。不过值得一提的是，前海蛇口片区中的蛇口区块，目前并不实施此项优惠。

在前海工作、符合前海优惠类产业方向的境外高端人才和紧缺人才，其在前海缴纳的工资薪金所得个人所得税已纳税额超过工资薪资应纳税所得额的 15%部分，由深圳市人民政府给予财政补贴。申请人取得上述财政补贴免征个人所得税。

服务小达人

三步搞定前海企业所得税优惠申请

2015 年 7 月 14 日，前海管理局在官网上正式发布了《前海企业所得税优惠产业认定操作指引》。前海企业所得税优惠的申请流程主要分 3 个步骤：

一是企业在申报企业所得税季度预缴和年度汇算清缴时，可根据前海管理局发布的《前海企业所得税优惠产业认定操作指引》，以及附件内容自行判断自身业务是否属于优惠范围。如认为符合，直接填写申报表中对应优惠项目，即为完成备案登记，并按要求将相关资料留存备查。在此过程中，企业均为自行操作，无需经过任何行政审批。

二是在企业所得税年度汇算清缴结束后，主管税务机关在对已申报并享受优惠的企业开展后续监管时，对企业主营业务是否属于《优惠目录》难以界定的，将会向企业发出书面通知，要求企业提供由前海管理局出具的证明文件。

三是企业接到主管税务机关发出的书面通知后，向前海管理局申请产业认定。该局将在前海 e 站通服务中心设置专门窗口，接受企业申请，并将在 15 个工作日内出具认定结果。

第4节　横琴片区

一、横琴—主打“葡语系”国家牌

广东自贸区横琴片区位于广东省珠海市南部，距离澳门最近的距离仅有187米，距香港34海里。独特的区位优势，为横琴的发展带来了重大机遇。2009年1月，中央决定开发横琴，当年8月《横琴总体发展规划》获批，横琴成为国家级新区，实行比经济特区更加特殊的政策。

横琴新区是依托港澳、服务内地、面向世界的粤港澳深度合作示范区，是促进澳门经济适度多元发展的新载体。与澳门一河相望的区位优势，使得横琴片区在广东自贸区中主打“葡语系”国家牌。横琴自贸片区总面积28平方公里，与横琴新区2020年前的规划开发建设用地相当。

横琴新区开发5年来，成果卓著，实现了跨越式增长。GDP从2.85亿元人民币增长到57亿元，是2009年的20倍，年均增长82.73%；固定资产投资从19.08亿元增长到近250亿元，是2009年的13倍，年均增长66.86%；公共财政预算收入从3593万元增长到26.7亿元，是2009年的74倍多，年均增长136.67%。

在产业方面，经过5年多的努力，横琴逐步构建起以大旅游、大商贸、大健康、大文化以及特色金融为主的“四大一特”现代产业体系。

旅游产业是横琴的重要产业。长隆国际海洋度假区已经宾客盈门，到2015年上半年，累计完成215亿元投资，累计接待游客超过1300万人次，成为内地首个成功荣获“世界主题公园杰出贡献奖”的度假区。

投资超百亿元的澳门银娱体育休闲度假项目已落户横琴，WTA 超级精英赛将连续 5 年在横琴国际网球中心举办。

健康产业扎实起步。粤澳合作中医药科技产业园商业孵化中心已有 30 家企业进驻，美国麻省总医院已签订中国医院项目合作框架协议，国家食品安全（横琴）创新工程暨中美食品安全联合研究中心总部正式落户横琴。

高端服务业稳步推进。星光中国芯物联网工程、国际广告创意产业基地进展顺利，十字门商务区会展组团建成投入使用，中国铁建股份有限公司、中国中冶横琴总部等一批总部项目相继落户横琴。

建设文化教育开放先导区是横琴发展高端服务业的重要目标。截至 2015 年上半年，已落户横琴的文化创意产业项目投资总额近 500 亿元。其中，丽新星艺文创天地首期项目正在加紧建设，此外，横琴旅游生态文化、传统国粹文化、新锐媒体文化已全面展开，一批与港澳合作的动漫、电影及电视制作等项目正加快推进。

金融产业发展迅猛。截至目前，引进各类金融类企业共计 1075 家（其中港澳金融企业 40 家），管理资产超 8400 亿元，其中广东金融资产交易中心累计交易量达 2500 亿元，位列全国同行业第二位。该中心正在筹备建立国内第一个国际金融资产交易中心。

横琴自贸片区最大的特点是与澳门的合作。而由国家级新区上升为自贸区，横琴与澳门的合作也由“紧密”上升为“深度”。

“在自贸区的框架下，横琴新区将有更大的体制机制创新空间和服务港澳的空间。”横琴新区党委副书记叶真认为，自贸区政策的“叠加”效应，不会改变横琴既定的发展目标，横琴将仍然坚持“粤港澳合作示范区”“珠江口西岸产业升级的新平台”“改革开放和科技创新先行区”等定位。

按照《广东总体方案》，横琴新区片区重点推动粤港澳深度合作，打造文化教育开放的先导区、国际商务服务休闲旅游基地和促进澳门经济适度多元发展的新载体，重点发展旅游休闲健康、商务金融服务、文化科教及高新技术产业。

据官方数据，2015 年前 10 个月，横琴新注册企业 6913 家，超过 2014 年全年新增企业总数，注册资本 1897.92 亿元。其中，港澳企业落户速度明显加快，月平均增幅高达 120%，2015 年前 10 个月，新落户港澳企业 859 家，涉及文创、旅游、金融、地产等优势产业。此外，到 2015 年 8 月，横琴已有各类总部 858 家，初步形成了“总部在横琴，制造在区外”的良性互动发展格局。目前，总投资 2800 亿元的 75 个重点项目正在大规模推进中，以旅游、金融、商务服务为代表的现代产业体系规模初显。

就在 2015 年 5 月中旬，阿里巴巴与珠海保税区在杭州签订合作协议，宣布共建电商平台。建设“中国与葡语系国家商贸合作服务平台”，是澳门的发展定位之一。目前，珠海以横琴自贸片区为重点，全力联动澳门共建中葡商贸平台。

横琴封关后的创新优惠政策有哪些？

一、通关制度创新政策

1. 横琴分线管理政策。根据《国务院关于横琴开发有关政策的批复》，横琴岛在区域管理政策上有重大创新，按照“一线放宽、二线管住、人货分离、分类管理”的原则对横琴全岛实施分线管理，横琴与澳门之间设定为“一线管理”，对与生产有关的货物实行备案管理并予保税或免税。横琴与内地之间设定为“二线管理”，承担货物监管、征税等职能，内地与生产有关的货物进入横琴视同出口，实行退税。《国务院关于横琴开发有关政策的批复》还要求有关部门认真研究从境外经“一线”进入横琴和经“二线”进入内地的旅客携带行李物品的具体规定和通关管理办法等，这与《粤澳合作框架协议》中明确的具体表述相呼应，形成一个完整体系，推动粤港澳更紧密合作，也为今后政策落实留下广阔空间，为横琴开发奠定重要基础。横琴岛不设置隔离围网，代之以设置环岛巡查及监控设施，确保有效监管。

2. 为澳门居民提供便利通关政策。《粤澳合作框架协议》明确提出积极推进横琴口岸24小时通关，便利港澳居民通关；允许澳门牌照交通运输工具进出横琴，授权广东省政府与澳门特区政府签订相关协定。《国务院关于横琴开发有关政策的批复》在此基础上重申“研究对澳门居民进出横琴实行更加便利通关措施”。这是为港澳居民，特别是澳门居民到横琴工作、生活“量身定做”的政策。

二、产业发展内容

横琴新区产业发展指导目录包含了34项金融服务的内容：

1. 信用担保服务体系建设；

2. 债券发行、交易服务体系建设；

3. 责任保险、信用保险、汽车保险、科技保险、巨灾保险、相互制保险、再保险、自保险、新兴养老保险、管理式医疗保险、航运及物流保险、小额消费信贷保险业务、第三方管理等保险改革创新业务及保险中介服务；

4. 金融产品及业务研发和应用；

5. 知识产权、收益权、股权等无形资产质押贷款业务开发；

6. 信用卡及网络服务；

7. 人民币跨境结算、清算体系建设；

8. 信贷、保险、证券统计数据信息系统建设；

9. 金融监管技术开发与应用；

10. 创业投资企业及创业投资管理企业；

11. 银行、保险、证券等金融机构总部、分支机构；

12. 银行、保险、证券等各类金融机构区域总部，以及私人银行、贵金属、票据、资金运营、信用卡等各类专营机构；

13. 融资租赁、信托机构、企业集团财务公司、消费金融公司、典当行等非银行金融机构及业务建设；

14. 金融后台服务；

15. 多币种股权投资、土地信托投资、证券投资等各类基金发行、交易及管理服务体系建设；

16. 股权投资企业及股权投资管理企业；

17. 个人本外币兑换特许业务；

18. 银行卡业务；

19. 跨境资产抵押融资业务；

20. 融资租赁；

21. 绿色信贷、赤道银行业务；

22. 离岸业务服务；

23. 财务公司、信托公司；

24. 证券公司、证券投资基金管理公司；

25. 社会信用体系建设；

26. 供应链金融服务；

27. 中小企业集合债发行；

28. 中小企业融资、小额贷款及信用担保、再担保服务；

29. 国际合作贷款业务；

30. 第三方支付（境内）、金融信息处理与软件开发、金融新业务研发等金融外包服务；

31. 科技企业融资服务业务；

32. 财富管理服务及私人银行、证券资产管理、基金公司特定客户资产管理业务；

33. 消费金融业务；

34. 企业评级、增信等金融中介服务业务。

三、财税优惠政策

1. 15%企业所得税率。2014年3月27日，财政部、国家税务总局公布《横琴新区企业所得税优惠目录》，一系列优惠政策表明：横琴打造与港澳趋同的营商环境、构建促进澳门经济适度多元发展新平台迈上新台阶。此次公布的《横琴新区企业所得税优惠目录》共五大类72条，其中高新技术类37条、医药卫生类13条、科教研发类10条、文化创意类5条、商贸服务类7条，全部属于《横琴新区产业发展指导目录》中已规定的产业类型。根据《横琴新区企业所得税优惠目录》，凡是以符合该目录规定的产业项目为主营业务，且其主营业务收入占企业收入总额70%以上的企业，均可享受这一优惠政策。

2. 面向港澳的个人所得税优惠。《国务院关于横琴开发有关政策的批复》（以下简称《批复》）明确在横琴工作的香港、澳门居民涉及的个人所得税问题，由广东省政府按内地与港澳个人所得税负差额对港澳居民给予补贴，纳税人取得的上述补贴免征个人所得税。广东省财政厅已经出台管理办法，从2013年1月1日起执行对港澳居民的税负差额补贴。该政策有利于吸引港澳高端人才，特别是现代服务业专才到横琴创业和发展，进一步促进内地与港澳的经贸交流和人员往来。

3. 企业可自择适用保税区或保税港区的优惠政策。《批复》明确在横琴生产、加工的货物经“二线”销往内地的，根据企业申请，试行对该内销货物按对应进口料件或按实际报验状态征收关税政策。其中，“内销货物按其对应进口料件征收关税政策”是保税区政策，而“内销货物按实际报验状态征收关税政策”是保税港区政策，企业可以根据发展需求，自行选择适用，这在国内是独特的。

4. 企业之间货物交易免征增值税和消费税。《批复》明确“横琴企业之间货物交易免征增值税和消费税”。这原是国内保税区域的成熟政策，但与国内现有保税区域相比，横琴发展的产业范围大幅度扩展，除生产加工、仓储物流等企业外，更多的是商务服务、休闲旅游、文化创意、金融服务和科教研发等企业，企业间货物交易免征增值税和消费税范围也将随之大幅扩展，形成更加完善的营商环境。

5. 关税政策中扩大了进口免税或保税范围。《批复》明确对从境外进入横琴与生产有关的货物实行备案管理，给予免税或保税，生活消费类、商业性房地产开发项目等进口的货物以及法律、行政法规和相关规定明确不予保税或免税的货物除外。国务院有关部门已针对横琴实际和特点，制定了免税或保税的具体货物清单。

四、人才特区政策

2012 年 10 月 13 日，中央人才工作协调小组批复将广州南沙、深圳前海、珠海横琴“粤港澳人才合作示范区”列为全国人才管理改革试验区。2013 年 12 月，横琴新区正式印发了《珠海经济特区横琴新区人才开发目录（2013~2015）》、《珠海经济特区横琴新区特殊人才奖励办法》。

目前，横琴新区人才建设已得到国家、省、市三级政策支持，各项落实措施正在推进中。下一阶段，横琴将争取在人才立法、制定实施细则、推动中长期人才规划和近期行动方案出台等方面有新进展，并在引入重点产业高端紧缺人才团队、建设人才公寓、打造国际化的人才居住创业环境等方面取得突破。特别是为了解决人才的后顾之忧，横琴在教育、医疗等方面将出台政策、加大投入，建设与国际接轨、国内一流的教育、医疗机构。

港人港企可享受“一站式” 服务

2015 年 11 月 12 日，广东自贸区横琴片区驻香港经贸代表处正式挂牌运作。

以往香港投资者在横琴注册公司，需要多次往返香港、横琴两地。今后香港企业和投资者足不出港，就可以实现在横琴注册登记。

代表处位于香港中环中华总商会大厦。

二、创新与澳门深度合作的体制机制

广东自贸区挂牌后，横琴新区对澳门合作进入新的机遇期，港澳企业落户横琴速度明显加快。据报道，2015 年，珠海实施横琴支持澳门经济适度多元发展的“十一条”措施和对港澳服务业扩大开放的措施，1097家港澳投资企业落户横琴，2015年新登记注册澳资企业794家，是过去5年的近10倍。

主打澳门牌、“葡语系”国家牌的横琴新区片区，从一开始就将创新与澳门深度合作的体制机制放在首要位置。为促进产业联动，规划衔接和政策互动，横琴成立了由全国政协副主席何厚铧担任主任、港澳与大陆人士共同组成的横琴发展咨询委员会，形成决委会、管委会、咨委会三位一体的运作机制；成立了澳门事务局，专责对澳门合作协调；成立了由商务部研究院、澳门大学、中山大学、上海财经大学等组成的创新研究院，谋划推动合作创新。

2015年4月，由珠海市长和澳门特区政府经济财政司司长担任召集人，建立了横琴自贸区珠澳合作机制，下设法律合作、投资贸易、口岸通关、金融创新等若干工作组，协商解决横琴自贸区建设及珠澳合作有关问题，争取国家政策支持。

当年6月29日，全国政协副主席何厚铧来到横琴，出任广东自贸区横琴片区专家委员会首席顾问。在何厚铧看来，横琴要围绕规划衔接、产业联动、政策交流，环境融合，一是打好“合作”牌，使横琴自贸区与澳门成为互利共赢的利益共同体；二是打好“改革”牌，围绕自贸区创新发展要求，深入研究国际高标准投资贸易规则；三是打好“开放”牌，全面配合澳门建设“一中心一平台”；四是打好“发展”牌，加快促进高端服务业集聚。

目前，澳门项目供地占横琴建设用地的53%。接下来，横琴将依照《横琴新区支持澳门经济适度多元发展的十一条措施》，同等条件下土地出让、产业建设、基础设施等优先澳门投资，人才公寓等公共资源优先澳门企业和从业人员；制定《横琴新区促进澳门中小企业发展办法》，以粤澳合作产业园为载体，支持澳门中小企业在横琴发展；用好初始规模为100亿元的粤澳合作产业发展基金，推动澳门特区政府推荐进入横琴粤澳合作产业园的项目尽快落地。据了解，到2016年1月，粤澳合作产业园19个签约项目，13个取得项目用地。

此外，横琴新区将探索社会保障及社会管理制度创新，全方位对接文教、医疗等公共服务，实现澳门特区政府的各项民生配套延伸覆盖在横琴的澳门居民，共建珠澳优质生活圈，在原有的5平方公里粤澳合作产业园之外再安排20万平方米用地，与澳门特区政府合作，共同规划建设集教育、居住、养老等综合功能的“澳门新街坊”。

三、横琴·澳门青年创业谷

2015年6月29日，横琴·澳门青年创业谷正式投入运营。这意味着，“大众创业、万众创新”的热潮将在横琴自贸片区蓬勃兴起。

建设横琴·澳门青年创业谷是促进粤港澳深度融合、推动澳门经济多元发展的重要举措。通过建立“创业载体+创业辅导+创投资金”的立体孵化模式，横琴·澳门青年创业谷将为企业打造一条“苗圃—孵化器—加速器”可持续发展的成长路线图，为澳门和内地青年提供一个追求梦想、交流合作、融合发展的创业平台。

横琴·澳门青年创业谷项目计划通过3~5年的努力，培育10家上市企业，孵化500家企业，培育一批创业领军人物，最终打造珠三角最具“互联网+”思维的创业新高地、澳门和内地青年创新创业的理想家园。

横琴与澳门特区政府已达成共识，联合澳门大学、北京大学等高校，澳门青年联合会等澳门社团，澳门优越等企业共同参与，高标准建设创业谷，培育和扶持澳门青年“创客”在横琴发展。目前，36氪、创吧、北大创业训练营、澳门创新科技中心、清华科技园（珠海）等国内知名的专业孵化平台机构为入谷企业提供专业化、高质量的孵化管理服务和孵化资源。

为解决澳门青年创业起步资金难题，创业谷还设立了20亿元的澳门青年创业投资基金。同时，争取将澳门特区政府关于青年创业的援助政策延伸到横琴创业的澳门青年，实现两地政策叠加。

据了解，这20亿元的创业扶持专项资金采取分期投入的方式，对入驻创业谷的创业项目进行扶持。

一方面，用于孵化载体的建设和创业谷孵化环境的营造，具体用于为入谷的符合条件的创业项目提供一定期限的免费场地，开展系列的创业培训、组织创业大赛、引进孵化平台机构和中介服务机构、创业孵化培育体系的建设等。

另一方面，用于设立创业投资基金，通过直接投资、跟进投资和设立合作投资基金的形式，对入驻创业谷、符合横琴产业发展政策的要求、产权（含知识产权）明晰、技术含量高，具有较好的市场前景和产业化条件和潜在投资价值，符合通过投资实现资源优化配置原则的优质项目进行股权投资。

从功能上，横琴·澳门青年创业谷涵盖了初创企业前期所需要的路演、孵化等功能，与此同时，横琴国际知识产权交易中心、珠海市软件行业协会、南方数字娱乐公共服务中心、南方集成电路设计中心、南方软件测评中心、珠海市国际信息检索中心、珠海市科技创新促进会等一批公共服务平台也将入驻。

有潜力的创业平台、雄厚的资金支持，吸引了大量创业团队集聚。到创业谷正式投入运营时，6 月共收到有入驻意向的澳门创业团队达 170 个，已提交入驻申请表或相关申请材料的团队达 120 个。首批 30 个澳门创业项目 6 月 29 日正式入驻，其中互联网类 13 家、文化创意类 7 家、高新技术类 6 家、跨境电商类 3 家、培训教育类 1 家。内地创业项目的入驻申请，即将启动。

随着一大批知名创业平台机构、公共服务平台和创业项目的陆续入驻，横琴·澳门青年创业谷将成为一个包括创业项目、创业孵化、创业资本、创新资源融合聚集平台，以此促进各类创新创业要素的高效流动和良性互动，为创业者的技术开发、成果转化、创业培训、投融资等提供切实支撑，实现人才、技术、资本和市场的有机结合。

横琴金融投资有限公司作为横琴新区管委会下属的大型国有独资企业，代表横琴新区管委会履行对创业谷的管理和服务职能，横琴金投下设横琴金投资本管理有限公司，具体负责创业谷的日常运营和管理，为规范横琴·澳门青年创业谷的管理，横琴金融投资有限公司专门制定了《横琴·澳门青年创业谷管理暂行办法》已正式发布。

创业谷还为“创业客”们提供了诸多服务，主要为入谷的创业项目提供办公场地、共享设施及专业化孵化服务，包括创业指导、法律、财务、投融资、管理、人力资源和市场推广等方面的咨询服务，以降低企业的创业风险和创业成本。具体详细的服务项目，请参考《横琴·澳门青年创业谷管理暂行办法》。

在政策支持方面，对符合入驻条件的澳门青年创业项目可免办公场地租金 1 年，满足条件的企业和团队可以申请政府创业投资引导基金，享受横琴企业税收及个人所得税优惠政策，享受珠海市对创业团队在科研经费安排方面给予政策支持，享受珠海市高层次人才创新创业政策支持。

入驻横琴·澳门青年创业谷的项目须满足什么条件？

1. 青年创业者应具有良好的职业道德和职业素质。若成立了企业，法人代表应由创业者或创业团队人员之一担任，创业者或创业团队须占有企业一定比例的股份。

2. 创业项目必须符合横琴产业发展政策的要求。创业项目的技术含量高，具有一定的创新性；项目产品必须具有较好的市场前景和产业化条件；具有一定的潜在投资价值，符合通过投资实现资源优化配置原则；产权（含知识产权）明确。

3. 对符合上述条件的澳门青年创业项目，创业谷专门开辟一定数量的场地，优先为其提供办公场地支持，对获得澳门资讯及通讯科技创业计划大赛、“挑战杯”中国大学生创业计划竞赛、中国创新创业大赛奖项的团队或个人重点支持。

上述澳门青年是指年龄在18~45周岁之间，在澳门学习、工作、生活的青年，涵盖澳门身份、持有澳门单程证的内地、外国青年。

四、葡语系国家经贸合作平台

横琴背靠国内大市场、发展空间广阔、就业政策先行优势，而澳门具有与葡语系国家联系的人才、语言和文化优势。作为广东实施“一带一路”战略的桥头堡，横琴如何当好广东与葡语系国家的桥梁？

在横琴的管理者看来，横琴可以把广东的产品、资金、企业引入葡语系国家，把葡语系国家的市场、资源、技术引入广东。为此，横琴已启动了与澳门共建葡语系国家经贸合作平台的专项工作，委托商务部开展专题研究。

作为横琴自贸片区重点推进的内容之一，葡语系国家经贸合作平台有多个切入点。

（一）商贸

以进口商品展销体验中心为载体，吸引大型跨国企业设立国际采购总部和配送中心，建设大宗商品交易平台和期货保税交割仓。完善海关监管、退税、跨境支付、物流等支撑系统，推进与葡语系国家的跨境电子商务试点。

横琴进口商品展销体验中心目前由两部分组成，一是由珠海大横琴口岸建设开发有限公司与珠海横琴昊远中拉跨境电商产业园发展有限公司等联合投资运营的O2O展销体验中心；二是横琴—葡语系国家商品展示展销中心，该中心由横琴与澳门合作打造。这两大中心目前各占据横琴进口商品直销体验中心约600平方米的场地。

笔者2015年5月22日在昊远跨境电商产业园O2O展销体验中心看到，前来购物的市民络绎不绝。据了解，该中心自4月30日试营业以来，在一周时间里实现销售额100多万元，日均客流量过万人。目前已有来自十余个国家的3000多种商品上架，包括日化用品、护肤品、食品饮料、母婴用品、进口红酒、保健品等快速消费品及生活日用品，还有大量商品在洽谈中，将陆续进场。

这3000余种进口商品，其中有50%为完税商品，可以自提；其余都是跨境商品，以奶粉为主，这些商品货架上有标明“保税区直邮”

或“海外直邮”，需通过快递送到家。保税区直邮商品一般 2～3 天送达，海外直邮商品 10～15 天内送达。这些商品的价格也比较有优势，像奶粉一般比境外便宜 10%～20%，红酒比境外便宜 20%～30%，奢侈品比境外便宜 30%～50%。

据了解，进口商品展销中心只是一个前置项目，背后则是在横琴打造一个跨境电商产业园。

（二）投资

依托“中国—葡语国家经贸合作论坛”，帮助内地企业经横琴、澳门投资葡语系国家。依托澳门基础设施论坛，为内地企业参与葡语系国家基础设施建设搭建平台。探索在珠海设立拉美产业园，在航空产业、新能源汽车、生物医药等领域开展合作，打造广东与拉美国家经贸交流合作的重要平台。

（三）金融

引导内地企业在横琴和澳门设立面向葡语国家投资的资金运营中心和结算中心。积极探索开展粤澳及葡语系国家联合投保、咨询、客户信息沟通等方面的保险业务合作。

（四）基础支撑

强化与葡语国家政府投资促进机构和行业组织的沟通交流，在横琴设立葡语国家投资信息平台和项目信息库。探索建立中国商品出口到葡语系国家的区域性交易代理、运营结算、检验检测等中心，引进针对葡语系国家的翻译、法律、会计等特色商务服务专业。

五、粤港澳服务贸易自由化

2003 年 6 月 29 日，商务部代表中央政府与香港特别行政区财政司共同签署了《内地与香港关于建立更紧密经贸关系的安排》，提出将逐步减少或取消双方之间实质上所有货物贸易的关税和非关税壁垒，逐步实现服务贸易自由化，减少或取消双方之间实质上所有歧视性措施，促进贸易投资便利化作为总体原则。同年10月，《内地与澳门关于建立更紧密经贸关系的安排》也签署。

CEPA是内地与港澳制度性合作的新路径，是内地第一个全面实施的自由贸易协议，然而自2003年实施以来，由于其采取防御性强的正面清单方式、审批手续繁琐等原因，导致政策落地困难重重、效力有限。

为破解制约CEPA落地的体制机制障碍，加快服务贸易自由化步伐，横琴自贸片区发挥港澳服务业的示范、引导、放大效应，形成在全国可复制、可推广的经验。

（一）进一步降低门槛

重点在金融服务、交通航运服务、商贸服务、科技文化服务等领域，取消或放宽对港澳投资者的资质要求、股比限制、经营范围等准入限制。引进港澳知名科技中介服务机构，在工业设计、研发外包、知识产权交易、检测认证等领域提供专业化服务，助力珠海创新驱动。

（二）促进人才自由流动

制定横琴自贸片区港澳及境外高层次人才认定办法，在项目申报、创新创业、评价激励、服务保障等方面给予特殊政策。争取扩大人才来往港澳“一签多行”实施范围，引入港澳行业协会管理机制，推进粤港澳服务业管理标准和规则相衔接，实现粤港澳服务人员职业资格互认。建设直达国际数据专用通道，促进信息互联互通。

(三)促进通关便利化

以珠海成为口岸查验机制创新试点为契机，探索建立出入境单一机构管理新体制，加快推进粤港、粤澳之间的“信息互换、监管互认、执法互助”。设立横琴口岸现场签证处，推动访港澳国际游客72小时免签入境，制定澳门游艇出入境便利化措施。加快实施澳门车辆在横琴与澳门之间便利进出政策，争取公安部延长澳门机动车辆临时进出横琴的有效期并允许多次入出境。

事实上，横琴也在努力构建高标准投资贸易规则体系，充分运用CEPA机制，复制推广上海自贸区先进经验。在构建高标准投资贸易规则体系方面，横琴自贸区以制度创新为核心，充分运用CEPA机制，复制推广上海自贸试验区先进经验，率先建立与国际高标准规则衔接的投资贸易体系。

据报道，横琴将加紧出台《横琴自贸试验区促进办法》，探索现代服务业立法，研究相关规则和指引。发挥港澳问题法律专家小组作用，探索港澳经济贸易、劳动就业等法律制度，转化为横琴新区法规。片区还将深化司法改革，对涉及自贸试验区商事案件建立专业化审理机制，并创新司法公开形式，大力发展国际仲裁。横琴新区成立了珠港澳商事调解中心，并建立了港澳仲裁员占比达44%的仲裁员队伍。片区还将加强对知识产权的保护，已设立知识产权交易中心、知识产权巡回法庭等。

同时，全面推行清单管理模式，简化审批材料，优化办理流程，严格实施一次性告知制。推动审批公开化、透明化。加快行政审批标准化、信息化建设。推行商事主体电子证照卡，做到“一卡在手、服务全有”。推进执法创新。成立综合执法局，全面开展综合执法改革，建立集中15项执法职能的综合行政执法体系，建设网上执法办案系统，创新“物管+城管+法管”城市治理模式。

此外，还要健全社会诚信体系。据悉，首批借鉴港澳模式、实施先行赔付制度的横琴诚信店已正式授牌，横琴将以商务诚信为核心，在追溯、监管、执法、处罚等方面强化全流程监管。同时，要创新市场执法监管机制，争取制定《横琴与澳门市场经营行为差异化责任豁免目录》，探索对符合两地实际、两地政府共同认可的目录范围内的违法行为，免予行政处罚。创新海关监管模式，实施与国际通行规则相一致的“先进区、后报关”、“第三方检验检测结果采信”等通关监管措施，加快实现国际贸易“单一窗口”服务。

财税政策对比—中国珠海横琴、深圳前海、上海自贸区和新加坡

一、企业层面

1. 营业税。珠海横琴：国家税务相关规定，区内享有征返条件。深圳前海：一是注册在深圳的保险企业向注册在前海合作区的企业提供国际航运保险业务取得的收入，免征营业税；二是注册在前海合作区的企业从事离岸服务外包业务取得的收入，免征营业税；三是注册在前海合作区的符合规定条件的现代物流企业享受试点物流企业按差额征收营业税的政策；四是在国家税制改革框架下先行先试的其他财税优惠政策。注：2011年前海工作报告中显示财政部、国家税务总局发文明确了《前海深港现代服务业合作区总体发展规划》中有关航运保险、离岸外包、技术先进型企业三项财税政策。上海自贸区：营改增。

2. 所得税。珠海横琴：明确对横琴旅游休闲、商务服务、金融服务、文化创意、中医保健、科教研发和高新技术等产业符合条件的企业减按15%的税率征收企业所得税。深圳前海：经认定的技术先进型服务企业按15%的优惠税率征收企业所得税，其发生的职工教育培训经费按不超过企业工资总额8%的比率据实在企业所得税税前扣除。新加坡：税率为5%~10%，只征收经营利得税而不征收资本利得税，新公司首10万新元应纳税收入将享有3年的免税待遇。

3. 增值税。珠海横琴：在横琴新区内注册企业之间货物交易免征增值税和消费税。深圳前海：国家税务相关规定，区内享有征返条件。新加坡：消费税（GST）税率为7%，是对进口货物和所有在新提供货物和劳务服务征收的一种税，相当于我国的增值税，税负由最终的消费者负担。住宅财产的销售和出租以及大部分金融服务可免征消费税。出口货物和服务的消费税税率为零。

4. 印花税。珠海横琴：国家税务相关规定，区内享有征返条件。深圳前海：国家税务相关规定，区内享有征返条件。上海自贸区：国家税务相关规定，区内享有征返条件。新加坡：印花税向各种商业和法律契约征收，税率视契约而定。包括房地产转让和租赁（买家或二手买家）、收购、抵押不动产及股票等，其他如银行担保、奖学金、器材服务及维修合同等，无须缴付。

5. 附加税。珠海横琴：国家税务相关规定，区内享有征返条件。深圳前海：国家税务相关规定，区内享有征返条件。上海自贸区：国家税务相关规定，区内享有征返条件。

6. 其他税。珠海横琴：国家税务相关规定，区内享有征返条件。深圳前海：国家税务相关规定，区内享有征返条件。上海自贸区：国家税务相关规定，区内享有征返条件。新加坡：不动产税是对所有不动产如房子、建筑物和土地征收的一种税。税率为房地产年值的10%，业主自住的为4%。房地产在购买后3年内售出，收益必须缴税。

二、个人所得税

1. 珠海横琴：外籍员工将每月工资减4800元人民币扣除额后，按5%~45%超额累计税率缴纳个人所得税。香港、澳门、台湾同胞个人所得税参照上述政策执行。因工作关系而在横琴任职、受雇或在横琴提供独立个人劳务并在横琴新区缴纳个人所得税、拥有香港或澳门居民身份的个人，该办法适用于2013年1月1日起及以后的个人所得。根据该办法的规定，个税补贴的范围为按照《中华人民共和国个人所得税法》及其实施条例规定的11项应税所得在横琴实际缴纳的个人所得税税款与其个人所得按照香港、澳门地区税法测算的应纳税款的差额。此外，纳税人取得的上述补贴免征个人所得税。

2. 深圳前海：前海工作、符合前海优惠类产业方向的境外高端人才和紧缺人才，其在前海缴纳的工资薪金所得个人所得税已纳税额超过工资薪金应纳税所得额的15%部分，由深圳市政府给予财政补贴，且上述财政补贴免征个人所得税。认定名额原则上不设上限。

3. 上海自贸区：实施股权激励政策，对区内企业以股份或出资比例等股权形式给予企业高端人才和紧缺人才的奖励，可递延（或分期）缴纳个人所得税。

4. 新加坡：起征点20000万新元，税率以3.5%开始累进，上限20%；居民与非居民在海外赚得却在新加坡收取的一切收入所得都不需纳税。

六、高端服务业具有比较优势

按照广东自贸区总体方案，横琴自贸片区立足于自身的优势和特色，将集中发展大旅游、大商贸、大文化、大健康和特色金融等高端服务业，健全市场化、专业化、精准化的产业发展机制，促进国际高端服务业资源聚集。

到 2015 年 8 月，横琴拥有 1300 多家各类金融企业，管理过万亿元的资产，融资租赁业企业已达 36 家，发展势头十分迅猛。已有 15 个重大项目，获得了 20.6 亿元的跨境人民币贷款额度。横琴“财富岛”已具雏形。

商务金融服务将是横琴重点推进的产业。其中，融资租赁公司、商业保理业务、仓单质押融资等新兴金融业态将获得大力支持；出台了鼓励股权投资基金企业、融资租赁、保理业等金融创新业态的发展办法；在国内率先开展跨境金融业务，率先启动本外币兑换特许机构刷卡兑换业务，首发银联多币种 IC 卡。大横琴投资公司在香港成功发行 15 亿元人民币债券。

从项目而言，将加快建设广东金融资产交易中心、横琴稀贵商品交易中心、横琴国际煤炭交易中心等重要平台。据了解，横琴已组建金融服务中心，成立了注册资本金达 40 亿元的“横琴金融投资有限公司”（以下简称“横琴金投”）。“横琴金投”副总裁赵国沛告诉笔者，“横琴金投”是横琴新区管理委员会下属的大型国有独资企业，是横琴新区投融资的首要平台，公司业务范围涵盖多个金融领域，主营业务包括运作政府引导基金、探索跨境投融资、搭建投融资服务平台，致力成为综合性的国有资本投资营运公司。

"通过下属横琴金投国际融资租赁有限公司、横琴金浦资本管理有限公司等机构，为到横琴投资兴业提供综合化的解决方案。"赵国沛说。

此外，横琴将大力推动珠港澳跨境金融创新。支持港澳资本设立外商股权投资基金，以及重点面向葡语系国家和地区的人民币海外投资基金。推进与澳门电子同城清算系统的对接，实现横琴与澳门跨境资金便捷往来，鼓励港澳投资者参与区内要素交易市场。

在文化教育方面，以横琴国际广告创意产业园、丽新星艺文创天地为载体，聚集了国内外文化创意人才、技术和资金，共同开发视觉艺术、影视制作、设计、广告、出版等文化产品，培育具有国际竞争力和自主知识产权的品牌文化企业。未来，将继续深化教育领域开放，鼓励世界知名高校合作办学，鼓励港澳投资者在横琴设立各类培训机构等，设立葡语和西语系培训基地。

在健康产业方面，横琴自贸区以粤澳合作中医药科技产业园为抓手，加强科技合作和质量标准研究，建立中医药科技成果转化基地、国际级中药检测和认证中心，吸引了国内外大型医药企业总部聚集，打造产业集群。开展粤港澳医疗机构转诊合作试点，鼓励港澳专业机构和人士发展高端医疗服务。

共建世界休闲旅游中心。将以长隆、嘉华等项目为载体，做大做强休闲旅游业；以 WTA 超级精英赛为平台，积极发展体育旅游；以建设美国麻省总医院中国医院为抓手，探索发展医疗旅游；并围绕旅游产业链，积极发展文化创意和商贸服务产业；加强珠澳合作建立健全网络互联、信息互通、客源互惠的区域性旅游合作机制，共同开拓海内外旅游市场、共建世界休闲旅游中心。

七、率先开展商事制度改革

横琴是全国率先开展商事登记改革的地区，到2015年4月30日，累计注册市场主体7363家。2014年6月30日起，推出商事登记改革2.0版本——推行企业工商营业执照、刻制印章、国地税税务登记证、组织机构代码证“四证联办”。四证一章于2个工作日内即可同步发放，最快半个工作日出齐证照。

2015年4月29日，横琴新区管委会正式推出横琴自贸区又一重要改革项目—商事主体电子证照卡，首批9家企业成为受益单位。2015年5月4日，福贸区综合服务大厅发出全国首张“统一社会信用代码”的“一证一号”营业执照，将工商注册号、组织机构代码证、税务登记号合并为统一社会信用代码，实现了李克强总理考察福建自贸区厦门片区时强调的“当好改革先行者，推动全国年内实现一照一码”的指示要求。

横琴新区工商局相关负责人告诉笔者，“商事主体电子证照卡”是以营业执照信息为基础，集合企业其他登记、许可、备案、资质认证等信息，经国家密码管理局认证可作为数字证书使用的“企业电子身份证”。

实现“三证合一”是商事制度发展的总体趋势，也是李克强总理在工商总局调研提出的硬性要求，在实现“三证合一”的过程中出现了很多探索形式，如“并联审批”、“一口受理”、“一证三号”、“一证一号”等。目前辽宁、湖北和江苏等9省市实行了“一证三号”模式，湖北在“一证三号”的基础上推出了加载各证照内容并加盖三个单位公章的联合证照。

在拓展金融服务和商务应用方面，企业凭借此卡可以在银行快速审核身份，减轻审查成本，解决融资难、融资贵问题，证照卡与银行卡整合，集商事主体证照与银行账户于一体，实现快捷转账及交易，提升交易安全。

电子证照卡

电子证照卡由在横琴片区注册的商事主体免费申领使用，申请时提交“商事主体申请材料真实性承诺书”、“指定代表或共同委托代理人的证明”、“商事主体申领电子证照卡申请表”，符合条件的由区工商局向商事主体颁发电子证照卡。

八、珠海国际仲裁院

自贸区步伐的加快，将极大地促进贸易和投资的便利化，并产生一系列与跨境投资、国际贸易、离岸金融等相关的专业性、国际性、前沿性的法律问题，熟悉自由贸易规则体系中的纠纷解决机制，了解国际商事仲裁，不仅对于自贸区建设国际化、法治化营商环境具有积极促进作用，对于企业应对国际商事纠纷风险亦具有重要的指导及借鉴作用。

横琴率先成立了珠港澳商事调解合作中心，港澳台及外国籍仲裁员占比达44%的横琴国际仲裁院成为全国境外仲裁员比率最高的仲裁机构；横琴法院全国率先推行立案登记制，建立商事案件专业化审理机制；珠海国际仲裁院是珠海仲裁委员会的派出机构，地处国家级新区珠海横琴，致力于为当事人提供全面、便捷的国际化仲裁服务，并为横琴实现粤港澳合作新模式示范区的国家级战略发挥自身的作用。

横琴国际仲裁院，有着国际化的仲裁规则。设置独立的国际仲裁规则，该规则注重与国际商业贸易惯例接轨，参考联合国国际贸易委员会的相关规则，体现了中国《仲裁法》与国际商事仲裁通行规则的充分融合。

采用独立的仲裁员名册，仲裁员由精通法律、在经贸等相关领域中具有资深专业水准的国内外专家和学者组成，港澳台的专业人员占总数的30%以上。

多元化的纠纷解决机制，设置独立于仲裁程序的调解程序，遵循和强调自愿原则，纠纷的解决结果可由当事人控制；调解程序迅捷、灵活、保密。

珠海仲裁委作为提供公共服务的法定机构实行理事会决策、执行机构组织实施、监事会监督的管理运行机制。依托该机制，国际仲裁院更加强化仲裁办案的独立性、中立性和公信力，通过建立精简高效、机制灵活的管理机构，大力完善服务机制，提高国际商事纠纷仲裁专业水平和国际化程度。

珠海国际仲裁院受理案件的范围

国际的和涉外的仲裁案件，涉及香港、澳门和台湾地区的仲裁案件，中国内地仲裁案件。

九、跨境人民币贷款落地横琴

2015年7月13日，中国人民银行广州分行印发了《广东南沙、横琴新区跨境人民币贷款业务试点管理暂行办法》（以下简称《办法》）。

在南沙、横琴新区注册成立并在区内实际经营或投资的企业，以及参与南沙、横琴新区重点项目投资、建设的广东省辖内企业，均可以从港澳地区银行借入人民币资金。

这就意味着，在横琴自贸片区注册的企业，无论中资、外资及规模大小，都可以直接到境外去贷款融资。截至2014年年底，澳门的人民币存量高达1200亿，与澳门“一衣带水”的横琴发展跨境贷有得天独厚的优势。

跨境人民币贷款，顾名思义，就是跨越国境的贷款，由境外金融机构为境内企业提供人民币贷款。《办法》规定，资金使用范围为区内生产经营、区内及境外项目建设等业务，资金投向应符合国家宏观调控方向和产业政策导向。跨境贷款资金应按照贷款合同约定的用途使用，不得用于投资有价证券和金融衍生品，不得用于购买理财产品和非自用房产，不得用于除借款人集团公司以外企业的委托贷款。

在上述贷款投向方面，此次《办法》与《前海跨境人民币贷款管理暂行办法》相比有较大的区别。

前海是我国最早实施跨境人民币贷款的地区。《前海跨境人民币贷款管理暂行办法》明确要求，资金用途应在符合国家有关政策的前提下，用于前海的建设与发展；而此次《办法》中，贷款的投向明显有所扩大。

据了解，跨境人民币贷款的期限、利率由借贷双方按照商业原则在合理范围内自主确定。中国人民银行广州分行将结合南沙、横琴新区建设发展资金需求和港澳人民币业务发展情况，确定南沙、横琴新区跨境人民币贷款业务总规模，并实行余额管理。

（一）贷款投在哪

横琴管委会提供的数据显示，截至 2015 年 5 月，横琴自贸片区实有企业 8430 户（含分支机构），注册资本（金）45509.69 亿元，其中内资企业 8067 户，注册资本（金）42284.04 亿元。目前横琴有 7 家企业已从新政受益，包括珠海十字门中央商务区建设控股有限公司、中电投横琴热电有限公司、珠海长隆投资发展有限公司（珠海长隆）、珠海华发酒店管理公司、横琴金融投资控股有限公司、珠海横琴佳景美食广场项目发展有限公司、珠海大横琴投资有限公司，获批从港澳银行机构借入 8 笔跨境人民币贷款业务，金额合计 6.1 亿元，资金全部用于横琴新区建设。预计可为借款企业每年节约财务成本数百万元。

首批落地的跨境人民币贷款项目主要集中在 3 个方面：横琴新区重大基础设施项目、粤澳合作重点平台及横琴新区的优先发展产业。

跨境人民币贷款是中国人民银行广州分行支持横琴新区企业和项目跨境融资的新政策、新渠道，是横琴新区践行资本项目可兑换的先行试验的又一成果，也将为推动粤港澳三地融合发展添上浓墨重彩的一笔。

中国人民银行珠海中心支行相关负责人表示，“人民银行珠海市中心支行将引导辖内结算银行大力拓展跨境融资业务，重点支持横琴新区建设和粤澳合作项目，支持澳门产业适度多元化”。

在业内人士看来，自 2012 年初签订《粤澳合作框架协议》《粤港合作框架协议》及补充协议，无不推进粤港澳跨境金融服务贸易自由化，可惜步伐明显钝化，目前跨境直贷落地是一大进步与突破。

（二）跨境贷的模式

《办法》指出，试点企业应在境内结算银行开立一个人民币一般存款账户，专门用于办理跨境人民币贷款的资金收入及还本付息。该账户存款利率按照中国人民银行公布的活期存款利率执行。而港澳地区银行向试点企业发放跨境人民币贷款的期限、利率，由借贷双方按照商业原则在合理范围内自主确定。

目前跨境人民币贷款一般以流动资金贷款为主，期限1~3年。因为是境外机构，对境内企业的监控各方面不太方便，而且未来利率的走势较难预测，所以一般情况下贷款期限不超过3年。境外贷款规模较为宽松，且利率成本相对境内较低。

前海跨境人民币贷款业务已施行两年多，前海较为常见的跨境贷流程是：前海注册企业向境内银行的前海分行A提出融资需求，并提供抵质押等担保；分行A核定信贷额度后，向在香港经营人民币业务的银行B开出融资性保函，由后者向企业发放人民币贷款。

在银行人士看来，具体而言，跨境贷流程一般如下：一是境内行对客户核定授信，将该额度切分至境外行；二是境外行审批后与客户签订借款合同；三是境内行协助客户在境内监管机构办妥外债登记及备案的手续（主要在人行及外管局）；四是境外行发放贷款（可美元或人民币，如为外币，在境外结汇后汇入境内），并将贷款资金划至境内行开立的外债专户；五是境内行对外债专户实行专户管理，审核客户提供的资金使用资料，符合约定才同意其使用；六是贷款到期前，境内行将还款资金划至境外行完成还款操作。

（三）跨境合作的模式

第一种是内保外贷。境内银行开立融资性保函给境外行，境外行在担保金额内为境内企业的境外公司提供贷款（境外行不一定是中资银行，只要认可保函即可，但是用款人为境外企业，受外汇管制的要求，一般情况下，贷款资金不得回笼境内）。

第二种是切分额度放款。境内行对境内企业比较了解，核定授信后，联动境外机构参照上述流程放款。但这种方式一般境内境外银行为同一家机构。如果不同机构，一般都是通过保函模式来操作。

境外贷款，因为跨境，操作上不便利，所以一般情况下会按照借款合同一次性提款，贷款资金划至境内外账户。对企业来说，贷款资金一笔到位，不用受贷款规模的影响，不用担心资金计划，用起来比较方便。

跨境贷款新政亮点

试点企业扩围：在南沙、横琴新区注册成立并在区内实际经营或投资的企业，以及参与南沙、横琴新区重点项目投资、建设的广东省辖内企业；

贷款用途扩围：可以用于横琴区内生产经营、区内及境外项目建设等业务；

申请材料简化：只需提交备案申请书、营业执照副本、组织机构代码证副本、贷款意向书和最近一期审计报告等；

用途限制放宽：可用于借款人集团内部企业委托贷款（综合了跨国公司资金池的部分功能）。

第 5 节　企业案例

——联营律所　开创深港律所制度改革先锋

广东自贸主打“港澳牌”。其中，港资澳资服务机构进驻自贸区是亮点之一。

据了解，自贸区挂牌不到一年的时间里，目前 8 家粤港合伙联营律师事务所已经在广东自贸区的南沙、前海、横琴三个片区获准设立。

其中，位于前海企业公馆的华商林李黎（前海）联营律师事务所一直备受外界关注。这是中国第一家内地与香港联营律师事务所，于 2014 年 11 月在前海成立，由广东华商律师事务所和香港林李黎律师事务所共同联营设立。这是在国务院支持前海开发开放发展政策背景下的一项法治创新政策的落地。

一、前海法治示范区建设的一大成果

广东省司法厅负责人曾表示，华商林李黎（前海）联营律师事务所是第一家跨法域、跨地域的联营律师事务所，是中国律师行业走向国际化、中国法治事业不断创新进步的重大创举，是前海社会主义法治示范区法治建设的一大重要成果。这种联营合作也有利于促进大陆和香港的经贸交往合作。

前海被称为“特区中的特区”。按照广东自贸区总体方案，依托港澳、服务内地、面向世界，广东自贸区将建设成为粤港澳深度合作示范区。前海对港合作优势明显，在建设粤港澳深度合作示范区上，无疑是

最重要的“试验田”。

也因此，前海吸引了诸多港资企业入驻。截至2016年1月31日，前海注册企业已达至67472家，其中香港企业共有2439家，占总数3.6%；资本达3227亿元人民币，更是占了总数近一成；对前海GDP的贡献率超过20%。

从产业类型看，目前落户前海的企业中，金融类占51.45%，达34715家；科技及其他服务企业占22.73%，有15335家；现代物流占14.42%，有9727家；信息服务业占11.4%，有7695家。

前海四大支柱版块中，专业服务业是其中一个重要版块，律师服务业就在其中。

“联营律所与前海深港现代服务业创新合作示范区的发展定位也是相匹配的。正因此，法律服务业在前海有着广阔的市场。”华商林李黎（前海）联营律师事务所管理合伙人王寿群律师说。

随着自贸区战略、国家“一带一路”战略的实施，以及中国企业走出去已成大趋势，前海国际化、市场化、法治化的对外开放的战略定位，为联营律师服务提供了很大空间。

广东省表示，这一探索是落实CEPA补充协议八要求密切内地与香港（澳门）律师业合作的有效措施，有利于推进内地律所与香港律所资源整合、优势互补，共同提升两地律师服务水平和竞争能力，有利于“一国两制”方针的贯彻实施。

“国内30多年的对外开放主要是外资进来，现在更需要中国企业走出去。国外需要中国的投资，企业走出去也需要法律服务支持。”王寿群说，前海只是一个平台，联营律所一方面服务内地企业，另一方面帮助内地企业走出去，为其在国际合作与竞争中提供法律服务。

二、金融领域的法律纠纷或增加

目前自贸区各家律师事务所的业务领域已经涉及电子商务要素交易平台、跨境金融、互联网金融、股权交易、国际融资租赁等领域，而在这些领域也组建了相应的律师团队，如华商林李黎（前海）联营律师事务所已经成立了投行、银行、房地产等专业律师服务团队。

王寿群介绍，在联营所运行初期，会有一段磨合期，两地律师也会在这个过程中加深了解、互通有无，现在已经进入良好的合作状态。

据了解，自设立以来，该所业务量逐步增长。华商林李黎还设立了管理委员会，管理联营所日常事务。

联营律所的一大优势就是跨境服务，去年华商林李黎与香港林李黎律师事务所联合就深圳某大型国有投资企业的跨境投资纠纷提供法律服务。香港林李黎所代表该企业在香港进行商事仲裁，而华商林李黎则在财产调查以及仲裁裁决执行方面提供法律服务。这样，企业通过一家律所，就可以同时聘用香港和内地的律师。

和传统模式不同，联营律所的合伙人不是个人，而是律所。律所还有国际律师执业。“世界各地的律师到香港执业，那么香港的律所就可以委派其他国家的律师到联营所执业。这是非常大的优势。”王寿群说。

据了解，合同类争议、贸易争议、合作履约争议等是投资纠纷的主要方面。

业内人士认为，前海目前真正开展经营业务的企业不是很多，再加上法律纠纷有一定滞后性，前海产生的法律诉讼还不是很多。但随着自贸区的发展，未来金融领域的法律纠纷会增加，比如融资租赁、商业保理、互联网金融、跨境电商等领域。

金融业是前海大力发展的最重要的支柱产业之一。到2015年底，前海融资租赁业企业总数达614家，占全国17%，占深圳市95%以上，业务规模1200多亿元。前海已快速成为国内融资租赁第三极。

“未来一旦因为租赁物产生纠纷，那么涉及的法律诉讼将增加。目前注册在前海的绝大部分融资租赁公司都是中外合资的。再比如外债宏观审慎管理，如果企业无法偿还外债，也会存在跨境借贷纠纷。”业内人士说。

三、未来仍有开放空间

前海深港合作区的先试先行已经在中国现代服务业市场掀起了一场改革创新的大潮，而联营律所在很多方面开创了律所制度改革的先锋。不过这项创新政策的取得并不容易。王寿群告诉笔者，这是在深圳司法界、香港律师界、广东省律师协会等的共同努力下实现的。

2014年1月，司法部通过了《关于在广东省开展内地律师事务所与港澳律师事务所合伙联营试点工作》的请示。

这种合作方式，在现行律师法和有关法律服务开放法规中虽未直接作出规定，但在总体上符合内地有关中外（港澳台）企业合资、联营的法律规定，尤其近十年来内地在CEPA框架下已出台了一系列密切两地律师业合作的开放和探索措施，试行合伙联营就是原已开放的合同型联营方式的升级版。

开放法律服务业，国外普遍的做法是通过立法的形式允许外资进入此领域。事实上，此次广东自贸区总体方案并未提及法律服务业开放。但王寿群表示，之前总体方案的修改稿中是提到此问题的。

法律服务开放涉及国家主权，我国选择在商事领域引入境外律所参与，以后再逐步开放到其他领域的做法，也显示了我国在该问题上的审慎态度。

目前联营律所的业务范围是有限制的。广东省明确，根据我国国情，参照国外经验，合伙联营律师事务所只能受理承办民商事领域的诉讼、非诉讼法律事务，不得受理承办涉及内地法律适用的刑事诉讼、行政诉讼法律事务。这也意味着，合伙联营律师事务所未来还有进一步开放的空间。

据了解，国外的律所是混业经营的，包含诉讼类和非诉讼类业务。而国内做得好的律所也一般是以非诉讼业务为主。

在专家看来，这种粤港联营律所的模式通过试点后，可以在其他地区复制推广，对建设法治中国的法治体系意义重大。

第6节 自贸区观察

——开发任务重 建设加速度

在2014年底获批之前，几乎每个自贸片区都是“边报批、边建设”。不过，当自贸区政策真正落地时，相对“一股脑”的政策红利来说，用于支撑政策落地的商业配套还未做好准备。

笔者在广东自贸区看到，南沙新区、前海蛇口、横琴新区三个自贸片区的开发任务都很重。

深圳前海蛇口片区中的前海区块，规划面积15平方公里，只有广州南沙片区的四分之一，对超过6万家注册企业来说，可谓“寸土寸金”。再加上2012年才完成填海工程，目前前海正处于大开发大建设中，企业入区办公的需求还不能全部满足。

为此，前海采取的是“跳出前海看前海”的办法，“不就一个区域封闭配套，而是开放配套”。

前海管理局新闻发言人王锦侠告诉笔者，目前95%以上在前海注册的企业并不实际在前海办公，但只要企业注册在前海，企业配套问题就可以放眼全深圳来解决，即“大配套”政策。预计2017年后，前海将新增500万平方米的办公楼宇，届时才会要求企业逐步到前海区域内办公。

目前在前海，万科开发建设的36栋企业公馆是前海主要的办公园区，但早已招商完毕，十余家银行均入驻与此。这是前海首个通过BOT方式（“建设-经营-转让”模式）实现快速启动、快速为企业提供实体办公场所的创新项目。万科建设并运营8年后，移交给前海管理局统一管理。

“前海这么少的土地如果全部拿出来，一夜就卖光了。但是我们不是为了拉GDP，而是走出现代服务业发展的新路子。”王锦侠说，企业公馆项目也是前海建设“留白”的一项内容。

按照2013年出台的《深圳市前海深港现代服务业合作区土地供应暂行办法》，前海土地供应优先选择以招拍挂方式公开出让。据了解，目前前海90%以上的土地都是通过公开招拍挂方式出让。

“除了自贸区的优惠政策外，土地供应也是我们非常看重的。”来自北京的一家互联网金融企业的负责人在前海考察时告诉笔者，前海的土地如此紧张，或将影响到企业是否将总部或部分业务转移到前海的决定。

为了让前海更具发展活力、拓展发展空间，前海还面向香港打造建筑市场综合改革试验区。从2016年2月29日起，在前海合作区范围内的港商独资或控股的开发建设项目试行香港工程建设模式，即港商独资或控股的开发建设项目可选聘香港工程建设领域服务业专业机构及专业人士为其提供工程建设领域服务，前海管理局参照香港工程建设模式对项目进行管理。

据了解，截至2015年底，前海港资背景的企业数量为2787家（前海合作区注册企业为2313家），比上年增长107%。共向港资背景的企业出让土地为26.8万平方米，占总出让土地的43%；建筑面积为209.3万平方米，占总建筑面积的45%。

前海蛇口自贸片区管委会将2016年定位为前海的“全面提升年”，新城建设将迎来新的高潮，前海蛇口自贸片区全年计划完成固定资产投资 430 亿元。

与澳门近在咫尺的横琴新区片区，也正在加速前行。笔者在横琴新区看到，商业配套项目的建设如火如荼，建设工地随处可见。

2016 年 2 月 16 日，珠海横琴粤澳合作产业园在横琴澳门青年创业谷举行了重点项目开工仪式，总投资达 96.5 亿元的 12 个重点项目正式动工，同时有 4 个项目签订土地出让合同。上述项目涉及高新科技、文化创意、休闲旅游、商务服务等多个领域，都是横琴新区片区重点发展的产业。

这些项目的开工建设，将有力促进两地更紧密合作，支持澳门地区壮大旅游等优势产业，培育中医药、会展、文化创意等新兴产业，发展教育培训等潜力产业，推动产业协同发展、区域人才流动、公共服务衔接，加速两地经济深度融合，为澳门经济适度多元发展创造基础条件、拓展外部空间。

横琴新区自挂牌成立以来，截至 2016 年 2 月累计完成固定资产投资达 1147.8 亿元，一批重点项目陆续建成。2016 年计划总投资约 442 亿元。

目前，澳门大学横琴新校区、市政基础设施（BT）项目、横琴新口岸（一期）、长隆国际海洋度假区、十字门国际会展中心、会议中心、横琴新家园住宅、商业街、中电投珠海横琴多联供能源站、国际网球中心、横琴小学、幼儿园等一批投资大、规模大、影响大的重点项目陆续建成；综合开发项目、长隆二期项目、粤澳合作中医药科技产业园、马骝洲交通隧道（第三通道）新建工程、梧桐树大厦、创意谷、丽新星艺文创天地一批重点项目快速推进；星光中国芯物联网工程、国家食品安全（横琴）创新工程这两大国家战略工程，及法拉帝亚太中心、易方达金融大厦、民生电商等产业项目已经落地。

2012年的11月1日，澳门居民邱玉珍领到了首张由横琴颁发的港澳台企业批准证书，她注册的是一家企业管理服务公司。这也是横琴新区行使部分省级外资审批权后，登记注册的首家外资企业。

在横琴投资3年多来，邱玉珍对横琴国际化的营商环境表示非常认可。不过她告诉笔者，目前横琴的交通、教育、医疗、办公楼宇等配套设施，还需要加快建设速度，以吸引更多澳门投资人落户横琴。

而在广州的南沙新区片区，广州人更希望提到广东自贸区首先想到的是南沙。2002年，南沙经济总量只有60亿元，现在南沙的经济总量已经增长了17.5倍，可支配财力增加了5至6倍，南沙开始有了提升的动力。

广州市委常委、南沙区委书记丁红都表示，2015年南沙区的固定资产投资增长53%，完成固定资产投资600多亿元，相当于香港霍英东集团进入南沙后总投入的12倍。

目前南沙新区片区交通基础设施建设进展迅速，投资152亿元的南沙疏港铁路已经开工，经过南沙的深茂铁路、深广中通道也已经开工。

第三章　天津自贸区

发展目标

以制度创新为核心任务，以可复制、可推广为基本要求，努力成为京津冀协同发展高水平对外开放平台、全国改革开放先行区和制度创新试验田、面向世界的高水平自由贸易园区。

实施范围

自贸区的实施范围 119.9 平方公里，涵盖 3 个片区：天津港片区 30 平方公里（含东疆保税港区 10 平方公里），天津机场片区 43.1 平方公里（含天津港保税区空港部分 1 平方公里和滨海新区综合保税区 1.96 平方公里），滨海新区中心商务片区 46.8 平方公里（含天津港保税区海港部分和保税物流园区 4 平方公里）。

第 1 节　承担双重国家战略，区域协同发展的新平台

2015 年 4 月 21 日，天津自贸区挂牌，成为中央新增设的 3 个自贸区之一，这是我国长江以北第一个自贸区。

按照国务院发布的《天津总体方案》，天津自贸区将成为京津冀协同发展的高水平对外开放平台、全国改革开放先行区和制度创新试验田、面向世界的高水平自由贸易园区。经过 3~5 年的改革探索，天津自贸区将建设成为贸易自由、投资便利、高端产业集聚、金融服务完善、法制环境规范、监管高效便捷、辐射带动效应明显的国际一流自由贸易园区，在京津冀协同发展和我国经济转型发展中发挥示范引领作用。

按照官方的计划，预计天津自贸区 3 个片区 2017 年 GDP 合计将达 2700 亿元，年均增长 20%以上。

具体而言，天津港片区将重点发展航运物流、国际贸易、融资租赁等现代服务业，天津机场片区重点发展航空航天、装备制造、新一代信息技术等高端制造业和研发设计、航空物流等生产性服务业，滨海新区中心商务片区重点发展以金融创新为主的现代服务业。

天津是北方重要的出海口，被寄希望于打造成为北方的经济中心。天津港作为北方第一大港，承担了北方经济带约 80%以上集装箱贸易，同时内陆腹地涉及环渤海及内陆众多省份，带动作用明显。再加上在交通、科技研发、医院及高等教育资源方面的优势，也因此，天津在一定

程度上被认为是京津冀协同发展中最具战略价值的区域。

天津自贸区面向华北、东北、西北三北地区，将带动辐射环渤海、京津冀地区，将对天津成为北方经济中心和北方国际航运中心的定位目标起到引擎作用。

在“京津冀一体化”的战略下，天津自贸区旨在通过促进京津冀协同发展来辐射内陆的发展。

天津市自贸区领导小组办公室主任、市政府副秘书长兼市商务委主任、自贸区管委会副主任刘剑刚曾表示，国家选择天津建设自贸区，一是有利于探索全面提高我国开放型经济水平的新路径和新模式。通过实施更为开放的政策，积累深入参与国际经济合作与竞争的经验，以“开放红利”激发“改革红利”，推动开放朝着优化结构、拓展深度、提高效益的方向转变。二是有利于推进京津冀协同发展和“一带一路”国家战略的实施。通过提升天津在大开放格局中的要素聚集能力、资源配置能力，加强与“一带一路”沿线国家和地区的合作，发挥在区域经济中的服务辐射和示范带动作用，打造京津冀乃至北方高水平对外开放新平台。三是有利于加快推进滨海新区开发开放。促进新区发挥开放门户优势，完善先进制造、研发转化、国际航运、国际物流等功能，加快实现国家对滨海新区的功能定位。

事实上，随着滨海新区开发开放深入推进，天津自贸区3个片区都具备了良好的发展基础和条件。天津港东疆片区是北方国际航运中心和国际物流中心的核心功能区。港口是天津的核心战略资源和最大优势，2014年天津港货物吞吐量达到5.4亿吨，居世界第四位，集装箱吞吐量超过1400万标准箱，在全国14个省市区建立了23个内陆“无水港”，口岸服务辐射作用得到充分发挥。东疆保税港区是全国面积最大的保税港区，已经形成了租赁、航运、物流、贸易结算等特色产业集群。

天津机场片区是天津先进制造业和研发转化的重要集聚区，目前世界 500 强企业在机场片区共投资了超过 160 多个项目。天津成为了国内唯一同时拥有航空、航天两大产业的地区。

滨海新区中心商务片区是天津金融改革创新的集聚区，也是滨海新区的城市核心区。这些年天津的金融改革创新取得了显著成绩，引进设立了一大批金融机构，成为国内为数不多的拥有金融“全牌照”的城市，特别是在股权基金、创新型交易市场、融资租赁、产业金融等方面形成了特色优势。

天津是北方特殊的交通、港口、物流枢纽，天津高端先进制造业发展很快，基础比较好，与上海的金融业、服务业较发达有区别，适合发展工贸型自贸区。另外，天津重点发展新金融，融资租赁在全国走在前列，东疆港一地的融资租赁合同额占比中国的 25%，其中飞机租赁占 90%。

天津的经济基础无论是港口还是物流，亦或是融资租赁产业，都是以重型工业为基础，相比广东的加工制造业，福建的旅游、农业等特色，对面临经济转型需求的中国，价值更大。在专家看来，中国要经济转型，必须同时完成产业链整合和金融改革，天津在这方面拥有先天优势，未来发展潜力更为巨大。

第 2 节　天津机场片区

一、四大优势

天津机场片区位于天津空港经济区内。天津空港经济区毗邻天津市区，区位优越，交通便捷，实现空、海两港联运，现代物流体系完善。区内设有保税区、综合保税区、保税物流园区等多个特殊海关监管区，以及以建设北方航空货运中心为特色的航空物流区，政策功能完备。按照《天津总体方案》要求，机场片区将重点发展航空航天、装备制造、新一代信息技术等高端制造业和研发设计、航空物流等生产性服务业。

由于机场片区同时拥有海关特殊监管区域和非海关特殊监管区域，实现围网内外“双向发展”。在保税区、综合保税区和保税物流园区范围内，重点开展货物贸易、融资租赁、保税加工和保税物流等业务。

在上述海关特殊监管区域范围外，积极发展现代服务业和高端制造业。目前，片区加快创新围网内贸易监管模式在围网外范围延伸，天津市第一家保税展示交易市场——欧洲贸易中心开业运营，成功将围网内保税展示展销政策，在围网外推广使用。

此外，机场片区还同时拥有海港保税区和空港经济区，使得海空两港“联动发展”成为突出优势。按照官方的规划，海港方面，依托天津港保税区，重点发展国际贸易、现代物流和展览展示等现代服务业和加工制造业。空港方面，依托天津航空物流区，重点发展航空物流、电子商务、快递服务、航空金融等现代服务业。发挥片区内天津机场、天津港两个口岸优势，加快航空物流和海运物流协调发展，实现了国际物流服务功能在海空两港间的高效衔接。

同时，机场片区以发展跨境电商为抓手，推动“海运”、“空运”两个备货模式，利用海空两港的海关特殊监管区域内“保税仓”资源，对注册在海空两港海关特殊监管区域内融资租赁企业的进出口大型设备，实行海关异地委托监管，畅通双港联动通道。

近几年，机场片区已形成了航空产业全产业链，西飞机翼、古德里奇等50多个航空项目落户，涵盖总装、航空配件、维修、融资租赁等多个链条，产值超过1000亿元；装备制造产业迅猛发展，卡特彼勒、麦格纳等一大批世界500强企业和行业龙头聚集于此；众多企业设立了金融、贸易、结算和运营中心，高端服务业正成为该区域的重点支柱产业。

随着自贸区的设立，制造业与服务业将实现结合发展，相得益彰：在产业链条上，航空制造业龙头带动航空研发、制造、维修、培训、租赁、会展等领域的航空服务业发展；在价值链条上，吸引高端制造企业在机场片区设立地区性总部、研发中心、贸易中心、物流中心和结算中心，延伸服务业价值链；在科技链条上，用知名互联网企业提供的云计算、大数据、物联网等服务，嫁接装备制造、生物医药、快速消费品等制造业产业。

按照官方的规划目标，机场片区到2017年地区生产总值力争突破2100亿元，工业总产值达到2500亿元，二、三产业增加值比例保持4∶6;注册企业就业人数突破25万人，常驻人口达到7万人；建设成为开放型高端制造业聚集中心，生产性服务业发展中心，消费性服务业重要基地以及科技创新创业的人才基地。

值得一提的是，作为全国四大自贸区中唯一一个将机场包含其中的片区，随着天津获批成为全国第八个具备保税进口业务资格的跨境电子商务服务试点城市，机场片区在航空物流上也在积极拓展相关物流业务，如俄速通（天津）国际物流项目，将把机场处片区打造成物流服务基地；DHL公司在2015年上半年落户机场片区，设立天津物流操作中心。

空港经济区和天津港保税区是“两块牌子一套人马”，分别所辖空港与海港两部分。在天津自贸区中，机场片区侧重高端制造业和现代服务业，与天津港东疆片区和滨海新区中心商务区产业互补。

依托天津港保税区和天津空港经济区，相比天津自贸区其他两个片区，机场片区有几大发展优势：

1. 经济规模大。机场片区是天津自贸区3个片区中经济总量最大的片区、天津滨海新区第二大经济体，到2015年上半年，注册企业超过1.4万家，世界500强投资项目超过160个，2014年实现GDP 1392亿元、工业总产值1842亿元，增幅均为两位数。

2. 产业基础好，形成了辐射国内外企业的产业集群。其中：民用航空产业——空中客车、中航直升机、联合技术航空部件、庞巴迪公务机维修、罗克韦尔柯林斯、PPG航空涂料、泰雷兹雷达、左迪雅戈座椅、西飞机翼等企业纷纷落户，成为天津优势产业。2014年产值达510亿元，增长35.2%。天津自贸区挂牌的当天（2015年4月21日），天津庞巴迪公务机维修中心落户天津港保税区，成为首批领取执照的企业之一。

作为全球第一大支线飞机制造商，庞巴迪在天津自贸区机场片区的公务机维修中心项目总投资达到3000万美元，一期占地2.6万平方米，计划于2017年上半年投入运营，可为飞机提供维护、维修、整修、保税仓储、部件进出口、机队技术管理以及停泊和清理服务。

装备制造业——聚集了卡特彼勒、麦格纳、利乐包装、百超激光、特变电工、天汽模具、松正电控等世界500强和行业龙头，产业迅猛发展。2014年产值246亿元，增长10.4%。

大众消费品——嘉里粮油、统一饮料、海欧手表、伊利乳业等项目陆续投资，产业规模不断壮大。2014年产值461亿元，增长13.5%。

新一代信息技术——清华紫光、台湾华硕、大唐电信、东软、软通动力、CSC、沃尔沃IT、科大讯飞等龙头项目聚集，生产能级迅速提升。2014年产值80亿元，增长10.4%。

生物医药产业——中科院工业生物所、华大基因、瑞普生物、和泽生物、生化制药、百若克等一批生物医药自主创新企业入驻，迅速形成产业规模。2014年产值突破15亿元，增长6.5%。

高端服务业——大众进口汽车、3M、中铁建集团、中远控股、中冶天工、神州租车、民生金融租赁、渤海寿险、顺丰快递、菜鸟网络、央视未来电视、百合网等设立了金融、贸易、结算和运营中心，高端服务业成为区域重要支柱产业。2014年实现营业收入598亿元，增长18.9%。

3. 金融环境优越。天津自贸区挂牌当天，共26家金融机构获批金融牌照，其中22家落户机场片区。机场片区与银行金融机构建立运营片区风险补偿信用贷款平台，为科技型中小企业提供限额内无抵押、无担保信用贷款。

2015年4月21日，机场片区推出“一中心、四基金”政策。“一中心”：即对区内投资担保中心一次性由3亿元增资至45亿元，由其承担中小微企业贷款风险补偿机制职能。该举措将有力解决中小微企业"融资难"问题，确定风险代偿比率为担保中心承担 80%，合作金融机构承担 20%。且担保中心对企业贷款按照年利率 1%～3%进行贴息，进一步降低企业融资成本，有效解决企业"融资贵"问题。"四基金"：即由担保中心为有限合伙人发起设立的，面向"高端制造业、现代服务业、科技创新产业、产业人才"的高端产业发展引导基金，总规模为 32 亿元，除人才基金规模为 2 亿元外，其他每支基金初始规模均为 10 亿元。四支基金将吸引社会资本进入，实行专家化管理模式，为自贸区产业集聚和升级提供金融服务支持。

此外，保税区还将设立四个专项资金，以年度预算资金为来源，以 5 年为规划进行投入，总规模约 55 亿元。其中，人才专项资金通过健全奖励培养、人才安居、医疗保障、子女教育配套政策吸引人才、留住人才。其他三个专项分别用于支持高端制造业、现代服务业和高新技术产业发展。

据了解，上述政策也是天津自贸区首个壮大实体经济的配套政策，涉及扶持资金总额约 132 亿元。

4. 综合配套完善。投资服务方面，机场片区围绕项目引进、签约、动建、投达产各个阶段，提供全方位、一站式的服务，协调和帮助企业妥善解决生产经营中的困难和问题。载体功能方面，机场片区在 3 个片区中距天津市区最近，处于滨海新区门户的位置上，区位非常优越；津滨、京津塘、蓟汕等多条高速贯穿，规划建设的两条地铁线路紧邻滨海国际机场和天津港。

也正因为机场片区独特的地理位置、优越的区域环境、完善的配套服务、科学的产业布局，使天津机场片区成为京津冀协同发展中总部企业和高端产业的重要承接地。

大型设备海关异地委托监管

《海关总署关于支持和促进中国（天津）自由贸易试验区建设发展的若干措施》第16条规定：对注册在自贸试验区海关特殊监管区域内的融资租赁企业进出口飞机、船舶和海洋工程结构物等大型设备，在执行现行相关税收政策前提下，根据物流实际需要，实行海关异地委托监管。

海关异地委托监管就是进出口船舶、海洋工程结构物等大型设备，进出境地为其他直属关区的，企业可向注册地海关提出业务需求，在注册地海关办理申报手续，由进出境地海关办理实货放行，降低企业生产成本。

二、打造高端制造业基地 航空产业为龙头

高端制造业是机场片区的重点发展产业，其中的航空产业既有基础性意义，也是战略性产业。

目前天津机场片区的发展思路是，通过做大做强航空等优势支柱产业，带动高端制造业项目聚集，延伸产业链，推动生产性服务业发展，打造高端制造业集聚区。

而对整个天津自贸区甚至全国来说，机场片区甚至还将扮演领航高端制造业腾飞的角色。2005年，临空产业区设立、空客项目选址正式申请，标志着天津航空产业迎来元年。

经过十年的发展，天津已成为我国航空产业的重要基地之一，无论从规模上还是水平上，航空产业都发展到了一个成熟阶段。目前，机场片区的航空产业聚集效应已经形成。

天津港保税区管委会副主任吕英博2015年6月曾表示，今后两年，是天津航空产业发展的关键时期，空客项目从一期平稳转入二期，A330区域型客户化中心项目进入实施阶段，还将引进建立一批新的重要航空项目，形成更高水平、更具规模、更加完善的航空产业体系。

民用航空是空港经济区特色产业，以空客总装线、中航直升机为龙头，以中国民航科技产业化基地为载体，带动飞机零部件生产及相关研发、销售、维修、物流、金融租赁等行业发展。

空中客车A320系列飞机天津总装线是空客公司在欧洲以外的第一条飞机总装线，年产A320系列飞机44架。继空客项目后，空港经济区先后吸引了欧洲直升机、西飞机翼等飞机组装企业，古德里奇航空结构、泰雷兹雷达、加拿大FTG、西班牙英德拉、比利时索纳卡等航空结构企业，透博梅卡发动机维修、海特维修、PPG、STTS、航新等航空服务企业，形成了民用航空全产业链。

据了解，2014年，空港经济区民用航空产业规模达到510亿元，官方预计到“十三五”末期将达到1200亿元。基于已积累起来的产业聚集效应，在发展思路上，机场片区着眼于在促进先进制造业聚集方面下功夫。

1. 发挥航空产业带动作用，加大吸引知名航空企业的引进，打造航空产业全产业链，带动高端制造业项目聚集，推进空客A320二期、A330完成及交付中心，引进相关配套项目，建成空客亚洲中心。

2. 延伸高端制造业产业链，进一步发挥卡特彼勒、阿尔斯通、GE

医疗、清华紫光、展讯通信、联合利华、金百利等项目的示范效应，重点聚焦行业龙头企业和核心配套企业，吸引高端制造企业设立地区性总部、研发中心、贸易中心、物流中心和结算中心。

3. 提升制造业智能化水平，推动3D打印、机器人等智能制造应用研发基地建设，引导和鼓励企业通过技术升级改造，提升管理和生产的智能化水平。

4. 以“互联网+”模式促产业升级，利用知名互联网企业提供的云计算、大数据、物联网服务，嫁接装备制造、物流、生物医药等产业，优化生产过程，促进传统优势产业与新兴互联网生态的深度融合。比如，华大基因和天汽模利用“天河一号”开展大规模数据计算。

5. 建设科技型企业服务平台，鼓励企业成立孵化器、加速器，建设自贸区知识产权便利化服务平台、自贸区技术交易市场和智能制造应用研发基地，通过市场化运作，为企业间的技术交流、转让和交易提供便利，完善区域创新创业生态体系建设。

6. “双自联动”促进科技化水平提升，依托亨特尔、天汽模、松正等跨国并购合作项目，积极推动跨境知识产权和技术交易，创建中欧科技转化平台，对接欧洲科技型中小企业，引进先进技术和人才，鼓励企业与境外机构联合研发、合作研发，促进跨境技术服务贸易发展，助推高端制造业聚集。

天津自贸区的政策优势，将利于“天津制造”升级为“天津配置”。中国民航大学经济与管理学院副院长、航空产业研究所所长李艳华认为，自贸区相当于在国内设立了一个投资自由、贸易自由的特殊区域。国内发展需要的一些产品进口后若不出自贸区，那么将大大降低航空产品的价格。比如现在航空公司用的动态静态模拟机以及航空教学用的模拟机，全球80%使用的是加拿大公司的产品，如果在自贸区里使用这些模拟机，对于京津冀地区需要模拟机的企业或者高校来说，就可以节约很大一笔资金。因此，更好地运用自贸区平台，就要在自贸区内把进口产品组装、生产、加工，增值以后再出口，把自贸区变成全球资源“大进大出”的资源配置平台。这其中，李艳华认为“航空物流天津中转”大有可为。

“天津有空港海港的优势，天津自贸区可以打造京津冀货物国际航空和海运的枢纽，营造国际贸易进出自由、投资自由、金融自由的氛围。目前，机场口岸实行72小时过境免签等，这些都是为天津成为航空物流中转站推出的重要举措。”李艳华说。

公开资料显示，目前天津有12家全货机公司，全货机通航点20个，其中境外通航点10个；2014年，天津机场货邮吞吐量23.3万吨，国内排名第13位。

三、重点发展现代服务业

近年来，国务院高度重视服务业发展，陆续出台了家庭、养老、健康、文化创意等生活性服务业发展指导意见，服务供给规模和质量水平明显提高。但与此同时，生产性服务业发展相对滞后、水平不高、结构不合理等问题突出，亟待加快发展。

生产性服务业是全球产业竞争的战略制高点，加快发展生产性服务业，既可以有效激发内需潜力、带动扩大社会就业、持续改善人民生活，也有利于引领产业向价值链高端提升。

作为机场片区与高端制造业并驾齐驱的现代服务业，在整个天津自贸区中的地位也是举足轻重的。按照天津自贸区的规划，机场片区将重点发展研发设计、创新金融、专业中介等生产性服务业。其中，航空物流区重点发展航空物流、电子商务、快递服务、航空金融等现代服务业，海港保税区重点发展国际贸易、现代物流和展览展示等现代服务业，依托港口功能的加工制造业。

2014 年 8 月，天津市委、市政府批准在空港经济区设立航空物流区，占地面积 7.5 平方公里，目的是延伸拓展空港物流功能，通过海关、检验检疫一体化通关平台及配套基础设施建设，发挥航空物流区载体作用，创新跨境电子商务发展，聚集电子商务企业。按照规划，航空物流区将通过若干领域的项目，重点做好央企总部、航空基地公司的引进，打造北方航空货运中心。

在经济下行压力较大的情况下，相比其他省份，天津的现代服务业发展潜力大。据统计，2015 年上半年，天津的服务业占全市生产总值的 51.7%，投资比重增长 20.4%，增加值增长 9.6%。环保、生物医药、新能源等新兴产业产值不断增长。

天津现代服务业发展速度快于 GDP 增长水平，比重首次超过第二产业，成为带动经济发展的主导力量。这意味着，将发展现代服务业作为战略目标的机场片区，对整个天津现代服务业的发展都具有重要的示范引领作用。

机场片区的现代服务业将着重于以下几方面：

1. 发展跨境电子商务。建成天津跨境电子商务综合信息服务平台，实现“关”、“税”、“汇”、“检”、“商”、“物”、“融”一体化。2015 年 7 月，在航空物流区的跨境电子商务产业园已开工建设，占地面积超过 18 万平米，新建跨境电商专用仓储办公设施超过 10 万平米；依托“双港联动”，发挥“海运+空运”物流优势，加快引进跨境零售网商及物流、金融等配套服务企业，重点推进保税进口、直邮等跨境电商模式，发展线上线下相融合的展示交易等业务。

而且，天津已成为全国第 8 个具备保税进口业务资格的跨境电子商务服务试点城市。目前天津自贸区的 3 个片区都在布局跨境电商。

跨境电商也是机场片区创新业务的重要内容。史泰博公司中国区电商总部项目已在天津空港经济区（自贸区机场片区）落地，初期营业收入 10 亿元。美国库柏（Copart）中国区总部及二手车交易平台项目投资 2000 万美元，将建设二手车线下及线上交易平台。未来将有更多国内外知名电商及其配套项目落户机场片区。

2. 推进平行进口汽车试点。推进试点平台和试点企业建设，建成综合信息管理平台，实现商务、海关、检验检疫、外管、企业等信息共享，搭建销售与维修服务数据库，促进平行进口汽车行业规范化，利用保税区进口汽车集散地优势，吸引进口汽车销售总部聚集，打造进口汽车交易集散中心，确保天津进口汽车优势地位。

截至目前，天津自贸区平行进口汽车试点方案已完成国家商务部备案并获得正式批复，5 家试点平台和 30 家试点企业获得试点资质。

机场片区已经成为辐射全国的汽车进口、批发、销售和集散中心，具备集通关、检测、仓储、物流、分拨、销售等功能于一体的配套服务体系，形成了较为完善的产业链条和具优势的汽车营商环境。

3. 拓展保税展示交易平台。支持海关、检验检疫监管模式创新，在保证国家税收的前提下，减少环节，提高效率，形成具有特色的保税展示交易监管模式，适时将保税展示交易平台向京冀逐步延伸，实现功能辐射。

4. 建设大宗商品交易聚集区。发挥天津贵金属交易所、天津港散货交易市场等交易场所优势，出台管理办法，促进依法合规经营，建立与国际相适应的商品交易平台和商品交收中心，逐步形成国际商品集散地。

5. 建设境内外维修聚集区。以庞巴迪、海特等维修项目为突破口，重点发展航空维修，推出标准件互换、小时包修等符合国际惯例的新型业务，探索机电产品、高端电子产品维修模式创新，形成高端维修项目聚集。

6. 发展服务外包业务。依托华大基因、艾迪康生物医药、美国 ISI 项目、联通和移动 IDC 数据中心等外包重点企业，发展软件开发服务外包、医学检测检验外包、生物医药研发外包、网络与数字增值业务服务外包、电信运营服务外包等等。

7. 促进国际贸易发展。推动“天津港世贸通”和“中东贸易”等外贸综合服务平台建设，促进出口企业贸易对接，发挥示范效应，形成集聚优势，提高通关效率，提升贸易便利化水平。

8. 促进国际物流业发展。推动天津航空增资扩大机队，吸引国际知名航空物流企业落户，逐步增加国际国内货运航线，实现“以线带货，以货促线”，打造北方航空货运中心，成为具有国际竞争力的跨国物流服务区域。

知识产权便利化服务平台启用

2015 年 6 月 2 日，天津自贸区知识产权便利化服务平台在机场片区投入使用，6 家知识产权服务机构签署了《天津自贸区知识产权便利化服务平台入驻协议》，为自贸区企业和创业者提供“一站式”知识产权创新服务。

以往，企业和创业者如果希望申请专利，或依靠知识产权进行贷款、融资、交易，乃至进行知识产权维权，容易“乱投医”，而且会遇到办理时间长、过程复杂等问题。知识产权便利化服务平台的最大特点是集约化、便利化、快捷化、金融化和国际化，就是将与知识产权有关的所有内容建成综合服务“大超市”，企业进入其中可仅提供一份资料，享受“一站式“便捷服务，大大提升知识产权创新效率。

知识产权服务平台的设立，将使自贸区的企业可利用知识产权的无形资产，享受融资、租赁、交易等创新服务，提升核心竞争力。

按照《天津总体方案》要求，天津自贸区将建成华北地区知识产权运营中心。

第3节 天津港片区

一、港口优势明显

天津港是中国北方最大的综合性港口，2014年货物吞吐量达到5.4亿吨，在世界港口中排名第四，集装箱吞吐量为1400万标箱。

天津港腹地广阔，位于环渤海经济圈的中心位置，是亚欧大陆桥的最东端，连接亚欧大陆、陆海运输的重要节点，东联亚太经济圈、西接欧洲大市场，辐射西北、华北、东北12个省市区，拥有广阔的腹地资源。三条亚欧铁路桥分别通向哈萨克斯坦、蒙古国和俄罗斯。

天津港交通优势非常明显，距滨海国际机场52公里，距北京146公里，周边京津塘高速公路、京津高速公路、津滨高速公路、津晋高速公路、唐津高速公路及外围的高速公路与港区接驳，构成了四通八达的交通网络。如今，天津港对外与110多个国家和地区的500多个港口有贸易往来，每月航班400余班，直达世界各地港口。

按照天津自贸区总体规划，天津港片区（天津东疆港片区）面积30平方公里，含东疆保税港区10平方公里。东疆港区位于天津港东北部，总面积约30平方公里，为浅海滩涂人工造陆形成的三面环海半岛式港区。

东疆保税港区位于滨海新区东部，坐落于天津港东疆港区内，总面积10平方公里，由5.6平方公里的码头作业区和4.4平方公里的物流加工区组成。东疆保税港区是中国探索国际自由贸易港区建设的先行区、北方国际航运中心和物流中心的核心功能区。它是集保税区、出口加工区、保税物流园区和港区的优势为一体的海关特殊监管区，也是国务院批准设立的功能最全、政策最优惠、开放度最高自由贸易区。

按照规划，东疆港区分为码头作业区、物流加工区、综合配套服务区“三大区域”。目前，码头作业区已建成6个10万吨级保税集装箱泊位、2个10万吨级、2个4万吨级的散货泊位、4个客轮泊位，装箱中心站（海铁换装中心）正在建设中；物流加工区已建成79.9万平方米标准厂库房、9万平方米低温冷库以及7万平方米恒温恒湿库；综合配套服务区已建成国际邮轮母港、游艇码头、国际商品展销中心、国家4A级的东疆湾沙滩景区及一批写字楼和住宅。

按照天津自贸区总体规划，天津港片区重点发展航运物流、国际贸易、融资租赁等现代服务业；将建设成为北方国际航运中心、国际物流中心核心功能区和综合功能完善的国际航运融资中心，成为服务京津冀协同发展和“一带一路”重大国家战略的重要承接载体。

根据天津自贸区实施方案确定的思路目标，到2017年，天津港片区GDP达到300亿元，税收收入100亿元。为增强国际航运服务功能，天津自贸区将促进航运要素集聚，探索形成具有国际竞争力的航运发展机制和运作模式。同时，发挥天津港和滨海国际机场的海空联动作用。

此外，允许中资公司拥有或控股的非五星旗船，试点开展外贸集装箱在国内沿海港口和天津港之间的沿海捎带业务。在推动京津冀协同发展方面，还将完善以天津港为出海口的保税物流网络，将意愿结汇等创新政策辐射延伸至京冀两地及港口腹地。

截至2015年5月底，东疆共注册航运企业101家，共注册物流企业739家，可以进行现代化的进出口货物加工、配送、采购、换装、分拨等业务。2014 年 3 月，“海洋石油 289”轮取得了船籍港为“天津东疆”的船舶所有权证书，标志着我国第一艘国际登记船舶落户天津东疆保税港区。

在国际贸易方面，东疆一直在探索多种贸易形态：一般贸易、保税现货贸易、保税租赁贸易、进口商品直营、保税展示展销、期货保税交割、双向跨境电子商务（B2B2C）、艺术品保税仓储展示交易、保税现货电子交易。主要贸易品种包括：飞机、汽车、船舶、冷冻品、乳制品、水果、葡萄酒等。

近年来，东疆进出口外贸进口保持快速增长：2014 年东疆进出口贸易额 164.4 亿美元，同比增长 37.5%。2014 年的进出口额是开港第一年（2008 年）的 385 倍。

融资租赁业是东疆的特色产业。目前，东疆保税港区已形成了涵盖飞机租赁、船舶海工租赁、基础设施和大型设备租赁的较完备的租赁产业体系。

税收优惠

1. 对注册在东疆保税港区内的航运企业从事海上国际航运业务取得的收入，免征营业税。

2. 对注册在东疆保税港区内的仓储、物流等服务企业从事货物、仓储、装卸搬运业务取得的收入，免征营业税。

3. 对注册在天津的保险企业从事国际航运保险业务取得的收入，免征营业税。

二、东疆保税港：中国探索国际自由贸易港区建设的先行区

东疆保税港区是天津港东疆片区的核心，也是目前国内最大的保税港区，发展时间虽短，但前沿政策相对成熟，是滨海新区涉外体制和金融体制改革的前沿阵地。

2006 年，国务院决定设立天津东疆保税港区，同年 8 月国务院正式批准设立天津东疆保税港区。中央对天津滨海新区、东疆保税港区寄予厚望，也给予了一系列先行先试的创新政策。

2008 年 3 月，国务院批复《天津滨海新区综合配套改革试验总体方案》中，要求以建设东疆保税港区为重点，加快建设北方国际航运中心和物流中心，推进国际化市场体系建设，条件成熟时进行建立自由贸易港区的改革探索。2011 年 5 月，《国务院关于天津北方国际航运中心核心功能区建设方案的批复》（国函〔2011〕51 号）再次提出：天津东疆保税港区积极开展建设中国特色自由贸易港区的改革探索。该方案赋予了东疆国际船舶登记制度、国际航运税收、航运金融和租赁业务创新等四个方面 22 项试点政策。

可以说，东疆保税港区的设立，就是要打造中国特色的“自由贸易港区”，东疆也成为我国最早提出“自贸”构想的区域。其中，东疆保税港区在融资租赁领域的探索在全国举足轻重。

2011 年 5 月，国务院批复《天津北方国际航运中心核心功能区建设方案》（国函〔2011〕51 号），批准东疆保税港区开展国家租赁创新示范区建设。为加快推进国家租赁业创新示范基地建设，天津市政府高度重视，大力提升租赁产业运营环境。

2011 年 11 月，天津市高级人民法院发布《关于审理融资租赁物权

属争议案件的指导意见（试行）》对天津市租赁业的发展发挥积极的促进作用，并在全国形成示范效应，有力推动我国融资租赁登记制度的完善，确保租赁各方的合法权益。2014 年 12 月，天津市政府发布《天津滨海新区东疆保税港区限时办理租赁企业设立登记备案服务试点办法》(津政办发〔2014〕99 号)，进一步深化租赁行业行政审批制度改革，提升租赁公司设立效率。2015 年 1 月，天津市政府发布《关于加快我市融资租赁业发展的实施意见》（津政办发〔2015〕2 号)，明确支持东疆保税港区率先推进租赁业功能、政策和制度创新，并解决租赁企业困难，满足租赁公司各类迫切需求。

在一系列政策的支持下，东疆保税港区在租赁和新金融产业聚集、重大项目落地、业务规模增长等诸多方面形成产业发展领先优势。2009 年至今，东疆已创新出近 30 种租赁交易模式，进口保税租赁 、离岸租赁、单机单船租赁、融资租赁出口退税、异地海关监管船舶租赁等中国首单业务模式均诞生在东疆。目前全国最新的租赁政策正在东疆进行试点，成功后向全国推广。

目前，东疆保税港区已形成了涵盖飞机租赁、船舶海工租赁、基础设施和大型设备租赁的较完备的租赁产业体系。截至 2015 年 6 月底，东疆累计注册租赁公司达到 1192 家，累计注册资本金达到 803 亿元人民币。截至 2015 年 4 月底，租赁资产总额累计达 4000 亿元人民币，共完成 484 架飞机（国内航空公司运行的民航飞机 10 架中就有 1 架是从东疆租入的)、11 台飞机发动机、70 艘国际航运船舶、8 座海上石油钻井平台的租赁业务，租赁资产总额累计超过 4000 亿元人民币，约占全国租赁资产总量的 10%，成为全国租赁资产最集中的区域。此外，大型设备、医疗器械、地铁设备、高铁机车、水务、环保设施等租赁资产也呈快速增长势头。

目前，中铝、神华、北车、中民、平安、世航、中国轨道集团等大型企业今年均在东疆设立了公司。其中，500 亿元规模的平安东疆交通产业发展基金和100 亿元规模的平安朗业（东疆）航空产业发展基金落户东疆，为租赁公司、航空航运企业、租赁资产管理公司等企业提供专业融资平台；毕马威在东疆设立办事处为自贸区企业提供金融、财税解决方案。

服务小达人

增强国际航运服务功能举措

1. 允许设立外商独资国际船舶管理企业。

2. 放宽在自贸区设立的中外合资、中外合作国际船舶企业的外资股比限制。

3. 允许外商以合资、合作形式从事公共国际船舶代理业务，外方持股比率放宽至51%，将外资经营国际船舶管理业务的许可权限下放给天津市。

4. 大力发展航运金融、航运保险业，建设中国北方国际航运融资中心，鼓励境内外航运保险公司和保险经纪公司等航运服务中介机构设立营业机构并开展业务。

5. 在落实国际船舶登记制度相关配套政策基础上，中方投资人持有船公司的股权比率可低于50%。

6. 充分利用现有中资“方便旗”船税收优惠政策，促进符合条件的船舶在自贸试验区落户登记。

六大政策支持船舶、海工租赁业

1. 在推进投资便利化方面，将鼓励国内外投资者在东疆设立与航运金融产业相关企业，允许设立外商独资国际船舶管理企业。

2. 在实现监管便捷化方面，将服务船舶、海工“三地两跨”租赁业务，支持租赁公司所在地海关和船舶制造地海关联动配合，创新通关模式，实施便捷通关监管。

3. 在提升融资便利化方面，将鼓励国内外金融机构、保险、证券、投资公司等各类机构在东疆投资设立航运投资专项基金，促进船舶、海工租赁、航运融资、资产管理及相关产业发展。

4. 在优化涉税服务方面，将对符合条件的融资租赁货物出口实行出口退税，对融资租赁海洋工程结构物出口实行视同出口退税政策。

5. 在加快培育产业链方面，将支持鼓励各类投资者投资设立单船公司、航运保险公司的项目公司、区域总部、保险产品研发中心、运营中心等相关企业，积极支持会计、审计、税务、保险、评估、咨询、律师、仲裁、资产管理等专业机构发展，完善船舶、海工租赁金融服务环境。

6. 在完善产业支持平台方面，将在东疆保税港区设立自贸区法庭，引入航运金融法律专业机构，为海事金融相关产业提供法律咨询、仲裁等法律服务，建立地方产业支持基金，积极支持海事金融产业发展。

2015 年以来，随着天津自贸区先行先试政策的陆续落地，东疆保税港区租赁创新业务迎来发展黄金期，尤其是飞机租赁业突飞猛进，并开创中国境内租赁公司与 EDC（Export Development Canada，加拿大出口信贷）这一境外国家级出口信贷机构直接融资的先河。

2015年3月2日，工银租赁与农银租赁合作，在天津港东疆片区操作完成国内第一单带租约的飞机项目公司股权转让业务，以及国内第一单大飞机租赁资产交易，开创了我国飞机租赁领域资产交易的先河。这意味着，我国飞机租赁业在东疆保税港区正式开启租赁资产交易的新纪元。

此外，东疆还开创国内飞机租赁资产交易“交付监管”。2015年3月18日，在天津东疆航空资产市场管理有限公司的交付监管下，兴业金融租赁从注册于天津自贸试验区东疆片区的中轨租赁成功购得一家飞机项目公司（SPV）的100%股权。这单交易开创了国内飞机租赁资产交易“交付监管”这一全新模式，同时实现了金融租赁公司与非金融租赁公司之间的SPV股权交易创新。这是东疆保税港区在融资租赁领域实现的又一项创新。

2015年3月25日，EDC为中航纽威（天津）融资租赁公司（中航国际租赁在东疆保税港区设立的外商融资租赁公司）提供融资，向加拿大庞巴迪商用飞机公司支付2架CRJ-900飞机购机款项。这是中国租赁公司首次通过国内实体公司取得EDC航空器融资，开创了中国境内租赁公司与EDC这一境外国家级出口信贷机构直接融资的先河。

随后的6月，国内首单项目公司日元融资交易也在东疆完成。6月初，渣打银行新加坡分行为春秋租赁东疆SPV提供融资，帮助春秋租赁首次利用天津自贸区东疆片区租赁平台向春秋航空出租一架A320-200空客飞机，实现了国内首单项目公司日元融资交易。

值得一提的是，2015年5月底，《中国（天津）自由贸易试验区天津港东疆片区关于加快海事金融产业发展（暂行）鼓励办法》公布，这是天津自贸区设立以来首个专注于船舶和海工租赁的支持政策，将更好发挥东疆保税港区租赁业先行先试的作用。与其他3个自贸区相比，天津自贸区总体方案的一个突出特点就是创新租赁业发展，释放租赁产业推进经济发展方式转变的战略作用，为全国的租赁业发展探索新模式、积累新经验。

天津自贸区副主任、东疆保税港区管委会主任张爱国在天津自贸区挂牌后曾表示，随着自贸区的到来，东疆将探索建立更加国际化的租赁业发展平台。他还为东疆租赁业的未来画了一张“图景”：在自贸区的框架下，东疆将持续推进国家租赁创新示范区建设，建成具有国际先进水平的全球飞机租赁中心、船舶、海洋工程结构物租赁基地；进一步推动航空市场管理平台、租赁资产交易平台、航空资产流转平台、国际金融和租赁产业园等准商业平台建成运营；持续提升服务品质，坚持发扬天津独有的“管家式”服务亮点；完善金融环境、司法环境、人才交流环境等软环境建设，营造与国际接轨的租赁生态体系。

实施外商投资负面清单管理制度和境外投资备案制是自贸区的两项重大改革。2015年5月8日，外商投资备案和境外投资备案系统正式启用。外商投资备案管理的实施，将进一步提高东疆片区的外商投资便利化程度，并建立起相关部门协同监管的服务机制，营造公开、透明和国际化、市场化、法治化的营商环境。

近年来，随着国务院及国家有关部委给予东疆试点政策的加快落实，围绕探索建设自由贸易港区这一发展目标，东疆保税港区域经济得到快速发展。2014年，全区实现增加值80.7亿元，同比增长53.7%；固定资产投资完成340亿元，同比增长30%；税收收入38.1亿元，同比增长88.4%；外贸进出口完成164.4亿美元，同比增长37.5%；社会零售额96.2亿元，同比增长28.1%；商品销售额1047亿元，同比增长

25.9%。

同时，在天津自贸区成立的促进下，东疆保税港区新增企业数量保持高速增长态势。2014年，东疆共注册企业1516家，注册企业数量接近于东疆前6年累计之和。截至2015年4月底，今年新增企业注册数量超过1100家，是去年全年注册量的70%以上。2008年4月至2015年4月，东疆累计注册企业4344家，平均每家企业注册资本金4766万元，租赁、贸易、航运物流企业占总数的78.7%。

凭借在金融租赁、贸易以及航运等产业上的深厚基础，东疆保税港区已成为天津自贸区举足轻重的部分。

租赁业先行先试

支持资信良好和业务成熟的融资租赁企业在东疆保税港区设立项目子公司，不设最低注册资本金限制。

准予飞机租赁企业以绝对控股方式设立单机项目公司。准予隶属于同一母公司的单机项目公司实行住所集中登记，且与母公司住所相同。

准予飞机租赁企业设立飞机专业子公司，飞机专业子公司可持续经营多个飞机项目。

租赁企业新设限时办理

对新设立租赁企业，东疆保税港区的投资便利化程度也在提高。

2014年，天津市政府发布的《天津滨海新区东疆保税港区限时办理租赁企业设立登记备案服务试点办法》（津政办发〔2014〕99号）

规定，从企业名称的预核准，完成营业执照以及工商、国税、地税的登记，组织机构代码登记，到完成外汇登记、海关登记、检验检疫局登记、外贸登记，包括一般纳税人的资格认定，领取增值税发票，外商的融资租赁企业，完成过程只需要15个工作日，实现了责任清单、权力清单。

（一）监管便利化

2012年12月，商务部授予东疆保税港区“国家进口贸易促进创新示范区”称号，这也是目前中国北方地区唯一有此称号的保税港区。2013年7月，国家质检总局批复东疆作为进境水果指定口岸，东疆成为水果、冻肉、水产品、集装箱装粮食、汽车五大类商品指定进境口岸。在利好政策的推动下，东疆保税港区不断推出口岸监管创新举措，推动贸易便利化。

如：积极推动查验示范区建设，关检联合实行“一次申报、一次查验、一次放行”的通关模式，减少货物在港时间，推行无纸化报关、报检、电子监管；预包装食品进境入区实施“一次申报、一次检验、分批出区”；创新货物备案清单管理、价格预审和预归类；实现租赁贸易船舶、海工设备“三地两跨”海关监管；码头、保税仓库实现进出口货物“直提直放”。“先进区，后报关”、“批次进出、集中申报”、智能化卡口、统一备案清单等创新监管模式在东疆落地。天津出入境检验检疫局酒类检测实验室正式启用。东疆海关、东疆检验检疫局、天津港集团和东疆管委会等部门成立联合工作组，为台湾水果提供“绿色窗口”等便利化措施，2015年以来已有多批台湾水果在东疆口岸快速通关。为此，还编写了葡萄酒、冷冻品、台湾商品报关报检的通关手册，规范了进口商品通关流程。

天津自贸区挂牌后，天津海关出台保税货物自行运输、多样化涉税担保、融资租赁、境内外维修等18条新政，天津检验检疫局出台第三方检验结果采信、中转货物原产地证签证、检验检疫分线监管、动植物及其产品检疫审批负面清单等12条新政。随着这些新政在东疆落地实施，企业将获得更加便利化的口岸监管服务。

（二）保税商品展示交易中心

保税商品展示交易中心这一新型的贸易形式，是老百姓享受自贸区改革红利最直观的体现之一。

在天津自贸区挂牌后的第二天，天津海关即推出18项海关监管服务创新制度措施，其中之一就是保税展示交易制度，即允许符合条件的自贸区海关特殊监管区域内企业在向海关提供足额税款担保后，开展保税展示交易，并将加工贸易制成品纳入保税展示交易商品范围。天津海关在解读政策时表示，开展保税展示交易的范围为“京津冀”地区，这是海关总署给天津独有的政策优惠。

2015年“五一”期间，天津市区内首家保税商品展示交易中心在民园投入试运营，此后一如其他自贸区交易中心一样，销售异常火爆。据媒体报道，2015年“十一”黄金周期间，民园保税商品展示交易中心吸引了来自京津冀地区的数万名游客光顾，实现经营收入500余万元。

天津民园保税商品展示交易中心是东疆保税港区与中心城区联动发展的创新模式，实现了东疆保税港区的“库”与市区的“店”有效融合，具有三大特点：一是享受海关保税政策，市民在购物时按完税价格，减少了进口贸易商资金占压时间；二是品质保证，进口商品属法检类的要经过检验检疫局检验，海关通过物理围网和电子围网互联互通全程监管，保证为消费者提供货真的进口商品；三是价格优势，进口贸易商从国外直接采购，在东疆保税港区保税仓储，海关和检验检疫局提供贸易便利化通道，自采直销的业务模式，减少了进口商品的中间流通环节，降低了物流成本和流通环节费用。

东疆港区管委会主任兼天津自贸区管委会副主任张爱国表示，民园保税商品展示交易中心项目是东疆保税港区联接区内、区外两个市场，统筹整合国内、国外两种资源的口岸，产业和制度创新优势的集中体现，发挥了自贸区政策外溢、辐射的带动作用，形成了自贸区内外联动发展的局面，让广大市民不出国门在家门口就可以采购到物美价廉的进口商品。从自贸区角度来讲，实现了投资便利化、贸易便利化，以及金融领域的开放。

事实上，东疆保税港区已先后在全国范围内建设了十余个进口商品直营中心，涵盖天津市区、滨海新区、北京市区、中西部内陆地区等地。据悉，截至目前，东疆已累计在北京、秦皇岛、兰州、西宁等地设立了5家直营中心，同时北京正在筹备开业的直营中心还有2家。2015年1月，第一家位于西部内陆省份的东疆进口商品直营中心在青海省西宁市正式挂牌营业。接下来，东疆还将结合国家“一带一路”、“京津冀协同发展”等战略布局，在唐山、承德、内蒙等地，增建多个进口商品直营中心。

张爱国表示，接下来东疆将借助自贸区的契机，总结进口商品直营中心建设经验，完善直营中心布局，在京津冀、环渤海、中西部内陆省份建设更多直营中心，争取实现二维码质量溯源体系覆盖到海外生产加工、口岸报关报检、境内消费者全链条。

东疆进口商品直营中心是体现天津自贸试验区政策和功能创新的重

要载体，是服务“一带一路”、京津冀协同发展国家战略的重要措施。天津海关加工贸易监管处处长姜铭曾向媒体表示：“在天津海关针对自贸试验区出台的创新制度中，明确支持在自贸区海关特殊监管区域内设立保税展示交易平台。支持符合条件的自贸区内企业在有效担保前提下，在京津冀地区开展保税货物展示交易，同时允许开展加工贸易制成品的保税展示交易。”

（三）平行进口汽车试点

按照天津自贸区总体方案，支持开展汽车平行进口试点，平行进口汽车应符合国家质量安全标准，进口商应承担售后服务、召回、“三包”等责任，并向消费者警示消费风险。

无论是区位，还是产业环境，天津都是开展汽车平行进口试点的最佳地区之一。天津作为我国最大的整车进口口岸，已经形成了较为完整的汽车物流、汽车金融等产业链条。2014 年，全国整车进口 140 万辆，天津口岸进口 57 万辆，占全国的 41%。

目前进口车分为“大贸车”（也有称“大 3C”）和“小 3C”、小批量汽车。天津在“大贸车”进口数量占据优势的同时，“小 3C”、小批量汽车进口数量也保持领先。2014 年天津口岸进口“小 3C”、小批量汽车 6.9 万辆，占全国进口总量 75%。

据了解，天津在平行进口汽车方面不仅积累了丰富的经验，也培育出近 500 家汽车进口企业。目前，《中国（天津）自由贸易试验区开展平行进口汽车试点实施方案》（以下简称《实施方案》）已经在天津启动实施。按照该《实施方案》，天津自贸区开展平行进口汽车试点的主体规模和经营方式分为试点平台和试点企业两种模式，统称试点对象。其中，试点企业的准入资质包括注册资本不少于 2000 万元、上一财年汽车销售额不低于2亿元人民币以及企业注册在天津自贸区内等。

值得注意的是，从准入条件看，天津的门槛远低于上海自贸区。上海自贸区要求，企业申请平行进口汽车试点业务的门槛，包括从事汽车销售业务5年以上，具有最近3年连续盈利的经营业绩，上一财务年度汽车销售额超过4亿人民币等。

而试点平台的准入条件为：企业注册资本不少于5000万元人民币，企业或企业投资方近两年年均汽车销售额不少于5亿元人民币，企业或企业投资方固定资产不少于4亿元人民币，在天津市范围内拥有平行进口汽车销售展示和仓储面积3万平方米以上等。

上述《实施方案》称，试点平台的义务之一是发展合格的汽车进口和销售的会员企业，并要构建售后维修保养服务体系。试点平台是本平台进口汽车产品质量追溯的第一责任主体，平台内会员企业为第二责任主体。

平行进口汽车试点对象准入条件

一、试点平台准入条件

1. 企业注册资本不少于5000万元人民币，企业或企业投资方近两年年均汽车销售额不少于5亿元人民币，企业或企业投资方固定资产不少于4亿元人民币，在天津市范围内拥有平行进口汽车销售展示和仓储面积3万平方米以上。

2. 企业或企业投资方具备完善的汽车国内销售和售后维修、服务网络，其售后维修、服务、零部件供应体系具备服务试点平台内会员企业的能力。

3. 信誉良好，在市场和质量监管、检验检疫、海关、审计等监管部门中无不良行为记录。

4. 企业注册地点在中国（天津）自贸区。

5. 企业提出试点平台申请。

二、试点企业准入条件

1. 企业注册资本不少于2000万元人民币，企业或企业投资方上一财务年度汽车销售额不少于2亿元人民币，有与其经营规模相匹配的固定资产或建立的风险保障机制。

2. 具备与经营规模相适应的汽车售后维修、服务、零部件供应体系。对无法满足该条件要求的企业，可以依托试点平台提供相应服务，达到要求后方可参与试点。

3. 信誉良好，在市场和质量监管、检验检疫、海关、审计等监管部门中无不良行为记录。

4. 企业注册地点在中国（天津）自贸区。

5. 企业提出试点企业申请。

汽车平行进口

汽车平行进口是指那些未经跨国汽车公司品牌授权，从海外经销商处购买，转而在中国市场销售的合格车辆。跨国汽车公司授权的进口车，一般叫做“中规车”，在生产线上就已经完成了符合中国市场的规格配置；而平行进口汽车根据不同来源叫做“美规车”“中东车”等，或者统称为“非中规车”。

由于减少了多级经销商的中间环节，平行进口汽车的售价平均要比国内授权经销渠道的车辆便宜10%~20%，而且种类、型号比较丰富。

（四）全国第二家期货保税交割试点

随着2014年8月20日大连商品交易所在天津东疆保税港区完成首批期货保税仓单注册手续，东疆由此成为继上海自贸区开展铜的期货保税交割试点之后，全国第二家期货保税交割试点。

在2015年4月22日天津海关推出的18项监管服务创新制度措施中，期货保税交割制度是其中一项内容，就是允许自贸区海关特殊监管区域内企业以保税监管状态的货物为标的物，开展期货实物交割，推动自贸区期货贸易开展。

在此之前，天津东疆保税港区已经试点了一年的时间。2013年9月，海关总署批复同意在天津东疆保税港区对进口保税存储的LLDPE（线型低密度聚乙烯）一个品种通过大连商品交易所开展期货保税交割业务试点，试点期限为1年。

经中国证监会同意，大连商品交易所于2014年4月18日正式启动期货保税交割试点。按照这一制度，“期货保税交割”方式销售的进口货物将以“保税货物交割结算价”（即“交割结算价”扣除关税和进口环节增值税）作为成交价格向海关申报。海关以申报的“保税货物交割结算价”为基础，按照《中华人民共和国海关审定进出口货物完税价格办法》规定，审查确定以期货保税交割方式销售的进口货物完税价格。

期货保税交割的实现，不仅可以使企业省去办理报关手续、缴纳进口关税和相关税费的麻烦，也将大幅提升我国期货市场的价格影响力和国际话语权。

张爱国认为，期货保税交割事实上是把国外的货物“移库”到东疆保税港区，为国内企业提供一个贸易的便利化，同时也规避了汇率等风险。

按照天津东疆保税港区管委会经发局副局长袁会江的想法，聚乙烯的资金量比较小，未来东疆更希望能做铁矿石。据了解，全国铁矿石进口量约为1000亿美金，在天津口岸交易的应该能达到100亿美金。铁矿石是在南疆港区上岸，需要把东疆的功能延伸过去，实现期货保税交割。袁会江认为，铁矿石期货的大宗商品做好之后，能够对天津形成北方的金融中心和经济中心有一个带动和促进作用。

2015年年初，海关总署正式批复，同意大连商品交易所在大连港集团矿石码头保税堆场开展铁矿石期货保税交割业务，全国首个铁矿石期货保税交割库2015年落户大连港。

据了解，按照铁矿石产品的交割率计算，该项业务在开展初期预计年交割量可达到200万吨，可形成约600万吨的现货贸易量。因此该项业务不仅能活跃港口大宗现货市场交易，还将为港口业务量的提升带来长远的积极影响。

事实上，扩大期货保税交割试点范围，在天津自贸区总体方案中也有体现。方案提出，在总结期货保税交割试点经验基础上，鼓励国内期货交易所在自贸区的海关特殊监管区域内开展业务，扩大期货保税交割试点品种，拓展仓单质押融资等功能，推动完善仓单质押融资所涉及的仓单确权等工作；依法合规开展大宗商品现货交易，探索建立与国际大宗商品交易相适应的外汇管理和海关监管制度。

第4节 滨海新区中心商务区

一、重点发展以金融创新为主的现代服务业

天津市滨海新区中心商务区是滨海新区七大功能区之一，2007 年筹建，2010 年 12 月，经天津市委、市政府批准，成立滨海新区中心商务区管委会并建立党组，成为滨海新区政府的派出机构。

滨海新区中心商务区包括响螺湾商务区、于家堡金融区、天碱商业区、新港地区、大沽宜居生活区和蓝鲸岛大沽炮台区，形成“一河两岸六区”功能布局。

按照《天津总体方案》，滨海新区中心商务片区 46.8 平方公里，其中含天津港保税区海港部分和保税物流园区 4 平方公里。

滨海新区中心商务区是天津金融改革创新集聚区，是国内少数拥有金融“全牌照”区域，也是滨海新区城市核心区。2014 年，中心商务片区金融业实现增加值 64 亿元，增长 32%，占到全区生产总值的 85% 以上，初步形成涵盖银行、保险、股权基金、商业保理、资产管理等 12 个细分领域的金融产业体系。截至 2015 年 4 月天津自贸区挂牌时，滨海新区中心商务片区已聚集各类现代服务业企业超过 4000 家，其中金融类企业超过 600 家。

也正因为其特有的金融业优势，国务院批复的《天津总体方案》中，滨海新区中心商务片区未来将重点发展以金融创新为主的现代服务业。在此定位下，滨海新区中心商务片区将着力打造有利于全球资本要

素、国际高端服务业资源、各领域精英人才聚集的宜商环境，营造有利于企业和人才创新创业的社会氛围。到2017年，GDP力争达到300亿元，财政收入突破100亿元。

从产业发展来看，滨海新区中心商务片区将构筑以金融创新为龙头，科技和信息技术、专业服务、商贸服务和社会服务为支撑的现代产业体系。其中，于家堡金融区以金融创新为核心，重点发展创新型金融机构，着力发展保理、租赁、基金、支付结算、要素市场、资产管理、票据经纪等创新型金融业态，发展集大型超市、国际购物中心、世界名品旗舰店、步行街等多重业态为一体的商业中心；响螺湾商务区以发展服务贸易为核心，重点发展企业总部、研发中心和为国际贸易提供交易、信息、会计、法律、咨询服务的中介机构，聚集教育、医疗、养老、餐饮、娱乐等生活性服务业态。

滨海新区中心商务区管委会主任兼天津自贸区管委会副主任郑伟铭表示，中心商务片区将重点聚焦跨境金融、科技金融、金融租赁、商业保理，着力推进金融业务、外商投资管理模式、国际贸易促进功能、服务贸易、跨境电子商务、APEC绿色供应链合作网络天津示范中心、首都资源转移承接、审批和监管机制等九大领域创新，建设金融服务平台、商业保理发展促进平台、金融租赁登记流转平台、外商投资企业综合服务平台、对外投资合作“一站式”综合服务平台、服务贸易促进平台等六大服务平台。

天津还提出3个“核心区”目标：到2017年，中心商务片区将基本建立符合国际化、法治化要求的投资和贸易规则体系以及功能完备、设施齐全、交通便捷、服务优质、管理高效的生活配套服务体系，基本建成天津自贸区核心区、全国金融改革创新运营示范区核心区、滨海新区核心标志区。

二、金融创新核心区

金融创新是《天津总体方案》中的重点内容，也是《京津冀协同发展规划纲要》中对天津的重要定位。在《天津总体方案》中，深化金融领域开放创新是五大主要任务措施之一。并提到，天津自贸区要推进金融制度创新、增强金融服务功能、提升租赁业发展水平、建立健全金融风险防控体系，具体包括开展利率市场化、人民币资本项目可兑换试点，以及鼓励人民币跨境使用等内容。

此外，2015年8月公布的《京津冀协同发展规划纲要》将天津定位为“全国先进制造研发基地、北方国际航运核心区、金融创新运营示范区、改革开放先行区”。其中，“全国先进制造研发基地、北方国际航运核心区、金融创新运营示范区”3条都与金融密切相关。

这意味着，中心商务区作为一个天津市认定的金融创新区的核心区，在探索金融创新方面势必扮演非常重要的角色。

事实上，中心商务区建成后，一直在大力推进金融创新，以金融改革创新基地和融资租赁中心、商业保理中心、股权基金中心、要素市场中心、资金结算中心等“一个基地、五个中心”为抓手，金融要素集聚效应日益显著。

同时，金融链条和创新业态都在逐步完善，金融法律服务基地、天津租赁研究院、天津保理协会、天津仲裁中心等各类金融服务机构加速汇集。中心商务区于家堡作为APEC首例低碳示范城镇，已经成为国内低碳金融发展的重要聚集地。

天津自贸区挂牌后，约50条金融改革措施也随之落地，主要包括探索开展跨国公司外汇资金集中运营管理改革、跨国集团开展跨境双向人民币资金池业务等。中心商务区也受益于这些政策。自贸区挂牌以来，截止到2015年10月，中心商务区区内金融及类金融机构总数超过900家。

3家持牌类金融机构落地中心商务区，分别为天津市第一家也是北方第一家民营银行金城银行、中信银行旗下中信金融租赁公司、国内最大的基金管理公司天弘基金管理有限公司。3个项目落地为中心商务区实现机构聚集起到典型示范效应。

在此前金融业态的基础上，中心商务区2015年继续在发展基金、保理、租赁、互联网金融、房地产信托投资基金（REITs）等创新型金融业态上继续发力。

中心商务区重点培育三大产业，即租赁和保理等贸易金融产业，基金和资管等资产管理产业，互联网金融产业。截至2015年10月，中心商务区已聚集各类资产管理企业569家。除天弘基金外，嘉实基金、诺安基金等一批国内知名公募基金管理公司在中心商务区设立子公司，国储、中能建、新兴际华等相继在此设立投资运营中心，美国知名投资机构IDG、搜房网海外并购基金也已落户。

融资租赁方面，中心商务区正争取设立金融租赁资产流转平台，并允许融资租赁兼营保理和福费廷业务推动设立融资租赁专业子公司和项目公司，在医疗器械、房地产融资租赁业务等方面进行积极探索。互联网金融方面，以京东股权众筹项目言几又、360互联网彩票销售平台为代表的一批互联网金融企业已落户中心商务区。

与此同时，中心商务区还将支持区内相关金融企业申请有关业务许可或牌照，开展互联网金融业务。积极筹建股权众筹交易中心，搭建并运营管理交易中心，建立交易标准化机制，并提供后期专业孵化服务，从而实现产业聚集。

值得一提的是，在互联网金融日益发展的今天，滨海新区将出台政策文件全面支持互联网金融发展，与北京错位竞争。这无疑使中心商务区迎来互联网金融发展的春天。

成本优势无疑是最吸引人的因素。北京的金融街与中心商务区于家堡相比，企业日常运营成本为1.5倍，租金价格为8倍，商品房的价格为3~5倍，员工生活成本为1倍。同时，中心商务区专业化的金融服务团队和金融服务中心，将让互联网金融企业在申请牌照、申请执照、业务开展，以及企业交流上一线贯通。

此外，落子中心商务区的“双创特区”的十条包括资金、办公设备、人才引进、融资、激励企业上市、引导资金等支持政策，将对一些创业的互联网金融企业带来利好。值得注意的是，中心商务片区是自贸区、自创区、京津冀协同发展等多个国家级战略的叠加区，在多重利好的共同作用下，该区的金融创新发展将迎来历史机遇。

双创特区

2015年9月21日，天津市创新创业特区在滨海新区中心商务区揭牌，双创特区是将重点聚集发展六大产业：分别是——创新型金融服务业、科技服务和研发、跨境贸易与电子商务、软件和信息服务、文化创意和教育培训、海洋经济与港口服务。

什么是福费廷业务?

福费廷业务是一项与出口贸易密切相关的新型贸易融资业务产品，是指银行或其他金融机构无追索权地从出口商那里买断由于出口商品或劳务而产生的应收账款，是提前获得货款的一种资金融通形式。

相对于其他贸易融资业务，福费廷业务的最大特点在于无追索权，也就是出口企业通过办理福费廷业务，无需占用银行授信额度，就可从银行获得100%的便利快捷的资金融通，改善其资产负债比率。同时，还可以有效地规避利率、汇率、信用等各种风险，为在对外贸易谈判中争取有利的地位和价格条款、扩大贸易机会创造条件。

在一系列改革措施的助推下，中心商务区驶入高速增长的快车道。2014年，完成地区生产总值75亿元，同比增长31%；实现财政收入26.08亿元，增长26.1%；完成固定资产投资190.1亿元。

随着天津自贸区的挂牌，滨海新区中心商务片区提出了加快转变政府职能、扩大投资领域开放、推动贸易转型升级、深化金融领域创新、建设“双创特区”五个方面创新举措，其中重点是依托自由贸易账户体系，开展跨境投融资便利化和资本项目可兑换试点，建设综合金融服务平台，建设APEC绿色供应链合作网络天津示范中心，营造良好的创新创业环境，打造一批众创空间，广聚各方创业人才。

中心商务区是滨海新区地理位置和发展战略的核心区，具有四大优势：

1. 区位优势。中心商务区处于京津滨发展轴和环渤海沿海发展带的交汇点，是京津冀产业布局轴带中最核心的位置。

2. 交通优势。中心内商务区毗邻天津港，到达天津机场车程在半小时以内。于家堡高铁站2015年9月正式开通运营后，到达北京南站只需45分钟。未来区域内还有地铁相连，形成了四通八达的陆海空立体化交通网络体系。

3. 载体优势。中心商务区内楼宇载体资源丰富，这片区域是目前世界在建楼宇规模最大的商务聚集区之一，已有18栋楼宇竣工，其中13栋已投入使用。2015年年底，又有15栋楼宇竣工。规模优势，也使得该区域成为承接北京核心功能转移的首选之地。

4. 政策优势。中心商务区面临着京津冀协同发展、建设自由贸易试验区、加快滨海新区开发开放、建设国家自主创新示范区、融入"一带一路"建设这五个高度关联、相互支撑的国家战略机遇，是我国北方地区改革试验和政策创新的高地。

国税地税联合办税

我国自贸区首个国税、地税联合办税窗口已于2015年10月10日在天津自贸区中心商务片区综合服务大厅正式投用，实现了国税、地税事务一口受理、一窗统办，有效解决了纳税人往返跑、重复找、重复排队、重复报送资料的问题，将会极大减轻企业办税的负担。

这不仅在天津自贸区各片区属于首创，在全国自贸区也属首例。

五大金融创新

1. 放宽金融机构准入。在银行、信托、金融租赁、消费金融、货币经济、金融资产管理、证券公司、证券投资基金管理公司、保险机构等方面，天津自贸试验区将逐步放宽对境外投资者的资质要求。

2. 开展自贸区FT账户试点。天津自贸区除了全面复制上海自贸区

FT账户的全部功能外，还将在条件成熟时探索开展本外币资金限额内自由兑换、自贸区内居民与非居民境外证券投资、自贸区内企业在境内投资境外衍生品、自贸区内境外个人投资境内证券等方面的创新试点。

3. 推进人民币跨境使用。天津自贸区各类企业，可按照宏观审慎原则，从境外借用人民币资金。跨国公司开展跨境人民币双向资金池业务，在资质和资金额度上将不受区外规定限制。区内股权投资基金可利用人民币开展对外投资业务。区内企业和金融机构境外发债募集的人民币资金，可调入境内使用。

4. 深化外汇领域改革创新。天津自贸区将开展限额内资本项目可兑换试点，为资本项目开放探索路径。自贸区内的非金融企业，无论内外资，都可参照净资产的一定比例借用外债，并实行意愿结汇。

5. 支持租赁业发展。天津自贸区内的租赁企业开展境内租赁、经营性租赁时，可收取外币租金。区内租赁企业的人民币租赁资产可开展跨境转让，并推动设立以人民币计价的租赁资产交易平台。

第5节　企业案例

——跨境人民币融资助力租赁公司

顺丰集团旗下租赁公司顺诚融资租赁（深圳）有限公司，利用其注册在天津自贸区天津港东疆片区的一家项目公司借入跨境人民币，成功购买3架波音737系列货机，并租赁给顺丰航空使用。这是天津自贸区成立后，租赁公司首次利用跨境人民币融资完成的飞机租赁业务。

在东疆国际航运和金融发展促进中心的协助下，顺诚融资租赁通过一家东疆项目公司向国家发改委申请了跨境人民币的外债额度，用于从香港融入跨境人民币资金并支付购机款项。这是天津自贸试验区成立以来的首笔飞机租赁跨境人民币融资业务，也是顺诚融资租赁首次利用东疆租赁平台开展飞机租赁跨境融资，得到了天津市发改委、外汇局滨海新区中心支局等单位的大力支持。

据了解，顺诚融资租赁出租给顺丰航空的这3架货机，主要用于航空快递运输服务，有助于顺丰航空降低资金成本。顺诚租赁另外一家在东疆保税港区设立的项目公司已完成2架飞机的租赁业务。至此，顺诚租赁已利用东疆平台交付5架飞机。

第6节 自贸区观察

——服务京津冀 突破体制机制

自贸区是改革创新的新高地，并将以此为制高点，全面推动新一轮的改革开放，推动“一带一路”的建设和发展，助力中国在全球经济格局中取得发展优势。

也正因此，在京津冀协同发展、自贸区、“一带一路”等多个国家级战略的叠加下，这个北方地区唯一的自贸区的发展备受关注，其对京津冀乃至整个北方区域的辐射、示范意义不言而喻。

南开大学副校长、自贸区研究中心主任佟家栋认为，天津借助自贸区的设立，可以创造一个引进外资和内资的便利环境，同时也能辐射到京津冀乃至东北亚、日韩等贸易投资、生产制造和产业结构的升级。在“一带一路”的建设中，天津将发挥陆路贸易发展和经济协作的作用。

天津自贸区最大的特色，是服务于京津冀协同发展。这在国务院批复的总体方案中，也被置于重要地位。“如何服务好京津冀的协同发展，对天津自贸区非常重要。从这个意义上讲，天津自贸区既是天津自身的，同时也是京津冀的自贸区。”天津市副市长阎庆民曾表示。也因此，天津自贸区中在改革探索中可复制、可推广的试点成果，将率先在京津冀地区复制推广。

按照国家赋予天津自贸区的功能，其定位主要是：一是在自贸区大力发展高端制造业，集聚各类创新要素，提高研发转化能力；加快发展航运物流、服务贸易、金融等现代服务业，实现自贸区制度创新成果与产业发展有机结合。二是做大做强租赁业，服务经济转型升级；发挥天津融资租赁业优势，率先形成与国际接轨的租赁业发展政策环境，为中国装备“走出去”和产业转型升级作贡献。三是服务京津冀协同发展和“一带一路”国家战略。

在目前的4个自贸区中，天津和上海的工业发展基础较好。作为先进的工业制造基地，天津在过去百年来，积累了很多的经验和工业基础。所以，在中国开放转型这样一个形势下，特别是在新常态的情况下，自贸区是给天津市提出了更高的要求：一方面是如何建立一个现代的市场经济的要求；另一方面是如何能够创新，能够推动先进制造业的发展，形成一种更高层次的产业结构和先进制造技术的要求。

在专家看来，这两个是关系到中国长远发展的问题，也是天津近期探索解决经济稳定发展的一个关键的问题。从发展高端制造业来说，天津自贸区自然应该有一个能够容纳下制造业的空间。

天津自贸区在通过自贸区促进贸易便利化的改革方面是不遗余力的。以保税展示交易制度来说，海关总署出文支持天津保税展示交易，扩大到河北和北京地区，北京和河北海关联动监管，这在全国也是一项创新。

目前，在天津自贸区，进口商品可以保税展示交易，加工贸易的制成品，如果要内销也可以做。值得注意的是，天津加工贸易非常发达，天津的进出口贸易里49%是加工贸易，其中96%是外资企业在做。显然，这项政策对促进天津加工贸易制成品的内销会起很大的促进作用。

在创新“保税展示交易”制度的同时，天津自贸区也借融资租赁助力制造产业升级。天津的融资租赁在全国是非常领先的，根据中国租赁协会公布的数字，2015年6月底天津注册的租赁公司总部690家，占全国 3875 家的 17.8%。天津的租赁企业里面包括了金融租赁公司、内资租赁公司、外资租赁公司，合同额达到了 1.2 万亿元，占全国融资租赁合同总额的 30.6%。天津的融资租赁公司创造出了全国领先 30 多种融资模式。

从另一个角度说，天津融资租赁的发展也是围绕天津大制造形成的。中国内地 1/4 的融资租赁业务在天津。天津拥有先进的装备制造业，而围绕这些装备制造企业的研发转化及生产，融资租赁有利于形成其巨大的下游市场。

在专家看来，天津自贸区会吸引更多人才、资源，形成更大的聚集效应，其最终目的依然是让京津冀这个经济联合体能够更加从容地应对全球国际贸易和投资新规则的冲击。

不过天津若想实现自贸区的功能定位，还要在创新上下功夫，尤其是机制创新问题。也正如天津自贸区管委会副主任蒋光建所认为的，自贸区改革现在到了爬坡的阶段，最需要解决的是动力机制的问题，包括各部门和地方的。

第四章　福建自贸区

发展目标

围绕立足海峡两岸、服务全国、面向世界的战略要求，充分发挥改革先行优势，营造国际化、市场化、法治化营商环境，把福建自贸区建设成为改革创新试验田；充分发挥对台优势，率先推进与台湾地区投资贸易自由化进程，把自贸区建设成为深化两岸经济合作的示范区；充分发挥对外开放前沿优势，建设21世纪海上丝绸之路核心区，打造面向21世纪海上丝绸之路沿线国家和地区开放合作新高地。

实施范围

自贸区的实施范围118.04平方公里，涵盖3个片区：平潭片区43平方公里，厦门片区43.78平方公里（含象屿保税区0.6平方公里、象屿保税物流园区0.7平方公里、厦门海沧保税港区9.51平方公里），福州片区31.26平方公里（含福州保税区0.6平方公里、福州出口加工区1.14平方公里、福州保税港区9.26平方公里）。

第 *1* 节　对接台湾　拓展闽台产业融合空间

福建省位于中国东南沿海，东临台湾，毗邻港澳，陆地面积 12.14 万平方公里，海域面积 13.6 万平方公里，是中国面向亚太地区的主要窗口之一。

福建有良好的投资环境。福建是中国最具成长性和竞争力的新兴区域。2014 年，福建 GDP2.4 万亿元人民币，同比增长 9.9%；社会消费品零售总额 9205.5 亿元人民币，同比增长 12.9%；进出口贸易 1775 亿美元，同比增长 4.8%；实际利用外商投资 71.1 亿美元，同比增长 6.5%。截至 2014 年底，已批准设立外商投资企业 48681 家，实际利用外资 1001 亿美元，已有 70 家世界 500 强企业在福建投资兴业。

福建拥有四通八达的综合交通体系。并已形成大型海港、高速公路、高速铁路、现代空港的立体综合交通体系，可无缝通达中国大陆各省市区和台湾、香港、澳门地区及日本、韩国、东南亚各国。福建是中国五大港口群之一，已开通集装箱国际航线 160 多条，可通达世界 130 多个港口，2013 年集装箱吞吐量 1170 万标箱。福建现有 5 个机场，已开通国际、国内航线 218 条，2014 年旅客吞吐量 3215 万人次。

在产业配套方面，福建南北联接珠江三角洲和长江三角洲两大经济发达区域，产业环境配套，已形成石油化工、装备制造、电子信息三大主导产业，生物医药、新能源、新材料、节能环保、文化创意等战略性新兴产业和轻工、纺织、林产等优势产业。

福建还是中国教育最发达的省份之一。福建籍和在福建工作的中国科学院、中国工程院两院院士人数居全国第三位，全省有各大类科研机构5200个。福建有85所高等院校，每年可输送17.85万名以上各类科研和技术人才。更重要的，福建是我国改革开放的策源地，也是海上丝绸之路重要起点和发祥地，对外开放基础条件良好。随着自贸区的正式启动，福建发展将迎来一个新的历史机遇。

《福建总体方案》明确了福建自贸区的战略定位：立足两岸、服务全国、面向世界，要建设成为制度创新的试验田，深化两岸经济合作的示范区和建设21世纪海上丝绸之路的核心区。

福建自贸区的实施范围是118.04平方公里，涵盖了平潭片区、厦门片区和福州片区3个片区。根据福建《福建总体方案》，平潭片区重点建设两岸共同家园和国际旅游岛，在投资贸易、资金人员往来方面实施更加自由便利的措施；厦门片区重点建设两岸新兴产业和现代服务业合作示范区、东南国际航运中心、两岸区域性金融服务中心和两岸贸易中心；福州片区重点是建设先进制造业基地，还有21世纪海上丝绸之路沿线国家和地区交流合作的重要平台、两岸服务贸易与金融创新合作示范区。

由于福建对台的区位优势，总体方案中，福建在扩大开放和深化两岸经济合作中采取的措施包括探索对外商投资实行准入前国民待遇加负面清单管理模式，放宽外资准入，推进通关机制创新，率先推进与台湾地区投资贸易自由，进一步扩大通信、运输、旅游、医疗等行业对台开放，推动两岸金融合作等多个方面。

福建省商务厅副厅长钟木达表示，针对新设立企业，福建自贸区首创了“一表申报”制度，由原来分别向商务、工商、质检、税务等部门提交的书面材料简化成一张表格并实现网上申报，这项举措将大大减少企业在办理手续、融资征信等方面的繁琐程序。目前，福建3个片区已全部将工商营业执照注册号、组织机构代码、税务（国税、地税）登记号3个登记号统一合并为企业社会信用代码，全省相关部门和金融保险等机构对企业提交的“一照一码”营业执照都予以认可。此外，平潭片区还取消了商事主体名称预先核准制度，新注册企业可以通过自助查重系统选用企业名称，在企业登记方面也以联络地址作为登记备案，不再对实际办公地点、产权归属等进行核准。

作为以两岸经贸交往为特色的福建自贸区，涉及台湾方面的政策尤为引人瞩目。在平潭对台小额商品交易市场内进口原产台湾药品、化妆品、保健食品、医疗器械的审批手续进一步简化，将实现快验快放；除国家禁止、限制进口的商品、废物原料、危险化学品及其包装、散装商品外，平潭片区内进一步简化进口原产于台湾地区的工业品手续，对平潭与台湾之间进出口商品原则上不实施现场检验而改以事后监管，对台湾地区输入平潭片区的农产品、食品等产品也将试行快速检验检疫模式；在平潭片区，对台小额商品交易市场将试行“先放行、后报关”模式，部分货物将在放行后再进行报关。平潭对台小额商品交易市场从台湾进口的水果，经检疫合格后，按最低比例抽样送检农残等项目的同时可上架销售。

与此同时，福建自贸区还在金融、台籍车辆往来及信用认证、两岸移动互联网联盟、两岸冷链物流市场合作机制等方面推出一系列举措。厦门片区以跨海峡人民币清算为突破口，设计了“两岸货币合作平台”路线图，吸引了两岸几十家银行业金融机构关注和参与，多家国内主要银行在厦门成立“对台人民币清算中心”，台湾30多家银行已授予厦门16家银行货币合作额度。

福建省检验检疫局也改革和简化产地证签证管理，即实施凭企业声明直接签证模式、实施属地备案多点通签模式、允许生产企业代办原产地证书，这 3 项为检验检疫工作全国首创措施。

第2节　福州片区

一、海丝之路建设重要平台

福州片区面积共31.26平方公里，涵盖两个区域——福州经济技术开发区和福州保税港区，具体细分为6个片区，简称“两区六片”。

其中，福州经济技术开发区规划面积22平方公里，分为4个区块：马江—快安区块、长安区块、琅岐区块和南台岛区块，包含了福州保税区（0.6平方公里）和福州出口加工区（1.14平方公里）两个海关特殊监管区。福州保税港区规划面积9.26平方公里，一分为二：A区东至西港，南至新江公路，西至经七路，北至纬六路；B区东至14号泊位，南至兴化湾，西至滩涂，北至兴林路。

在定位上，福州片区将紧紧围绕立足两岸、面向世界、服务全国的战略要求，发挥侨台和海洋优势，依托海西金融中心，携手两岸参与国际高端竞争，把福州片区建设成先进制造业基地、“21世纪海上丝绸之路”建设重要平台、两岸服务贸易与金融创新合作示范区。

在自贸区发展上，福州片区具有六重优势：

1. 侨台优势。福州是我国著名的侨乡，旅外华人华侨400万人，遍布世界各地。福州是深化两岸交流最前沿阵地，“海上直航”等多项涉台先行先试政策在福州发布和实施。

2. 金融合作优势。福州汇聚了大部分省级金融机构以及全部的省级金融监管机构，在金融行政资源、信贷审批权限、业务创新能力等诸多方面具有海峡西岸经济区内其他城市不可比拟的优势，近年来金融业各项主要指标位居全省第一。

3. 整车进口口岸优势。福州保税港区江阴汽车整车进口口岸是国务院批准的全国第6个沿海整车进口口岸，也是福建省唯一的整车进口口岸。2014年，口岸汽车整车进口量2296台，在全国新批12个汽车整车进口口岸中处于领先位置。

4. 两岸电子商务试验区优势。2015年1月26日，阿里一达通正式落户福州，每年将带来50亿美元的出口。同时，国家发改委、商务部、国台办在福州市（含平潭）设立两岸电子商务试验区。

5. 服务外包产业发达优势。近年来，福州服务外包产业“爆炸式”增长。2015年1月16日，国务院发布了《关于促进服务外包产业加快发展的意见》，将再增加10个服务外包示范城市，福州在候选城市中排名前列。

6. 打造21世纪海上丝绸之路核心先行区优势。福州既是“海上丝绸之路”的起点，也是陆上“丝绸之路”的重要节点，国家“一带一路”战略规划已经确定福州市为“21世纪海上丝绸之路海上合作战略支点”。福州市委、市政府已经制定《福州市融入丝绸之路经济带和21世纪海上丝绸之路建设战略的实施方案》，同时还积极向国家发改委、商务部和外交部申办“21世纪海上丝绸之路博览会”，并建立规模100亿人民币的21世纪海上丝绸之路基金。

《福建总体方案》的指导下，福州片区以制度创新为核心，瞄准重点领域，立足项目带动，力争在建设先进制造业基地、建设21世纪海上丝绸之路重要平台、建设两岸电子商务实验区、建设两岸服务贸易合作示范区、建设两岸金融创新示范区、建设两岸人文融合示范区等6个方面取得突破，将自贸区打造成为推动福州新区开放开发、在更高起点上加快建设闽江口金三角经济圈的新引擎。

（一）福州经济开发区

福州经济开发区是第一批14个国家级开发区之一，位于福州市区东部，东南临闽江与长乐市相望，东北毗邻连江县琯头镇，西与晋安区接壤。现有国批面积23平方公里，海岸线总长度约为59.8公里，主要产业园区包括：快安片区、马江园区、长安投资区、琅岐经济区。行政管辖范围包括罗星街道、马尾镇、亭江镇、琅岐镇等“三镇一街”。

经过30年的发展，福州经济技术开发区已成为全国唯一集国家级开发区、台商投资区、高科技园区和海峡两岸船舶直航试点口岸等特殊经济功能于一体的外向型工业区，是福州市跨国公司、上市公司投资最密集的区域之一。作为福州新区和闽江口“金三角”经济圈的核心，开发区是福州沿江向海发展的排头兵、海丝战略的重要门户、对台文化经贸交流的前沿窗口，是福州市先进制造业的重要发展区，也是高新技术产业、战略性新兴产业、海洋产业、现代服务业融合发展最易集聚、最有潜力、生态环境优美的区域。

2014年底，根据国务院确定的范围，开发区列入自贸区面积共22平方公里，分为马江—快安片区10平方公里（含福州保税区0.6平方公里）、长安片区5平方公里（含福州出口加工区）、南台岛片区5平方公里、琅岐片区2平方公里。

2014年，开发区实现地区生产总值（GDP）408亿元，增长10.5%；实际利用外资2.15亿美元，增长42.9%；出口总额31.7亿美元，增长10%；规模以上工业总产值925亿，增长12.5%；社会消费品零售总额134亿元，增长27.1%，并逐步形成了电子信息产业、电气机械和器材制造业、金属冶炼和压延加工业、交通运输设备制造业和农副食品加工业等主导产业和电子商务特色产业。

（二）福州保税区

福州保税区于1992年经国务院批准设立，是全国15个保税区之一，规划面积1.8平方公里，首期开发0.6平方公里，区内实行“保税、免税、免许可证”和其他税收优惠政策，是发展国际物流、国际贸易、出口加工和商品展示等外向型经济为导向的特殊经济区域。

自从2001年实行独立的行政管理和财政运行体制以来，福州保税区对功能进行重新定位，大力发展现代国际物流业，促进了保税区科学跨越发展。福州保税区二期1.2平方公里置换到福州港江阴港区，实施区港联动政策，于2007年12月27日获国务院批准设立福州保税物流园区。

截至2014年6月，福州保税区及福州保税物流园区入驻企业1798家（其中物流园区37家），注册资本19.24亿美元（其中物流园区0.66亿美元），合同利用外资3.48亿美元，实际利用外资1.7亿美元，70%为物流贸易企业，保税区累计实现财政收入22亿元、上缴海关税收41.4亿元，进出口货物总值100亿美元，保税物流园区累计实现财政收入2.6亿元、进出口货物总值154亿美元。

（三）福州保税港区

福州保税港区于2010年5月18日经国务院批复成立，是全国第14个保税港区，位于福建省福清市江阴半岛，东临台湾海峡，西接赣、湘、鄂等省，处于长三角、珠三角两大经济圈汇集中心，规划面积

9.26 平方公里，包括加工贸易区、国际物流区、港口集散区和铁路物流区四个功能区。一期 3.1 平方公里，于 2011 年 12 月 16 日通过国家验收。

福州保税港区集保税区、保税物流园区和出口加区政策功能为一体，具备港口作业、国际中转、国际配送、国际采购、转口贸易、出口加工、商品展示以及研发、检测和售后服务维修等八大功能，是我国目前政策最优惠、功能最先进、开放层次最高的特殊经济区域之一。福州保税港区作为福建省外向型经济重要战略资源，封关运作后，将有利于促进福州、福建乃至整个海峡西岸经济区对外贸易的增长，在满足全省物流发展需求、促进全省港口经济发展、服务平潭综合实验区开放开发、推动江阴港航运中心建设和拓展对台经贸交流上发挥重要作用。

福州保税港区积极贯彻省委、省政府和市委、市政府的重要战略部署，以敢为、能为和有为“三为”精神，积极推进保税港区封关运作和区域开放开发，促进区域步入良性发展轨道。2013 年，全区进出口货物总值 57.74 亿美元；完成工业产值 12.4 亿元，同比增长 98%。港口集装箱吞吐量 80.8 万标箱，其中外贸完成 49.6 万标箱，内贸 31.2 万标箱。截至 2013 年底，全区注册企业数 65 家，注册资本 27.16 亿元。

（四）福州港江阴港区汽车整车进口口岸

福州港江阴港区汽车整车进口口岸，位于福州保税港区内，于 2011 年 12 月 31 日经国务院批准设立，2013 年 1 月 7 日通过国家验收，是全国第 6 个沿海整车进口口岸，也是福建省唯一的汽车整车进口口岸。

福州保税港区自主导江阴汽车口岸发展以来，以创建全国一流汽车整车进口口岸为目标，充分发挥保税港区政策和功能优势，致力于改善汽车口岸软、硬环境，搭建汽车口岸发展平台，不断破解发展难题，全力推进汽车口岸招商与业务拓展，有力扭转了汽车口岸发展困局，迎来较好发展势头。

二、打造具有竞争力的先进制造业基地

福州是发展两岸先进制造业最有条件的地区，特别近年来“三维对接”（中央企业、民营企业、港澳台侨外资企业对接）重大项目纷纷落地，百亿元投资的大型项目较多，大面板、数控显示、集成电路、芯片研发等，知名企业如英特尔、华映、中国电信、三星等企业均有项目在自贸区落地。

促进闽台制造业优势互补，创新合作形式，打造先进制造业基地，是福州最重要的产业定位。下一步重点除了引进制造业外，不是简单在福州加工装配，要将其高附加值的研发基地和总部迁至自贸区，要实现研发基地和总部的搬迁，最重要的是要加快制定出引进人才的优惠扶持政策，在避免双重征税的前提下，破除高级人才在福州的医疗、子女入学、证书认可等方面的障碍，提升对外竞争的软实力。

目前福州正大力推进新一代信息技术、通用航空、高端装备制造等新兴产业发展，重点推进中华映管面板、福州通用航空生产基地、普天国脉新一代信息产业研发和生产基地项目、科立视一期及二期等一批龙头企业项目，探索闽台产业合作新模式，推进闽台先进制造业深度融合。

三、构建“海丝”建设核心先行区

福州海外华人华侨400多万，拥有厦门、平潭两个片区所不可比拟

的“海丝”深厚的历史渊源和人文有利条件。

依托全国单体规模最大的15万吨冷库和80家会员单位，推动中国-东盟海产品交易所建设成为东亚最大的海产品交易所；落实与国家开发银行福建省分行、中非发展基金三方战略合作协议，建立基金规模100亿人民币的21世纪海上丝绸之路基金，全力服务和推动国内企业“走出去”；积极申办“21世纪海上丝绸之路博览会”，拓展与“海丝”沿线国家和地区交流合作的新途径，探索促进互联互通、大宗产品交易和海洋经济发展的新经验。

作为中国—东盟海上合作的首批重点项目之一，搭建中国—东盟海产品交易所，是促进我国与周边国家海洋文化交流，打造中国—东盟命运共同体的重大外交战略举措，也是福建建设21世纪“海上丝绸之路”核心区的重要抓手。

交易所通过整合全球海洋产业信息大数据库和全球海产资源，建立中国与东盟国家的海产品电子档案，重点围绕海产品养殖捕捞、生产加工、仓储物流和市场销售等环节的物联网技术应用，开展海产品质量安全监管，建立海产品食品安全可追溯体系。这将极大有利于规范中国—东盟渔业经济产业链，并对打造海产品市场价格体系，优化资源配置，降低产业成本起到显著作用。

积极建设“中国—东盟海产品交易所”有助于配合国家对东盟外交需求，通过互利共赢的合作化解我国同东盟国家间的渔业纠纷，对形成我国与东盟各国间完整的海产品产业和供应链，提高中国海产品定价权，配合人民币国际化进程，促进中国和东盟国家渔业贸易往来，保障中国和东盟地区海产品供应和食品安全均具有积极意义。

服务小达人

海关多举措支持中国—东盟海产品交易所

在促进通关便利化方面，海关部门拟开辟东盟海产品进出口绿色通道，统一对海交所会员企业进出口海产品实行舱单“确认优先、审单优先、查验优先”的“三优先”措施。支持海交所现有冷链仓库转型升级为海关保税监管仓库，以扩大进口海产品“先进区、后报关”以及“批次进出、集中申报”等便利措施的适用范围，加快通关速度，降低通关成本。同时，拟推行海交所总担保制度，积极争取海关总署支持，由海交所提供银行总保函，会员企业凭此办理海关事务担保。

拟实施报关预审核制度。海关对海交所会员企业的进出口海产品实行归类、价格、原产地等税收征管要素的预审核制度，对通过预审核的海产品，在进出口接单环节不再作实质性审核。海关为海交所会员企业作出的认定适用于“泛珠四省区”（广东、福建、广西、海南）各通关口岸，实现“一地预审，区域通用”。

在提升完善企业管理制度方面，拟实施“海关+海交所”共同管理模式，支持“海交所”发挥行业指导作用，引导会员企业开展自律管理。经“海交所”认证的会员企业，可享受通关便利待遇。

四、打造两岸服务贸易、金融创新示范区

金融创新是自贸区核心内容之一，福州的金融创新不能简单复制上海自贸区经验，而是要突出融资租赁、人民币资金池、自贸账户分类管理。

福州制造业能力强，尤其在精密制造、纺织面料、机械装备等有明显的优势，一是通过融资租赁解决企业在实现产业升级的资金问题，让金融能够真正服务于实体经济；二是基于福州外贸流通企业较多的情况，开展境外贷款能够缓解外贸企业资金的问题；三是解决对外投资问题，福州企业走出去积极性高，但真正在政府备案中体现较少，现有的对外投资管理制度对企业走出去不合适，对外投资资金出去较为困难，通过金融创新，能够实现多种方面的对外投资，融入国家“一带一路”的建设中去。

同时，探索两岸在服务外包、软硬件研发、汽车贸易、文化创意等服务贸易领域的合作。加快推动国脉电信网络技术服务外包基地（二期）等项目建设，承接国际服务外包订单，形成离岸在岸服务外包协调发展的局面；推动瑞芯微电子与英特尔合作项目，吸引台湾地区技术人才共同合作；依托新大陆等龙头企业，做大做强马尾物联园区。

建设两岸电子商务实验区。依托跨境电商巨头阿里巴巴“一达通”，引进亚马逊、京东等大企业，推动亚马逊落户，加快集物流、办公、展示为一体的福州市跨境电商园区，将现有的纵腾企业、菜根谭、飞沃、榕金等龙头电商企业引进园区。同时，建立O2O展示中心，在围网内建设跨境电商保税仓库。

依托严复纪念医院、银河朗业国际租赁、两岸文化创意产业园、海峡青年节等项目，试验放宽台资进入医疗、旅游、融资租赁、人文交流等领域合作，推进服务贸易对台更深度的开放，促进榕台服务要素更加自由流动。

闽台企业共同投资设立的“严复纪念医院”，已获有关部门的批准，将在福州黄山落地。该医院由中福海峡（平潭）发展股份有限公司和台湾中振投资公司共同出资建设，将按三甲综合医院标准建制，旨在进一步推动两岸医疗合作。

严复纪念医院是为了纪念在中国近代史上做出杰出贡献的严复先生，而在福州兴建的大型现代化综合医疗机构。台北振兴医院将作为该院的主要建教合作单位，负责医疗团队的建设与培训。此外，该院还将聘请台湾医疗专家担任首任院长，以期让福建民众感受台湾先进的医疗理念，享受卓越的医疗服务。

此外，福州与台湾亚东医院对接，初步磋商委托运营管理模式；在马尾与台湾中正骨科医院合作建设“海西联合骨科医院”，该项目正在推进。

服务贸易需要强大的金融做支撑。建设金融创新合作示范区，是福州自贸区的亮点之一。福州市提出，发挥省会城市金融业发达的优势，推进两岸金融领域对外开放，拓展金融服务功能，开展两岸金融合作先行先试。

依托自贸区内中国—东盟海产品交易所等大宗商品交易市场，突破两岸人民币双向贷款；以台湾合作金库银行、彰化银行和华南银行福州分行落户福州为契机，扩大两岸人民币结算和新台币清算业务，争取监管部门同意在境外发行债券并将人民币调回使用；与兴业银行共同在自贸区内推动托管业务。

台资银行可以把服务台湾中小企业的经验、金融理念带到大陆，为在闽台商及当地企业提供金融服务。同时，台资银行入驻福州，对提升福州金融服务水平、改变服务理念都起到帮助作用。

福州片区还将建设两岸人文融合示范区：以中国船政文化城为载体，发挥船政文化“海峡两岸交流基地”作用，打造“海峡两岸文化融合产业基地”。推动琅岐对台综合旅游码头及海峡旅游集散中心建设，联手打造两马品牌成为两岸最有影响力的旅游目的地，进而增强台湾地区青年对祖国的归属感和认同感。

福建自贸试验区挂牌以来，各类金融机构在自贸区内开展的创新业务越来越多，其中最让企业受益的是跨境金融业务，包括跨境人民币贷款和境外直贷，这些方式降低了企业融资成本。目前福建省内多家银行均已在自贸区内成功发放跨境贷款，截至目前，农行省分行、中行省分行、建行省分行等 3 家银行已为 12 家企业办理了跨境人民币贷款 22.86 亿元，综合融资成本比境内低 1.5 个百分点，帮助企业节约融资成本 3429 万元。

在境内银行融资额度趋紧、融资成本上升的背景下，不少企业融资成为难题。跨境人民币贷款业务是从境外为企业引入的人民币资金，比境内融资成本更低，有助于为自贸区内企业节约财务成本，达到服务实体经济的目的。

过去，企业境外融资采用“双轨制”，外商投资企业可在投注差范围内自行举借外债，中长期外债累计发生额和短期外债余额之和控制在“投注差”范围内；而中资企业境外贷款须经发改委批准，管控较为严格，且外债要按发生额计算总规模。《福建总体方案》规定，允许自贸区内企业、银行从境外借入本外币资金，企业借入的外币资金可结汇使用。

福建银监局表示，多次降息后，福州的贷款利率已降到历史最低点，存款利率接近历史最低点，但境外市场的利率更低，比如美国的存款利率接近于零。

服务小达人

东南汽车案例

2014年，东南汽车开创了福建省内企业直接利用人民币“境外直贷”的先例。

据了解，与传统企业的贷款模式相比，境外直贷不需要抵押和担保，靠的是企业在境外良好的信用记录。也就是说，能贷到多少钱，取决于东南汽车的外债指标。

按照规定，企业开展境外直贷，外债余额不超过“投注差”，即投资总额与注册资本的差额。东南汽车的投资总额是22690万美元，注册资本是13800万美元，这样“投注差”就有8000多万美金（折合人民币4亿多元）。正因为有了这两个重要因素，东南汽车拿到了2家境外银行的3亿元人民币贷款额度。

五、首创两项涉及原产地管理被复制推广

在福州片区，福州海关首创推出的“简化CEPA及ECFA下货物进口原产地证书提交需求”及“放宽ECFA项下海运集装箱货物直接运输判定标准”两项涉及原产地管理的支持福建自贸区措施获海关总署批准，在上海、天津、广东3个自贸区复制推广，这是第二批自贸试验区挂牌以来海关总署首次发文予以推广的海关创新举措。

自福建自贸区揭牌以来，福州海关立足海关事权、突出对台优势，充分发挥改革创新精神，已推出21项简化通关手续、提高贸易便利化的创新举措，涵盖了通关、征管、保税、闽台合作、企业服务等方面，

富有鲜明的福建特色。其中，“先验放后报关”、“台商协会总担保”、“简化 CEPA 及 ECFA 原产地证书提交需求”、“开展闽台海运快件”、“放宽优惠贸易安排项下海运集装箱货物直接运输判定标准”、“建立对台原产地证书核查机制”等6项措施，经国际著名咨询服务机构毕马威评估为全国首创。

时任福州海关关长吴幼毅表示，福州海关将立足密切闽台合作大局，继续为福建自贸区“量身定制”一系列符合福建实际的改革措施和制度办法，实现各项创新制度落地，让企业享受改革创新带来的成果。

六、平行进口汽车

随着福建省商务厅联合福建省工商局、福厦海关、福厦检验检疫局联合下发《关于福建自贸试验区开展平行进口汽车试点工作的通知》，福建自贸区平行进口汽车试点正式启动。

事实上，福建自贸区申请开展平行进口汽车试点，在区位、产业、口岸方面的优势比较突出。福建省东临台湾海峡，西接赣、湘、鄂等省，处于长三角、珠三角两大经济圈汇集中心，是海西经济区的主体，是我国沿海经济带的重要组成部分和21世纪海上丝绸之路核心区。“侨”、“台”和“海洋”的优势突出，再加上拥有广阔的经济腹地、良好的港口条件和发达的水、陆、空交通体系，也成为满足汽车国际物流多式联运所必需的条件。

经过多年发展，地处海峡西岸的福建省汽车产业已形成了以东南汽车城为核心，向东南沿海延伸，集整车生产、总成零部件制造、市场营销、售后服务等门类比较齐全的闽中、闽南、闽西北三大汽车产业群。

目前，东南汽车年产能15万辆，福建奔驰汽车年产能4万辆，福建奔驰研发中心为戴姆勒集团在亚太地区唯一的区域汽车研发中心。随着福建三大汽车产业集群的形成，未来产业链的不断延伸，两岸汽车产业及工程机械产业的合作将更见潜力，内外资同拼国际市场的实力格局也将形成。

福建自贸区作为福建省改革创新试验田，依托福建省汽车工业快速发展具备了成为东南沿海汽车进口中心区域的诸多要素，具备了建设海峡两岸汽车整车及零部件进出口最便捷的通道和集散地的基础优势。

福建自贸区实施范围涵括福州、厦门、平潭3个片区。其中，福建省首个也是目前唯一一个整车进口口岸—江阴港区汽车整车进口口岸就在福州。

2011年12月31日经国务院批准，福州港江阴港区汽车整车进口口岸设立，于2013年1月7日通过国家验收，成为全国第6个沿海整车进口口岸。

经过两年多发展，目前口岸通关速度与上海、天津等口岸齐平。截至目前，江阴港区汽车整车进口口岸吸引了54家汽车经销企业入驻，到港外贸进口汽车累计3526辆，市场辐射福建全省及北京、天津、大连、上海、重庆、湖南等国内十余个大中城市，在全国新批12个汽车整车进口口岸中位居前列。

受到福建自贸区政策的拉动，2015年一季度，福州江阴港区以一般贸易方式申报进口整车856辆，货值3115.5万美元，同比分别增长2.12倍和1倍。而福建省高层也表示，要加快做大江阴汽车整车进口基地。

作为福建自贸试验区3个片区之一的厦门，亦将在海沧保税港区设立汽车整车进口口岸，试点从事汽车临时进口并在园区内进行保税展示业务，开展平行进口汽车。

福建自贸区开展平行进口汽车试点，有利于发挥自贸区的辐射功能，促进福建省贯彻落实海洋经济国家发展战略，对促进海西大开放，提升福建港口竞争力，推动现代港口物流业发展具有重要意义。

发挥福建对台优势，是福建自贸区的一个突出定位。开展平行进口汽车试点，将构建两岸汽车物流业合作基地，促进闽台汽车产业的深度合作；同时也将使海西及周边地区进口汽车整车更便捷，福建承接台湾汽车产业转移的基础更坚实，两岸汽车物流业合作基地有望在此形成。

按照福建省的规划，开展平行进口汽车试点后，两岸自贸区可互为汽车中转基地，在自贸区内形成进口汽配及零部件集散地，建立两岸进口汽车组装、改装中心，两岸汽车产业将协同发展。

福建申请平行进口汽车的企业应具备哪些条件？

符合以下条件的企业可试点该业务：从事汽车销售业务1年以上，注册资本1000万元以上；具备与经营规模相适应的自有或委托第三方保障的具备汽车维修、零部件供应、信息服务等相应功能的网点与设施，自建或委托的售后服务平台应向所在地片区管委会备案；信誉良好，具有采购、销售渠道和汽车销售服务行业经验；在自贸区内注册具有汽车经销资质的全资子公司或控股公司，作为平行进口汽车试点的经销商。

符合试点条件的企业可向所在片区管委会提交试点企业申请材料，经片区管委会认定并出具认定文件，再报福建省或厦门市商务主管部门，转报商务部备案后可申领汽车自动进口许可证。

第 3 节　厦门片区

一、两岸贸易中心核心区

厦门是福建省第二大城市，是我国改革开放最早的经济特区之一。以福建省为主体的海峡西岸经济区，东与台湾地区一水相隔，北承长江三角洲，南接珠江三角洲，是我国区域经济发展布局中的重要组成部分，而厦门被定位为海西对外开放的龙头。

厦门与台湾已经形成“一日生活圈”，2001 年“小三通”开通以来，已有超过 1000 万同胞从这里驶向彼岸。厦门先后被国务院批准设立为经济特区，实行计划单列，授予地方立法权。2014 年，厦门 GDP 总量 3273.54 亿元，仅次于泉州、福州排在第三位，但人均 GDP 位列福建省第一，为 87762.47 元。以台商投资区、保税区、高新区、出口加工区、创业园等各类投资园区为框架的多层次全方位外向型经济发展格局已成型，为境外资本的聚集创造了良好环境。

2014 年，厦门片区内拥有各类企业 5315 家（其中内资 4983 家，外资 332 家），营收 971 亿元，税收总额 19.4 亿元；进出口总额 109 亿美元，口岸进出口 774 亿美元。

根据福建自贸区总体方案，厦门片区的功能定位是重点建设两岸新兴产业和现代服务业合作示范区、东南国际航运中心、两岸区域性金融服务中心和两岸贸易中心。

厦门片区 43.78 平方公里，涵盖东南国际航运中心海沧港区

（24.41 平方公里）和两岸贸易中心核心区（19.37 平方公里），有象屿保税区、象屿保税物流园区、厦门海沧保税港区 3 个海关特殊监管区域，是国内独具特色的涵盖海、陆、空港、邮轮母港联动发展的自贸区。

厦门自贸片区设立以来，一系列全国或全省首创的体制机制创新成果正在转化成“改革红利”，厦门片区的吸引力持续增强：“一证一码”商事登记制度、“三互”口岸监管机制、关检“一站式”查验平台、国际贸易“单一窗口”等一系列创新成果为福建自贸区厦门片区内的企业营造国际化营商环境；两岸青年创新创业创客基地扶持政策“筑巢引凤”，吸引着两岸优秀青年才俊；厦门国际商事仲裁院和国际商事调解中心的成立，为厦门片区营造出法治化营商环境……

官方统计，从厦门片区自 2015 年 4 月 21 日挂牌起至 2016 年 1 月底，片区各类市场主体持续呈现高增长态势，新增企业 9234 家，注册资本 1315 亿元；每个工作日企业注册数从挂牌时 5～6 家到目前近 80 家；在建、拟建、谋划、招商的项目共 879 个，总投资 1439 亿元。

目前，厦门片区正在推进的有保税物流园区 B 区、两岸贸易中心二期、文化保税、进口商品保税展示交易、两岸冷链物流基地、海沧大宗商品交易服务平台、厦门航运交易所和船舶交易服务平台、跨境电子商务产业园、厦门海沧服务外包产业园/两岸青年创业基地等一批重点建设平台。

金融业作为厦门片区重点发展行业，正在迎来前所未有的机遇期。2015 年 6 月，厦门市出台了《福建自贸试验区厦门片区股权投资类企业发展办法》，支持在区内设立多币种股权投资基金，促进台湾人民币资金回流，推动内、外资股权投资类企业在自贸区健康发展。

同时，厦门正在研究制定融资租赁、交易场所等管理办法和扶持政策，鼓励类金融企业向厦门片区集聚。

在推进对台金融合作创新方面，厦门片区着力推动开展跨境人民币业务，推动区内银行与企业开展跨境人民币双向资金池业务和跨境人民币贷款业务；打造区域性融资租赁产业聚集区，首家台资租赁机构一银租赁落户厦门，为厦门中小企业提供设备租赁服务。

两岸合作是厦门的一张王牌，厦门片区着力先行先试推进对台交流合作。在建立两岸跨境贸易和快速物流新通道方面，厦门片区着力推动两岸海运快件业务常态化运作，海峡两岸海运快件专区（台北港快递货物专区—厦门海运快件及跨境电商监管中心）实现双向对接。此外，厦门还推动实现台湾车辆大陆自驾游，促进两岸人员交流交往。

福建自贸区实施的很多举措在全国都是首创，包括福州海关查验作业微信预约模式，福州海关整车进口一体化快速通关模式，福建检验检疫局改革和简化产地证签证管理以及厦门海关开展保税展示交易内销货物电子化分段担保监管模式。

值得注意的是，福建自贸区还将享受定价目录范围内的价格管理权限。经国家发改委批准，福建省价格主管部门在福建省政府批准下，可根据实际情况，将定价目录范围内的价格管理权限授权给福建自贸区具体管理部门行使。具体价格管理权限，福建将在考察后，根据自贸区的具体需求提出。

该项规定具有鲜明的福建特色，在国家批准设立的 4 个省市自贸区中，福建省是唯一取得该项特殊政策的省份。自贸区放宽投资准入，实行准入“前国民待遇+负面清单管理”模式；通过建设国际贸易“单一窗口”，促进贸易便利化。

二、重点培育产业及解读

2015 年 4 月，《中国（福建）自由贸易试验区厦门片区实施方案》获批，7 月，厦门市政府正式印发实施《中国（福建）自由贸易试验区厦门片区产业发展规划》（以下简称《规划》）。《规划》提出，厦门市自贸试验区重点发展国际贸易、航运物流、金融服务、专业服务、高端制造五大产业集群，近期培育建设区域性融资租赁业集聚区、跨境贸易电子商务基地等十大功能性产业。

十大产业发展亮点包括：

（一）加快建设“大陆对台贸易中心”

厦门片区将大力发展国际名品展示交易和保税期货交割，鼓励区内企业统筹开展国际国内贸易，引进更多企业和商品在区内开展仓储展示贸易业务，推动形成更多商品的进口交易中心。进一步提高货物贸易通关效率，创新保税与保税延展货物联运模式，促进内外贸一体化发展。加快建设“大陆对台贸易中心”，加强与大嶝对台小额商品市场等载体联动建设，积极争取优惠政策，放宽台湾商品免税额度限制。

解读：自贸区催生的保税展示交易业态，被誉为“惠民第一站”。为了进一步促进保税展示交易的发展，厦门海关 2015 年 7 月下发了《关于在海关特殊监管区域开展内销货物电子化分段担保业务的公告》和《厦门海关关于保税展示交易内销货物实行电子化分段担保业务监管操作规程》，此项创新监管制度的推出，旨在解决企业开展保税展示交易等业务时，货物出区需提供税款担保占用大额资金成本的问题。

7 月 7 日，福建自贸区厦门片区保税展示交易电子化分段担保业务项目签约，标志着金融服务单位正式接入福建自贸试验区厦门片区国际贸易单一窗口，开启了海关、银行和电子口岸联合为企业提供便利通关服务的新历程。

据了解，保税展示交易店目前多是以“分送集报”的方式通关，即企业无须每天向海关办理报关手续，只要根据销售记录定期（一个月）申报即可，但这一操作模式需要企业提前一次性缴付税款保证金，待办理完报关手续后再予以退还，一定程度上占用了企业宝贵的流动资金。

保税展示交易电子化分段担保模式的试点，使得保税展示交易担保金支出由“月供”变“日供”，能比改革前节约50%的担保金利息支出。

内销货物电子化分段担保更加符合电子商务模式的发展需求，因为越来越多的企业希望利用特殊监管区域的政策功能优势，开展前店后仓的保税展示交易业务。通过线上销售平台与海关信息系统的联网，企业在开展进口商品保税展示交易业务的过程中，完成前置审价、税费预扣（税款担保）、分送集报、汇总纳税等一系列通关手续，既能够保证海关实际监管需要，又能够满足保税展示交易业务对通关时效的高要求。同时，改变以报关单为计税单位缴纳税款保证金的做法，允许企业以每批次出区货物分送集报申请单为计税单位缴纳税款保证金，大大降低企业资金占用的比例和时间，进一步提高企业资金流动性。

内销货物电子化分段担保业务

指在海关特殊监管区域内企业，开展保税展示交易，可实行线下体验线上销售电子商务模式，货物出区域可按批次进出、集中申报办理通关手续，通过构建与海关特殊监管区信息化辅助管理系统的分送集报业务模块，实现前置审价、税费预扣（税款担保）、分送集报、汇总纳税；将线上销售过程实时电子化自动申报，并在货物实际出区域前企业将涉及税款缴交入辅助系统开发企业在银行开设的专用担保金账户，银行将相关信息实时发送至辅助系统，企业办结集中申报手续后，银行根据海关通过辅助系统发送指令实时将担保金退还企业，满足海关对分送集报货物的监管需求。

如何操作？

试行分段担保制度后，在海关特殊监管区域内开展进口商品保税展示交易的企业，可通过与海关信息系统联网，以每次出区的分送集报申请单所对应的货物计缴税款保证金，然后定期（一个月）将分送集报申请单归并为报关申请单向海关办理集中报关手续，报关单缴税后，分批计缴的保证金退回企业，通过税款担保金电子化缴、退，实现大笔税款担保金的小额化、长期担保金的短期化。

（二）放宽服务业领域市场准入条件

围绕金融服务、航运服务、商贸服务、会展服务、专业服务、通讯服务、教育服务、旅游服务、文化服务等重点领域制定扩大开放措施，逐步取消投资者资质要求、股比限制、经营范围限制等限制措施，营造有利于各类投资者平等准入的市场环境。深化厦台服务业合作，深化与台湾在通信、运输、会展、旅游、医疗、金融、中介服务等领域的合作。

（三）打造国际大宗商品交易中心

依托厦门口岸贸易优势及其周边主要产业集群，引进国内外特别是台湾等地的各类交易主体，推进石油、有色金属、酒类、糖类、粮油等大宗商品交易和资源配置平台建设。积极拓展新的大宗商品品种，包括石材、化工、大宗农产品、再生资源、钢材等。探索开展大宗商品中远期衍生品交易，争取开展期货保税交割业务。注重定价权和话语权提升，注重服务实体经济，推动平台成为国际大宗商品交易中心、物流中心、信息中心和定价中心。

解读：大宗商品交易中心是指由买卖双方进行公开的、经常性的或定期性的大宗商品现货交易活动，具有信息、物流等配套服务功能的场所或互联网交易平台。

通过现货交易平台的聚集效应，为大宗商品上市交易服务，提供商品融货和大众投资的渠道。探索在区内开展大宗商品国际贸易。在合法合规、风险可控的前提下，以服务实体经济为核心对大宗商品交易模式进行大胆突破和创新。

建设服务实体经济的国际国内大宗商品交易和资源配置平台，开展大宗商品国际贸易，是我国拓展新型贸易方式的一个重要抓手。

2014 年下半年开始，我国大宗商品交易市场逐渐回落，即使我国作为大宗商品交易的大国，但是价格还是受制于人。

厦门已经建立了多个大宗商品交易中心。2015 年 2 月 1 日，东南（厦门）大宗商品交易中心启动；2 月 27 日，厦门泛亚商品交易中心在厦门象屿保税区成立并开市交易，成为首批入驻自贸区的企业。

期货保税交割

期货保税交割是指以海关特殊监管区域或保税监管场所内处于保税监管状态的、期货合约所载商品作为交割标的物进行期货交割的过程。

保税监管区域

保税监管区域（以下简称区内）包括保税区、出口加工区、保税物流园区、保税港区以及综合保税区、跨境工业区等海关实行封闭监管的特定区域。

（四）发展跨境电商平台

发展跨境电商平台，集聚跨境电商相关主体，完善与之相适应的检验检疫、跨境支付、物流等支撑系统，建设跨境贸易电子商务基地。充分依托厦门与台湾特有的海快通路，实现载量高、成本低、时效快的对台物流创新和监管模式创新；利用台湾亚太转运中心以及“六海一空”自由经济示范区优势，吸引全国往来两岸甚至欧美的快件货物以厦门为口岸，通过台湾中转，积极打造立足两岸、链动全球的跨境电商供应链综合服务平台，支撑厦门形成东南国际快件及跨境电商货物集散转运中心。

解读：2015 年 7 月 20 日，首批海淘商品运抵厦门片区内的跨境电商产业园，经厦门海关现场监管后，从园区直接派送至消费者手中，这标志着厦门正式启动跨境电商直购进口业务试点。

此前，青岛、广州、南京等城市已经开通跨境电子商务直购进口业务。

目前，通过直购模式在厦门跨境电商产业园注册备案的企业已达13家，首批试点的海淘优品、阳光海淘和跨境网等3家电商企业已与海关等监管部门实现联网。

据厦门海关负责人介绍，目前厦门的跨境电商可通过海陆空和邮路进出境，是国内跨境电商运输线路最为丰富的城市之一。

为支持厦门跨境电商产业的发展，厦门海关“量身定制”了系列便利措施，包括设立专门通关窗口、启动海淘电子申报平台、全面推广无纸化通关作业、对跨境电商监管实行“全年（365天）无休日、货到监管场所24小时内办结海关手续”的作业时间和通关时效要求。

此外，厦门是海关总署批准的海上快运唯一试点城市。

跨境电商直购进口

跨境电商“直购进口”是B2C模式，先下单后发货，境内消费者通过与海关联网的跨境电商平台下订单，企业将电子订单、支付凭证、电子运单等实时传输给海关后，在海外将商品打包，通过国际物流配送到海关跨境电子商务监管场所清关。

（五）支持推进“厦蓉欧快铁”项目

积极建设智慧港口，加快港口尤其码头企业的转型升级，提升航运物流辐射功能，推进自动化码头、深水泊位、航道扩建等项目建设，调整海沧港码头功能，优化提升集疏运系统，整合后方陆域空间，积极扩充内贸沿海航线，大力发展国际中转、港内驳运、内贸中转等业务。支持推进“厦蓉欧快铁”项目及相关配套，主动融入“一带一路”中欧物流通道建设。

（六）发展国际中转集拼业务

发挥集装箱运输优势，进一步突破航线航班、监管模式、运输政策等限制，在试点基础上扩大规模，发展航空快件国际中转集拼和港口国际中转集拼业务，降低国际物流成本；打造拆拼箱服务平台，方便中小企业开展对外贸易。增设航线、航班，逐步开放地区航权，建设区域性枢纽机场和国际货运口岸机场。

（七）吸引邮轮产业链上下游产业集聚

依托东渡国际邮轮母港，吸引国际邮轮公司设立区域总部或分支机构，常态化运营驻港邮轮，发展境外邮轮租赁业务、邮轮金融业务、临港邮轮旅游商业集聚区、国际邮轮旅客集散中心，吸引邮轮产业链上下游产业的集聚。促进金门—厦门游艇自驾游旅游业务发展。在发展两岸邮轮航线基础上兼顾日韩、东南亚邮轮产品，拓展临港旅游商业经济，推动东渡国际邮轮母港成为海峡邮轮经济圈的核心港口。

（八）建设两岸货币清算中心

发展跨境人民币结算和贷款，跨境投融资、担保、发行人民币债券，设立以人民币计价交易结算的各类金融交易平台和大宗商品现货交易等业务，鼓励厦门金融机构与境外金融机构开展货币清算业务，建设两岸货币清算中心。

争取优惠政策，允许银行业金融机构凭区内机构和个人提交的收付款指令，直接办理经常项下和直接投资项下的跨境人民币结算业务；在区内执业的个人开展经常项下跨境人民币结算业务，可按银行结算账户制度的规定开立个人银行结算账户或者个体工商户单位银行结算账户，办理人民币跨境收付；允许区内企业根据自身经营和管理需要，开展境内外关联企业间的经常项下跨境人民币集中收付业务。

解读：2009 年 4 月 8 日，国务院决定在上海和广州、深圳、珠海、东莞等城市开展跨境贸易人民币结算试点。这将迈开人民币走向国际化的关键一步，有利于人民币国际地位的逐步提升。

跨境人民币结算如何办？——以中国银行为例

一、适用客户

主要适用于有进出口贸易结算业务需求的公司客户，满足企业在使用本币结算、规避汇率风险、简化业务流程、降低交易成本、拓展海外市场等各方面的贸易需求。

二、申请条件

1. 依法核准登记，具有年检的法人营业执照或其他足以证明其经营合法和经营范围的有效证明文件；

2. 有进出口经营权；

3. 中国人民银行《跨境贸易人民币结算管理办法》及其细则和相关管理规定中批准开展相关业务的进出口企业。

三、办理流程

1. 企业到中国银行营业场所提交业务办理申请；

2. 提供人民币计价结算贸易合同、进出口发票、进（出）口收（付）款说明及中国银行国际结算或贸易融资业务办理所需其他材料；

3. 中国银行为企业办理相关业务手续并将业务信息报送 RCPMIS 系统。

（九）吸引国际高端医疗品牌入驻

厦门片区积极发展社会服务业。

医疗服务方面，吸引一批国际高端医疗品牌入驻，鼓励外资投资国内技术水平相对较弱领域的专科诊所。利用保税优势，发展依托大型医疗设备的医疗服务，联动发展医疗器械、高端检测仪器等健康服务产品的展示交易。深化两岸养生健保、健康照护等合作。

教育服务方面，吸引台湾及国内外优质教育培训品牌，发展合作教育培训机构和职业技能培训机构，促进教育培训业向国际化发展。

解读：早前，在闽的台资医疗机构主要有厦门长庚医院、厦门安宝医院和爱尔丽（福州）医学美容门诊部、厦门湖里翔鹭门诊部。如今，在自贸区政策红利下，台湾医疗服务有望在闽大举开疆拓土。

据福建省卫计委介绍，目前，厦门拟在五缘医疗园区引入台资投资的台湾龙邦妇产专科医院，并积极推进台资高端医疗项目——厦门天使口腔医院项目落地。

未来，厦门将强化两岸医药健康领域的合作，建设台湾生技产业园，全力转化引进台湾 219 项生技领域科研成果；大力推进该领域全链条科技服务业发展。加大对产业化前景较好的应用型研发机构、企业和项目的科技招商。鼓励支持我市生物与新医药企业掘金“一带一路”；共建出入境特殊物品生物安全风险评估公共服务平台，简化生物与新医药特殊生物制品的进出口流程。鼓励“大众创新，万众创业”，将厦门打造成为生物与新医药小微企业创新创业城市；在海沧区建生物与新医药众创空间，让两岸青年创新合作。

（十）建设全球重要航空维修基地

厦门片区发展高端制造产业集群。其中，飞机维修方面，巩固现有结构维修、发动机、起落架、部附件等维修能力，拓展零部件维修、零部件制造、公务机维修及改装产业，择机发展通用飞机组装业务。创新航空维修监管办法，建设全球重要航空维修基地。

三、建设两岸贸易中心核心区

两岸贸易中心核心区地处厦门岛内，区域面积19.37平方公里，包含象屿保税区、象屿保税物流园区和空港重点发展高新技术研发、信息消费、临空产业、国际贸易服务、金融服务等新兴产业和高端服务业。

两岸贸易中心核心区——厦门象屿保税区，是厦门首个海关特殊监管区域，是特区中的特区。象屿保税区集聚了大量物流与贸易企业。截至2014年底，全区共有企业2800多家，以物流、贸易类企业为主，主要有全球物流、中外运、建发、国贸、象屿、港务、裕利、YCH、以星、东方海外、越海、万翔冷链物流、中绿供应链、乔丹商贸、台烟酒、金门高粱酒大陆分拨中心和直销中心等国内外龙头企业。同时，经营新业态的企业加快集聚，主要有华辰拍卖、鑫桥租赁、德国B&Z代理中心、台盐实业大中华区总部等。

厦门象屿保税区主要开展进出口贸易、保税仓储、保税加工、商品展示等与国际贸易相关的业务，在进出口、税收、外汇、加工贸易、海关监管等领域享有“保税、免税、免证、离境退税、入区退税”特殊政策。象屿保税物流园区与东渡港区实施“区港联动”，设有直通式通道，货物进出实行“一次申报、一次查验、一次放行”；中转集装箱在园区可以自由拆拼，进口集装箱在园区堆存无时间限制。

2014 年，厦门象屿保税区完成生产总值 70 亿元，实现保税业务进出口额 45. 6 亿美元，每平方公里保税业务进出口额 50. 7 亿美元，仅次于上海、深圳，居全国第三。保税物流业务量占保税区业务总量的 80%以上，居全国首位。近 8 年，象屿保税物流园区一线进出口额、二线进出区货值年均分别增长 139%和 54%，增幅均居全国领先水平。

厦门空港是我国重要的口岸机场。2014 年空港旅客吞吐量突破 2000 万人次，货邮吞吐量 30. 64 万吨，分别位居全国第 11 位和第 8 位。

四、建设东南国际航运中心海沧港区

2015 年新年伊始，世界最大、最先进的集装箱船“中海太平洋”轮首次靠泊厦门海沧港，再次刷新厦门港接待记录，这也标志着海沧作为东南国际航运中心核心港的地位进一步凸显。同时，到厦门片区挂牌前，厦门市首个服务外包产业园区迎来瑞信融资租赁等 70 多家企业抢滩入驻，临港产业欣欣向荣。

深水良港是海沧最大的优势。2014 年，海沧港货物吞吐量 6704. 9 万吨，增长 12. 4%；集装箱吞吐量 476. 4 万标箱，增长 25. 2%，占厦门港 55%以上。港口集装箱吞吐量、货物进出口额首次双双超过东渡港。

东南国际航运中心海沧港区的区域面积 24. 41 平方公里，其中含海沧保税港区 9. 51 平方公里。

海沧保税港区是我国目前开放度最高、功能最齐全、政策最优惠、通关最便捷的海关特殊监管区域之一。区内实行与国际接轨的保税港区制度及相应的投资政策和监管环境，实施“一线放开、二线管住、区内自由、入区退税”的监管制度。

东南国际航运中心海沧港区重点发展航运物流、口岸进出口、保税物流、加工增值、服务外包、大宗商品交易等现代临港产业，构建高效便捷、绿色低碳的物流网络和服务优质、功能完备的现代航运服务体系，成为立足海西、服务两岸、面向国际，具有全球航运资源配置能力的亚太地区重要的集装箱枢纽港。

（一）服务外包产业园

2010 年，厦门获批“国家服务外包示范城市”，海沧保税港区依托厦门出口加工区厂房现有设施，大力谋划推动产业转型升级。

厦门出口加工区内已建成各类通用厂房、专用厂房 40 余幢，总建筑面积近 72 万平方米。现阶段可规划用于发展服务外包产业的厂房、仓库 25 万平方米。2014 年 9 月，厦门正式启动首个服务外包产业园建设。

目前，一期三栋厂房（约 5 万平方米）的改造工程有序推进，首栋 9E 厂房 1.6 万平方米办公用房改造后已租售完毕，9G 厂房预计 4 月底改造完成；9C 厂房也于 6 月份交付使用。

截止到 2015 年 4 月 10 日，服务外包产业园已注册企业 76 家，注册资本共计 16.3 亿元，引进项目主要包括贸易物流、供应链服务、电子商务、交易中心、融资租赁等行业，其中包含 3 个交易中心（华侨大证通、两岸商品、常青燕窝）、3 家融资租赁公司（京融、常青汇金、瑞信），注册资本 5000 万元以上企业 25 家，注册资本 1000 万元至 5000 万元的企业 22 家。

随着自贸区建设的进一步推动和改革红利的逐步释放，服务外包产业园也将积极拓展延伸其功能，推动设立两岸移动互联网（APP）联盟，建设两岸青年创业基地，打造创业平台和创业基金，吸引两岸青年创业、就业，成为促进对台深度融合典范。

（二）创新货物电子化分段担保监管模式

厦门海关将繁琐的手续“e”网打尽，允许在厦门海关关区内的海关特殊监管区域开展内销货物电子化分段担保业务。

2015年7月7日，厦门海关隶属象屿海关与厦门自贸试验区电子口岸有限公司、中国建设银行股份有限公司厦门市分行签订合作备忘录，标志着保税区内保税展示交易内销货物电子化分段担保业务正式启动。

此项创新监管制度的推出，旨在解决企业开展保税展示交易等业务时，需提供税款担保占用大额资金成本的问题，在全国属于首次创新的监管模式。

电子化分段担保业务是指在海关特殊监管区域内的企业，开展保税展示交易，可实行线下体验线上销售电子商务模式，货物出区域可按批次进出、集中申报办理通关手续，通过构建与海关特殊监管区信息化辅助管理系统的分送集报业务模块，实现前置审价、税费预扣、分送集报、汇总纳税。

实行电子化分段担保后，保税展示交易企业可通过与海关信息系统联网，按销售情况实时计缴税款保证金，集中报关后再将保证金一次性退还。这种担保方式更符合电子商务的发展趋势，通过将线上销售系统与海关联网，便可实现企业按实际销售情况缴纳保证金，大大降低了企业的资金占用，充沛的流动资金可有效推动企业发展壮大。

（三）跨境人民币贷款

2015年7月22日，厦门对台跨境人民币贷款业务试点正式启动，这意味着厦门企业可向台湾银行机构借入人民币资金。这是厦门金融改革创新的一项重大举措，同时也是推动两岸金融合作的巨大突破。

经中国人民银行授权，人民银行厦门市中心支行对外发布《厦门跨境人民币贷款业务试点暂行管理办法》。在厦门注册成立的企业和项目可以从台湾地区银行业金融机构借入人民币资金，并通过厦门地区银行业金融机构办理资金结算。贷款资金将用于支持厦门实体经济发展、厦门重点建设项目及千亿产业链建设。

此前，厦门外商投资企业只能在投资总额和注册资本的差额范围内从境外借入人民币贷款，本地企业由于没有外债额度无法跨境借入人民币贷款。

与此同时，跨境人民币贷款的期限、利率由借贷双方按照商业原则在合理范围内自主确定。贷款的利率、期限等事项由借贷双方按照贷款实际用途在合理范围内自主确定。人民银行将结合台湾地区人民币业务发展状况、厦门本地经济金融运行和企业生产经营状况，对跨境人民币贷款业务实行余额总量单列管理。

开展对台跨境人民币贷款业务试点，这对厦门企业而言可谓是大利好：一方面可以帮助外商投资企业以及中资企业开辟跨境融资新渠道，另一方面厦门企业可以直接从台湾地区人民币离岸市场融入低成本资金。

该业务也是厦门金融改革创新的一项重大举措。相比跨境人民币贷款，此前厦门推动的厦台人民币现钞调运业务只是“体力活”。而跨境人民币贷款则是开启了台湾人民币离岸市场中的人民币资金回流大陆的“大通道”。

目前，厦门金圆融资租赁有限公司成功获得中银香港、香港农行等多家境外金融机构超过 5 亿元的跨境人民币贷款授信额度，并通过中行自贸区分行向中银香港申请发放了 3200 万元的跨境人民币贷款，这是福建自贸区厦门片区内首笔融资租赁企业从海外金融机构获得的跨境借款，为全国自贸区租赁领域跨境融资提供了可借鉴的范例。

谁能贷？ 如何贷？

在厦门注册成立的企业和项目，贷款资金用于支持厦门实体经济发展、厦门重点建设项目以及千亿产业链建设。

企业从台湾地区银行业金融机构借入人民币资金，通过厦门地区银行业金融机构办理资金结算。

（四）“三证合一、一照一码”

“三证合一、一照一码”是厦门片区率先推出的商事登记改革模式。概括说，就是商事主体登记注册过程中，将原来由市场监管、质监、税务三个部门分别审批发放的营业执照、组织机构代码证、税务登记证进行整合，统一发放载有唯一一个证照编号的营业执照，相关部门实现数据交换、信息共享、并联办理，从自贸试验区综合服务大厅“一口受理”窗口正式受理，全部办结时限为3个工作日。

“三证合一、一照一码”登记模式的主要特点：一是率先建立了开放式网络信息平台，企业设立、变更、查询等均可通过该平台自主操作，条件、程序公开、透明，极大地方便了企业；二是该平台整合、统一规范了原审批部门所需要的各类表格、表式，大幅度精简、压缩了申报内容，实行一表申报、信息共享，企业不需要重复填报大量的纸质材料，节省了时间和成本；三是对外商投资企业实行负面清单外备案制度，外商投资企业在网上通过经营范围比对实行备案；四是实行“一口受理”，各相关部门在系统平台（后台）上并联审批、核准、备案，企业不再分别到原审批部门提交材料和申报，企业设立仅需要 3 个工作日，提高了行政效率；五是实现多部门互联互通、信息共享、资源整合、流程简化，为事中事后监管奠定良好基础。

厦门片区企业设立实行“一口受理、一表申报、并联办理、一照一码”的办法，主要流程如下：第一步，名称预核准，需登录厦门市商事主体登记及信用信息公示平台（网址：www. xiamencredit. gov. cn）；第二步，用户注册，登录“中国（福建）自由贸易试验区厦门片区管理委员会”网站（网址：www. xmftz. gov. cn），点击进入企业设立“一口受理”流程，根据提示内容输入相关信息；第三步，根据系统提示到自贸试验区综合服务大厅“一口受理”窗口递交申报材料；第四步，窗口受理后，将采集的信息立即通过系统共享至工商、质监、国税、地税等部门，并按照各自职责分工，启动办理流程；第五步，窗口领照，受理后的第三个工作日，企业到窗口领取载有唯一一个证照编号（24 位）的营业执照。厦门片区分别在厦门国际航运中心二层及海沧区行政服务中心设有“一口受理”窗口，为企业提供全方位、“一站式”服务。

自 2015 年 3 月 26 日起在福建自贸区厦门片区新设企业正式实行“一照一码”登记模式，此前设立的企业以及从自贸区外新迁入的企业暂时保留原工商登记注册号、组织机构和税务登记号。

服务小达人

促进贸易便利化有哪些主要做法？

一是建设单一窗口平台。在关检合作“三个一”改革经验的基础上，厦门片区进一步将电子口岸建设成为海关、检验检疫、边检、交通运输、海事等口岸管理部门的共享信息平台，简化和统一单证格式与数据标准，并设立“单一窗口”，为口岸海关、检验检疫、相关政府部门以及商贸、物流企业等提供货物及运输工具通关申报、物流等服务以及信用体系管理等。

二是设立海关综合服务大厅。厦门海关将两岸贸易核心区内东渡和象屿海关的办事服务窗口进行整合，在国际航运中心二楼设立海关“福建自贸试验区厦门片区海关综合服务大厅”，设置“单一窗口”，提供“一站式”服务。申报人通过“单一窗口”一次性申报，口岸管理相关部门通过信息平台共享信息数据、并联作业、实时监控和预警，办理结果通过“单一窗口”反馈申报人。

（五）政策支持有哪些？

1. 融资租赁业务。飞机融资租赁方面，进一步创新监管模式，着力推动保税飞机融资租赁业务常态化，扩大飞机融资租赁规模；下一步将加强与金融租赁公司在轨道交通、大型设备、船舶等方面的合作，积极打造厦门区域性融资租赁中心。

（1）融资租赁的开放措施：融资租赁公司在自贸试验区内设立的单机、单船子公司不设最低注册资本限制，允许融资租赁公司兼营与主营业务相关的商业保理业务。

（2）宽松的开放措施。简化涉外业务办理流程，统一内外资融资租赁企业准入标准、设立审批和事中事后监管，同时允许注册在自贸试验区内的内资融资租赁企业享受与现行内资试点企业同等待遇，允许设备使用人以融资租赁方式购入设备享受与其他购买方式同等的各项政策。经相关部门许可，拓展区内融资租赁业务经营范围、融资渠道，简化涉外业务办理流程。

2. 建设区域性金融中心。

（1）试行资本项目限额内可兑换改革，构建宏观审慎管理框架下外债和资本流动管理体系，统一内外资企业外债政策。

（2）扩大人民币跨境使用和探索投融资汇兑便利，支持人民币成为主要国际结算和储备货币。

（3）实行外汇政策便利化措施，直接投资外汇登记下放银行办理，外商直接投资项下外汇资本金可意愿结汇。

（4）推进利率市场化改革，建立健全由市场供求决定的利率形成机制，提高资金的配置效率。

（5）推进个人投资更加便利化。目前厦门片区积极发挥两岸区域性金融服务中心优势，着手推动跨国企业集团跨境人民币双向资金池、跨境人民币双向贷款、外商股权投资基金跨境双向投资等业务。人民银行厦门中心支行已经制定《厦门市跨境人民币贷款业务试点暂行管理办法》，辖区各银行积极开展业务营销和项目储备。人民银行鼓励金融业态创新，大力支持发展融资租赁、商业保理等非银行金融业务和对台离岸业务，支持开展融资租赁、商业保理、贸易“三合一”混业经营业务。

厦门片区将积极发挥两岸人民币现钞调运中心和两岸人民币清算中

心作用，发挥台湾地区人民币参加行铺底资金核定和台湾地区人民币离岸市场监测联络履职功能，未来将着重推动海峡两岸货币合作探索创新和两岸金融同业定期交流会晤，积极推进厦门两岸区域性金融服务中心成为两岸金融合作先行先试示范区。

3. 对外投资金融开放。

（1）完善人民币涉外账户管理模式，简化人民币涉外账户分类，促进跨境贸易、投融资结算便利化。

（2）支持设立境外股权投资母基金。支持区内企业和个人使用自有金融资产进行对外直接投资、自由承揽工程。

（3）试行资本项目限额内可兑换，符合条件的机构限额内自主开展直接投资、并购、债务工具、金融类投资等交易。

4. 自贸区内银行机构的宽松政策。

（1）在额度范围内允许区内企业、银行从境外借入本外币资金，借入的外币资金可结汇使用。

（2）允许自贸区银行业金融机构与台湾同业开展跨境人民币借款等业务。

（3）支持银行开展面向客户的大宗商品衍生品的柜台交易。放宽区内法人金融机构和企业在境外发行人民币和外币债券的审批和规模限制，所筹资金可根据需要调回使用。

（4）允许区内银行和支付机构、托管机构与境外银行和支付机构开展跨境支付合作。

（5）台湾金融机构可享受市场准入、经营范围、开拓市场等方面的一系列宽松、便利措施。

5. 金融服务功能拓展。可开展 FT 账户项下存款、汇款、贷款、结售汇、贸易融资、跨境直投等业务，可开展跨境人民币双向资金池、跨境人民币境外借款、服务贸易项下跨境人民币集中收付、区内外汇资金集中管理、资本金意愿结汇、直接投资项下新设企业外汇登记等业务。

6. 商业保理。商业保理业务指供应商与保理商通过签订保理协议，供应商将现在或将来的应收账款转让给保理商，从而获取融资，或获得保理商提供的分账户管理、账款催收、坏账担保等服务。自贸区放宽外资准入，稳步推进外商投资商业保理、典当行试点，允许融资租赁公司兼营与主营业务相关的商业保理业务，允许外商合资或控股设立典当行、商业保理企业。

7. 股权投资。2015 年 6 月，厦门市印发《中国（福建）自由贸易试验区厦门片区股权投资类企业发展办法》，支持境内外股权投资企业有公司制/合伙制在区内设立跨境人民币股权投资基金按注册管理；在符合相关规定的前提下，支持两岸金融业（证券、基金业为核心）进行相关股权投资合作。确立企业及个人对外投资主体地位，支持企业在境外设立股权投资企业和专业从事境外股权投资的项目公司，支持设立境外股权投资母基金。

8. 高端制造业。在原有的开放措施基础上，允许外商在自贸试验区内独资开展高速铁路、铁路客运专线、城际铁路及城市轨道交通乘客服务设施和设备的研发、设计与制造，高速铁路、铁路客运专线、城际铁路的轨道和桥梁设备研发、设计与制造，电气化铁路设备和器材制造、铁路客车排污设备制造；允许外商在自贸区内以独资形式从事摩托车生产。

9. 冷链物流。冷链物流企业既可享受冷链物品的海关保税监管服务，也可从事非保税物品的仓储物流运输服务。进口冷链物品可享受简化快捷便利的检验检疫服务，有利于企业开拓市场、服务各类需求的客户。自贸区将聚集一批从事冷链食品、水产品经营企业，冷链物流企业可开展冷链物品的交易平台服务。

（六）厦门片区首批 27 个金融创新案例

随着中国人民银行等单位出台《关于金融支持中国（福建）自由贸易试验区建设的指导意见》和厦门片区外汇管理实施细则的落地，厦门片区金融创新的政策环境正在不断优化。为更好地发挥示范带动效应，厦门片区管委会联合厦门市金融办、人民银行厦门市中心支行、厦门银监局、厦门证监局、厦门保监局，发布了厦门片区成立以来的首批 27 个金融创新案例。

具体如下：

1. 率先建立跨海峡人民币代理清算群。率先在全国建立跨海峡人民币代理清算群，推动代理清算群成为两岸金融机构开展结算、清算、融资、担保等综合性、全方位金融合作的通道。截至 2015 年 12 月底，已有 72 对厦门和境外银行机构签订人民币代理清算协议，开设了 72 个账户（其中台湾地区 44 个），办理人民币清算 537.88 亿元。目前农行、建行、平安银行在厦设立了“两岸人民币清算中心”。下一阶段，将把清算群建成综合性、全方位跨境金融同业合作平台。

2. 开展对台跨境人民币贷款试点。2015 年 7 月，人民银行总行授权在厦开展对台跨境人民币贷款试点，为厦门企业尤其是中资企业开辟了一条直接向境外融资的通道，有利于放宽企业境外融资渠道和降低企业融资成本，有利于银行开展结算、担保和咨询等服务。签约仪式上共有 12 家厦门企业、台湾银行机构和厦门银行机构达成 12 项跨境人民币贷款三方合作意向协议，签约金额 20.05 亿元，备案金额 2.97 亿元，提款金额2.97亿元。该项业务占全国三个试点区域对台跨境人民币贷款总量的85%，体现了厦门对台金融服务更加活跃的特点，为下阶段在自贸区开展本外币全口径跨境融资宏观审慎管理试点积累了有益经验。

3. 跨境双向人民币资金池业务助力自贸区企业。厦门片区内金融机构充分利用跨境双向人民币资金池业务准入门槛大幅降低的契机，积极为自贸区内企业办理相关业务，使其能自主统筹配置境内外人民币资金。如建行厦门市分行为自贸区内某跨国集团办理了跨境双向人民币资金池业务，成功归集资金5.55亿元人民币。该业务满足跨国企业集团根据自身经营和管理需要，在境内外成员企业之间开展资金余缺调济和归集业务，便于集团进行境内外资金集中调配和安排，减少资金闲置，提高资金使用效率，降低资金成本。下一步根据《中国人民银行关于金融支持中国（福建）自由贸易试验区建设的指导意见》精神，厦门片区内跨境双向人民币资金池业务政策将进一步优化。

4. 首创保税展示交易内销货物电子化“分段担保”模式。厦门建行和厦门海关、电子口岸合作开发保税展示交易内销货物电子化分段担保项目系统，全国首创了分段担保新模式，解决了企业在开展保税展示交易等业务时，货物出区需要提供税款担保占用大额资金成本的问题，更加高效便捷地为企业提供服务。在此模式之下，保税展示交易担保金支出由“月供”变“日供”，相较之前，能节约50%的担保金利息支出。

5. 简化经常项目外汇收支流程。厦门片区内金融机构贯彻落实《推进中国（福建）自由贸易试验区厦门片区外汇管理改革试点实施细则》，在真实、合法交易基础上，自贸区货物贸易外汇管理分类等级为A类的企业外汇收入无需开立待核查账户。自贸区内多家银行已为区内

A 类企业办理了经常项目结算账户直接入账，均未经过待核查账户，有效简化了收汇流程，提升贸易便利化程度，为区内企业带来便捷的实质利好。

6. 外债意愿结汇业务成功办理。根据《推进中国（福建）自由贸易试验区厦门片区外汇管理改革试点实施细则》，自贸区内企业（不含金融机构）外债资金可实行意愿结汇。目前，区内多家银行已为其客户办理了外债意愿结汇业务，突破了原来外资企业外债资金按实需结汇的做法，有利于企业更好地管控自己的汇率风险，更加自主灵活地运用资金。

7. 首笔融资租赁企业境外筹资转贷款成功落地。2015 年 12 月，建设银行厦门分行为区内某大型融资租赁企业办理境外筹资转贷款业务，引入 1.3 亿美元 10 年期的低成本资金，并突出了三项“第一”的创新效应：成为厦门市获得国家发改委中长期外债指标切块管理授权后批复的第一个项目，有效利用区域国际中长期商业贷款额度解决企业自有外债额度不足问题。成为福建自贸区厦门片区成立以来第一笔中长期租赁融资业务，为飞机等大型设备融资提供了新途径。成为厦门第一笔境外筹资转贷结合国内保理的组合产品，通过做产品加法，创新打通国际国内融资链条，解决融资企业授信额度不足问题，降低企业融资成本。

8. 成功发行首单信贷资产支持证券，在资产证券化方面率先“试水”。2015 年 11 月 26 日，厦门农村商业银行作为目前设在福建自贸区内唯一一家法人银行，在全国银行间债券市场成功发行厦门辖区首单信贷资产支持证券（“厦门农商银行普盈 2015 年第一期消费信贷资产支持证券”），该期资产支持证券以厦门农商银行零售资产为标的，发行规模约 6 亿元，期限 3 年，将有助于银行盘活存量资产，提高中间业务收入，同时对自贸区内的金融机构开展自主创新、拓宽资产运用渠道具有先行的示范意义。

9. 推出区内企业“集中汇总征税通关”保函业务。中国银行跟进海关贸易便利化举措，推出区内企业“集中汇总征税通关”保函业务。该业务的主要创新点在于企业进口货物通关时，海关不打印税单征税，在扣除与应缴税款相应金额的保函信用额度后，即办理货物放行手续，企业将当月的应缴税款递延至次月前5个工作日缴交。通过向海关申请适用这一模式，并在银行开立关税保函，进出口企业可大幅缩短进口货物从申报到实物放行的时间，并相应降低企业的人工和财务成本。该业务帮助企业实现一份电子保函区域内通用，大幅简化了企业关税的缴纳流程，提高企业通关效率。

10. 引入第三方仲裁机制，创新保险纠纷处理模式。2015年9月，人保财险厦门市分公司在厦门片区启动金额为1000万元的“保险创新业务消费者保障基金”，针对自贸区保险业务，对因保险创新业务引发的理赔纠纷，交由中立第三方厦门仲裁委进行仲裁，仲裁结果为应当赔付的，该基金在裁决书生效后七日内直接将保险赔偿款项支付给消费者，确保消费者及时、公平获得保险赔付，有效保护保险消费者的合法权益。

11. 搭建小微企业出口信用保险平台。厦门信保与厦门电子口岸信息平台合作，在福建自贸区国际贸易“单一窗口”搭建小微企业出口信用保险平台，在平台上出口企业可以快速便捷地实现与厦门信保投保和续保的信息互通，从而大幅降低企业投保的人力成本，厦门信保也可以随时进行风险信息的发布和提示，进一步提升服务的效率和质量。

12. 开展交通事故综合服务创新试点。由厦门自贸委、厦门市公安局、厦门保监局联合发文，开展交通事故综合服务创新试点，在自贸区内外的重点路段，由保险行业协会组织的专业查勘定损人员对道路上发生的交通事故进行快速处理，通过开辟微信定责绿色通道、保存事故证据，保险公司互认巡查人员定损结果，有效提高交通事故处理效率，保障有关道路的畅通。

13. 优化自贸区内金融机构准入制度。厦门保监局出台《中国（福建）自由贸易试验区厦门片区高级管理人员备案管理办法》，取消区内支公司高管人员任职资格的事前审批。厦门银监局出台《关于简化中国（福建）自由贸易试验区厦门片区内银行业金融机构和高管准入方式的实施细则（试行）》，对区内银行分行级以下机构及其高管准入由事前审批改为事后报告，一是在辖内设立分行级以上机构的商业银行即可依报告制在区内新设机构或申请搬迁入区，而无需在自贸区内设立分行级以上机构作为管理行。二是片区内机构搬迁不受行政区划限制，岛内机构搬迁入自贸区也适用报告制。

14. 利用“全球授信”模式降低跨境贷款成本。中国银行厦门分行联动中银香港为区内企业办理海外直贷 9600 万元人民币，渣打银行厦门分行联合台湾渣打银行为企业办理无抵押无担保的纯信用跨境人民币贷款 1 亿元，上述业务均采用“全球授信”模式，由中银香港及台湾渣打银行直接授信，省去了境内结算银行为企业开立融资性保函的环节，为企业节省了担保成本，有效拉低了实际的融资利率，同时减少境外贷款银行的贷后管理成本，加快了业务审批办理的流程。

15. 航易贷开启航运金融新模式。通过自贸区内的厦门航交所平台，由银行、保险公司、船公司共同合作推出“航易贷”项目，运用“船东+银行+保险+公共信息平台”的航运金融新模式，助力航运产业发展和东南国际航运中心航运要素集聚，前端由船公司推荐优质货代企业，航交所公共信息平台筛选审核提供参考，保险公司为货代企业提供增信服务，银行审贷后提供信贷资金支持，有效解决货代企业融资难的问题。

16. 创新工场基金助推区内小微企业创业创新。结合厦门片区两岸青年创业创新创客基地建设推进，厦门市产业引导基金与知名投资人李开复先生领衔的创新工场合作发起设立规模 8.5 亿元的“厦门创新工场基金”，将主要投向早中期互联网领域项目，助力自贸区小微企业创业创新。

17. 开设绿色通道，推动台资银行落户自贸区。厦门银监局积极鼓励更多台湾地区银行及其金融机构到厦门片区发展，开辟台资银行准入工作绿色通道，提高办理审批效率，引导台资银行承接银监会对外资银行的简政放权政策红利。2015 年 12 月台湾中国信托商业银行来厦设立分行获银监会批准，未来该行厦门分行开业即可申请开办全面人民币业务，成为第一家落户厦门片区的台湾地区银行。

18. 新台币现钞兑换服务民众。厦门银行与台湾银行上海分行正式签署了《办理大陆新台币现钞兑换业务协议》，成为大陆首家新台币现钞清算业务参加行，厦门银行目前有 17 家支行、4 家分行可以办理新台币现钞兑换业务。同时，厦门银行作为大陆地区新台币储备最充足的银行之一，为市民提供方便、快捷的小面额新台币现钞兑换服务，“随到随兑，价格优惠”。

19. 台商转型基金促进台资企业转型发展。厦门金圆集团下属的厦门市创业投资有限公司与台湾蓝涛亚洲集团、海投集团计划在厦门片区内合资成立基金管理有限公司，并发起设立台商转型基金，基金规模 3

-5个亿，将多渠道募集大陆境内资金和境外资金，用于扶持台商在大陆地区的品牌发展、投资台商及大陆创新型企业、促进台资和大陆企业的合作。

20. 自贸区内信用查询便利化。人民银行厦门市中心支行在区内银行网点设置信用报告临时查询点，提供人民银行企业及个人信用信息基础数据库信用信息查询服务，并在自贸区行政服务大厅设置个人信用报告自助查询机具，提供个人信用报告自助查询服务，成为全国第二个在自贸区提供信用信息并行查询服务的片区。

21. 首创“税银互动”，助力小微企业融资。税务、人行、发改联合建立银税信用信息共享机制，对支持纳税诚信中小微企业融资成效显著的商业银行进行再贴现、再融资等，发挥货币乘数效应。截至目前已覆盖20家中资银行，全市已有822家企业通过该项目获得了12.83亿元的纳税信用贷款。

22. 创建银保四方融资新模式。厦门信保、厦门工行通过四方协议和应收账款转让等方式打通自贸区企业与台资银行的合作渠道，帮助区内企业取得低成本资金。具体流程为：出口企业将投保后的应收账款连同保险权益转让给工商银行，工商银行再将其二次转让给境外的台湾银行，从而实现出口企业应收账款的贸易融资。在该融资模式下，一是资金的实际提供方为台湾银行，成本较低，有效降低了出口企业的融资成本；二是不需要占用国内银行对出口企业的原有授信，从而放大了国内银行对优质出口企业的授信；三是通过应收账款的二次转让，台湾融资银行获得了应收账款及其保险权益满足了其风险规避的需求，从而打通了融资渠道。

23. 两岸通速汇“快顺省”。厦门银行与台湾战略投资者台北富邦银行联手，共同推出两岸通速汇服务，大幅提升两岸汇款服务质量。产品具“快”、“顺”、“省”三大特点，即“当天汇出，当天到账”、“汇款全额到账”和“单笔业务汇款费用仅人民币100元”。厦门银行“两岸通”速汇大幅提升了厦门银行在两岸经贸往来方面的金融服务品质，成为两岸汇款的便利通道。

24. 代理台湾地区银行债券交易。厦门银行作为厦门法人金融机构以及银行间债券市场结算代理人，协助台湾日盛国际商业银行获批进入银行间债券市场开展债券交易，同时开立了厦门市首个境外参加行人民币特殊账户，并成功代理日盛银行进行银行间债券市场交易，于次日完成交割。这是厦门市首笔境内代理行为境外参加行代理债券交易和结算的业务，推动两岸人民币金融业务合作再上新台阶。

25. 设立离岸业务服务中心，实现跨境客户一站式服务。厦门交行设立交通银行厦门离岸（对台）业务服务中心，实现了对跨境客户的一站式服务，使客户在厦门分行就可以提交涵盖在岸、离岸项下的各项业务，提升业务办理效率，降低沟通成本。截至目前，厦门交行已协助交通银行总行办理离岸金融业务，管理近1700个离岸客户。

26. 百亿规模产业引导基金助力厦门片区产业增长。厦门金圆投资集团下属的厦门市创业投资有限公司受托管理规模超百亿元的“厦门市产业引导基金”，参股全国最大的商业化母基金——前海股权投资母基金，成为政府引导基金和商业化母基金合作共赢的典范。截至目前，引导基金首批7只产业子基金参股方案已获批，第二批还拟参股11只子基金。子基金中，坚果兄弟创投基金已顺利完成募集，注册成立在厦门片区，并已投资多家厦门企业。这将有效促进自贸区内软件信息、生物医药、文化创意、节能环保等产业的发展。上述18只产业子基金合计规模 119.53 亿元，可带动千亿规模的社会资本，有助实现产业转型升级。

27. 探索设立厦门自贸试验银行。厦门农商行邀请上海自贸区研究领域的专家，成立“厦门自贸试验银行课题组”，研讨自贸区创新洼地内的转型创新之路。一是将 3 家位于厦门片区内的支行网点定位为着力自贸区专业服务的特色支行，并充分发挥区内总行及支行间的联动优势，以 3 家专业支行为窗口，创新求变，为自贸区的建设提供专属的金融服务。二是成立了港口物流金融部、城镇开发金融部、市政公用金融部，加强对特色产业金融服务模式的探索，支持自贸区内民生经济的可持续发展。三是与台湾多家金融机构建立业务联系，并创新推出“离岸通”，提前布局自贸区 FTN 项下业务。

第4节　平潭片区

一、实验区中的自贸区

平潭位于福建省东部，与台湾隔海相望，是祖国大陆距离台湾本岛最近的地区，距台湾本岛直线距离仅68海里。

正是由于对台独一无二的地缘优势，这个福州曾经最贫困的海岛县成为我国探索两岸区域合作的“试验田”。也因此，在福建自贸区的3个片区中，平潭被视为对接台湾的“桥头堡”。

2009年5月14日，国务院下发《关于支持福建省加快建设海峡西岸经济区的若干意见》，提出“在现有海关特殊监管区域政策的基础上，进一步探索在福建沿海有条件的岛屿设立两岸合作的海关特殊监管区域，实行更加优惠的政策”。

当年7月，隶属于福州市管辖的平潭获批成为福州（平潭）综合实验区。这也是我国目前唯一一个国家级综合实验区。随着2014年7月15日正式封关运作，平潭全岛成为全国面积最大、政策最优的海关特殊监管区。

地处海西“桥头堡”的平潭迎来了加快发展的战略机遇，并进一步上升为国家战略。2011年3月，“加快平潭综合实验区开放开发”被写入国家“十二五”规划和国务院批准的《海峡西岸经济区发展规划》（以下简称《规划》）。《规划》提出，建设两岸经贸合作的紧密区域、两岸文化交流的重要基地、两岸直接往来的综合枢纽、两岸合作的平潭综合实验区。

“平潭发展面临的机遇，不是百年一遇，而是千年一遇。”2014 年 11 月 1 日，国家主席习近平在平潭进行了深入调研后准备离开时，这样叮嘱平潭实验区负责人。此前，国家主席习近平曾在福建工作十七年半，其间 20 次到平潭调研，有很深的“平潭情结”。

习近平表示，平潭综合实验区是闽台合作的窗口，也是国家对外开放的窗口，一定要创新体制，保护好生态，深化两岸经济和产业合作，真正建成两岸同胞合作建设、先行先试、科学发展的共同家园。彼时，福建自贸区申报正在等待中央层面审批，其中平潭是福建“打包”上报的片区之一。

2014 年 12 月 28 日，平潭列入新一轮自贸区建设试点。平潭开放开发进入新阶段。根据《福建总体方案》，平潭重点建设两岸共同家园和国际旅游岛，在投资贸易和资金人员往来方面实施更加自由便利的措施。平潭片区实施范围 43 平方公里，涵盖港口经贸区、高新技术产业区、旅游商贸区 3 个功能区。

2011 年 11 月国家发改委出台的《平潭综合实验区总体发展规划》明确，平潭实施全岛放开，在政策支持赋予平潭包含创新通关制度和措施、税收、财政投资、金融、土地配套等 7 方面 28 大项比经济特区更加优惠的配套政策，凸显“政策洼地”优势。

据了解，企业所得税优惠、土地管理综合改革试点、跨境电子商务试点以及海运业务试点等政策已相继获批并陆续在平潭落地实施。平潭逐步构建起对台政策“新特区”。

已量产的台资企业宸鸿科技（平潭）有限公司是平潭封关运作最大的受益者。宸鸿科技有限公司［以下简称“宸鸿科技（平潭）”］

工业工程部副理熊俊说，早在2013年实验区封关之前即提前享受到封关的政策红利，一期项目进口设备享受到1.4亿元的退税。

按照2014年财政部等部委发布的《关于横琴平潭开发有关增值税和消费税政策的通知》，在增值税和消费税退税政策方面，内地销往平潭与生产有关的货物，视同出口，实行增值税和消费税退税政策。在实验区封关运作后，国家赋予的免税、保税、退税以及选择性征税等政策全面落地。

宸鸿科技是全球最大的触摸屏制造商，2013年宸鸿科技（平潭）落地平潭，总投资约30亿元人民币，是平潭综合实验区成立以来注册资本和投资额最高的外资企业。2014年9月，宸鸿科技平潭园区正式投产启用。这也意味着，平潭综合实验区突破区域限制，对全球高科技产业链的核心资源进行整合迈出了实质性的一步。

与其他自贸区最大的不同，就是平潭片区是实验区中的自贸区，即平潭全岛都是海关特殊监管区，自贸区是包含在其中的，而其他自贸片区则刚好相反。

2014年，平潭共接待台胞6000多人次，宗亲交流、乡镇对接、教育合作等赴台交流活动55批次；对台海上直航运送旅客突破38万人次。

二、培育平潭开放开发新优势

针对平潭片区还是我国唯一一个国家级综合实验区的特殊情况，福建自贸区总体方案中，有很大一块篇幅的政策是给平潭量身定制的。

（一）推进服务贸易自由化

赋予平潭制定相应从业规范和标准的权限，在框架协议下，允许台湾建筑、规划、医疗、旅游等服务机构执业人员，持台湾有关机构颁发的证书，按规定范围在自贸试验区内开展业务。探索在自贸试验区内行政企事业单位等机构任职的台湾同胞试行两岸同等学历、任职资历对接互认，研究探索技能等级对接互认。对台商独资或控股开发的建设项目，借鉴台湾的规划及工程管理体制。

（二）推动航运自由化

简化船舶进出港口手续，对国内航行船舶进出港海事实行报告制度。支持简化入区申报手续，探索试行相关电子数据自动填报。探索在自贸试验区内对台试行监管互认。对平潭片区与台湾之间进出口商品原则上不实施检验（废物原料、危险化学品及其包装、大宗散装货物以及国家另有特别规定的除外），检验检疫部门加强事后监管。

（三）建设国际旅游岛

根据《福建总体方案》，加快旅游产业转型升级，推行国际通行的旅游服务标准，开发特色旅游产品，拓展文化体育竞技功能，建设休闲度假旅游目的地。研究推动平潭实施部分国家和地区旅游团入境免签政策，对台湾居民实施更加便利的入出境制度。平潭国际旅游岛建设方案另行报批。其中，“对平潭片区与台湾之间进出口商品原则上不实施检验（废物原料、危险化学品及其包装、大宗散装货物以及国家另有特别规定的除外），检验检疫部门加强事后监管”，为平潭独享政策。

此外，平潭在海峡两岸经济合作框架协议（ECFA）框架下，对台开放了建筑、规划、医疗、旅游等行业，未来，平潭将根据自贸区建设的人才需求，继续聘用各类台湾专业人才来平潭工作。

据了解，平潭已编制完成《平潭国际旅游岛建设方案》，并由福建省政府上报国务院批复；编制《平潭国际旅游岛发展规划》，将于近期召开评审会；根据平潭" 十三五" 规划的建议和纲要编制《平潭综合实验区“十三五”旅游业专项规划》，明确未来五年旅游业发展目标、发展重点和发展保障，引导全区旅游业健康快速发展；出台《关于旅游产业发展专项资金的奖补使用方案（暂行）》，每年安排1亿元旅游发展专项资金。

此外，以自贸区建设为契机，平潭大力推行旅游试验措施，出台《平潭综合实验区申请设立外商投资旅行社审批（试行）》，目前已审批成立了4家旅行社，其中有3家台资合资旅行社及1家台资独资旅行社，经营国内旅游及入境游业务；落实允许台湾籍考生报名参加全国导游人员资格考试政策，已有多名台湾导游申请换证在自贸区执业。

三、平潭税收优惠有优势

自贸区不是制造“税收洼地”，而是打造“改革高地”。但平潭片区因为同时也是国家级综合实验区，所以在税收政策上享有一系列优惠政策。与自贸区叠加在一起，平潭片区对企业的吸引力实际上更大。

从2009年综合实验区建立到2014年7月15日正式封关运作，平潭成为全国面积最大、政策最优的特殊监管区域，国家赋予的免税、保税、退税及选择性征税等优惠政策全面落地。

（一）平潭“一线”进口税收政策

财政部会同海关总署、国家税务总局于2013年9月出台《关于平潭综合实验区有关进口税收政策的通知》，明确“一线”进口税收政策及“二线”选择性征收关税政策，对从境外进入平潭与生产有关的部分货物实行备案管理，给予免税或保税，将自平潭综合实验区相关监管设施验收合格、正式开关运行之日起执行；同时明确“一线”不予免税的货物清单。“一线”不予免税的货物清单包括：法律、行政法规和相关规定明确不予免税的货物，国家规定禁止进口的商品，商业性房地产开发项目进口的货物，47 种生活消费类货物，20 种不予减免税的商品中未列入上述生活消费类货物清单的其他商品及其他与生产无关的货物。

经“二线”销往平潭的内地货物实行出口退税政策及平潭企业之间货物交易免征增值税和消费税政策。财政部、海关总署、税务总局于 2014 年 6 月出台《关于横琴平潭有关增值税和消费税政策的通知》，规定内地销往平潭与生产有关的货物（除了商业性房地产开发项目采购的货物和不予退税货物清单列名的货物外）视同出口，实行增值税和消费税退税政策，由平潭的购买企业向税务机关申报退税；并要求内地货物销往平潭，适用增值税和消费税退税政策的，必须办理出口报关手续（水、蒸汽、电力、燃气除外）。实验区内企业间销售其在本区内的货物，免征增值税和消费税。该政策已自实验区监管设施验收合格、正式开关运行之日（2014 年 7 月 15 日）起正式执行。

（二）企业所得税政策及企业所得税优惠目录

财政部、国家税务总局明确自 2014 年 1 月 1 日至 2020 年 12 月 31 日期间，设在实验区内的企业，以《平潭综合实验区企业所得税优惠目录》中规定的产业项目为主营业务，且其主营业务收入占企业收入总额 70%以上的，减按 15%的税率征收企业所得税。《平潭综合实验区企业所得税优惠目录》包括高技术产业、服务业、农业及海洋产业、生态环保业、公共设施管理业五大产业 127 个目录，其中高技术产业主要涵盖电子信息产业、装备制造业、新材料产业、新能源产业，服务业主要涵盖现代物流业、商贸服务业、文化创意产业、技术及商务服务业等。该优惠政策的出台，对平潭综合实验区构建低碳、智慧、生态、高附加值的产业体系具有重要引导作用，对发展电子信息、新材料、新能源等高新技术产业，以及吸引台湾和大型跨国企业到平潭投资，具有明显竞争优势。

（三）营业税政策及“营改增”试点涉及平潭的增值税政策

财政部、国家税务总局于2012年6月15日出台的《关于福建省平潭综合实验区营业税政策的通知》，对实验区涉及两岸航运、国际航运保险、离岸服务外包免征营业税和试点物流企业差额征税等优惠政策作出明确规定。该文同时明确优惠政策自2011年12月1日起执行。鉴于福建省于2012年11月1日正式实施营业税改征增值税试点，为确保实验区涉及的交通运输业及部分现代服务业的营业税优惠政策在营改增试点之后实现顺利过渡，财政部、国家税务总局于2012年12月1日出台的《关于交通运输业和部分现代服务业营业税改征增值税试点应税服务范围等若干税收政策的补充通知》进一步明确：对注册在平潭的企业从事离岸服务外包业务中提供的应税服务免征增值税，对注册在平潭的航运企业提供的平潭至台湾的交通运输服务适用增值税零税率。随后，又对营业税改征增值税试点政策进行了补充完善，延续了涉及平潭的相关优惠政策。

（四）对在平潭工作的台湾居民取得的个人所得税补贴予以免征个人所得税政策

福建省政府于2012年正式批复了在平潭工作的台湾居民涉及内地与台湾地区个人所得税税负差额补贴办法，实验区管委会于2012年12

月正式出台《在平潭综合实验区任职、受雇、履约的台湾居民涉及内地与台湾个人所得税税负差额补贴实施办法》，对台湾居民在平潭缴纳的个人所得税按照20%比率予以补贴。财政部、税务总局进一步明确自2013年1月1日至2020年12月31日期间，福建省政府按照不超过内地与台湾地区个人所得税负差额，给予在实验区工作的台湾居民补贴，所得税补贴免征个人所得税。

（五）平潭对台小额商品交易市场税收政策

2013年，财政部批复平潭对台小额商品交易市场税收政策，同意对进入平潭对台小额商品交易市场的人员免税（包括关税、进口环节增值税、消费税），携带入境的台湾原产商品的总额为每人每日6000元；免税商品范围包括粮油食品类、土产畜产类、纺织服装类、工艺品类、轻工业品类和医药品类六大类，并明确上述税收优惠政策将在平潭对台小额商品交易市场建设完工正式实施。2014年平潭对台小额商品交易市场顺利通过海关总署验收，财政部决定自2014年6月17日起正式实施平潭对台小额商品交易市场的税收政策。

财政部等部委日前发布《中国（福建）自由贸易试验区有关进口税收政策》。其中，平潭税收优惠政策不变。

1. 中国（上海）自贸区已经试点的进口税收政策原则上可在自贸区进行试点。

2. 选择性征收关税政策在自贸区内的海关特殊监管区域进行试点，即对设在自贸区海关特殊监管区域内的企业生产、加工并经“二线”

销往内地的货物照章征收进口环节增值税、消费税，根据企业申请，试行对该内销货物按其对应进口料件或按实际报验状态征收关税的政策。

3. 在严格执行货物进出口税收政策前提下，允许在自贸区海关特殊监管区域内设立保税展示交易平台。

4. 在确保有效监管前提下，在自贸区海关特殊监管区域探索建立货物实施状态分类监管模式。

5. 自贸区内的海关特殊监管区域实施范围和税收政策适用范围维持不变。平潭综合实验区税收优惠政策不适用于自贸区内其他区域。

什么是“一线放开，二线管住”？

在《上海总体方案》中，国务院要求自贸区首先要加快政府职能转变，推进政府管理由注重事先审批转为注重事中、事后监管，在货物进出口方面，进一步要求海关要做到“一线放开，二线管住”。那么，什么是“一线放开，二线管住”？

海关总署加工贸易及保税监管司前司长张皖生说，所谓一线，就是货物从境外进入自贸区范围内，这个监管要放开，也就是说货物在这里可以自由出入，不缴纳关税；所谓二线，就是货物从自贸区进入国内其他地区，相当于从国外进口，这个要高效监管，依法纳税，否则容易给走私分子以可乘之机。

按照“一线放开”的原则，海关监管在原来的基础上进行了调整，允许企业凭进口舱单将货物直接入区，再凭进境货物备案清单向主管海关办理申报手续。

为提高货物在“一线”关口的通关效率，从货物卸船到运输再到转运的整个过程，海关大多不会干预，即使少数需要海关监管，手续也相当简化，以确保货物流通顺畅，也就是说，货物在自贸区内就相当于在我国的关区之外，进出国门是非常快捷的；货物在自贸区内可自由流动和买卖，并配合国际中转、国际配送、国际转口等业务进行多种形式的储存、展览、组装、制造和加工。

而在“二线”关口，也就是货物从自贸区进入境内其他地区时，海关在严密监管的同时，也创新了一些便捷通关手段，比如利用征信、抽检、跟踪等方法，强化事中和事后的监管，进一步加快通关效率，而不是过分严格地在事前就管住、管死。

四、港口经贸区块

距离平潭自贸办距离最近的区块是金井湾港口经贸园区，该园区以发展港口物流、商贸物流、金融服务和电子信息 4 大产业为主，培育孵化科技创新型企业和两岸青年创业项目的台湾创业园就位于此。

在港口开发和商务中心建设的基础上，港口经贸区块将发挥临近海上国际航线和对台航运主通道的优势，联动中央商务区、临港产业区和如意城社区，加快建设港口物流聚集区、商贸服务聚集区、电子产业聚集区等产业功能性平台，重点发展国际贸易、现代物流、商务服务和电子信息设备制造等，着力打造两岸自由贸易示范区、区域性综合保税产业示范区和两岸电子产业融合发展聚集区，并逐步向国际自由港拓展。

具体而言，港口物流聚集区，包括港务作业区、保税物流区、仓储加工区等，重点发展保税船舶登记、多式联运及保税物流，推动发展货代、船代、联运经纪和船舶保障服务，延伸拓展国际中转、货物集拼、分拨配送、保税仓储物流加工、过境运输。

现代服务业聚集区，依托商务营运中心、台湾创业园、世贸海峡城等，重点发展国际贸易和区域性总部，推动发展金融保险、展会创意、商务中介等现代贸易服务业，延伸拓展国际贸易展示交易、保税展示交易、保税融资租赁、保税期货交割、商业保理、大宗商品交易、转口贸易、离岸贸易、跨境电子商务、生物技术研发、文化创意等新兴业态，打造农林产品、酒类、文化产品等专业贸易平台。

高新电子信息制造聚集区，依托协力科技园、宸鸿科技园等，延展上下游产业链，重点发展显示器、集成电路、钟表、工程机械、医疗器械、健康产品、化妆品等，配套科技研发、软件设计、产品设计、移动通讯、数据中心、耦合装配等服务，延伸拓展消费电子产品、产业电子产品、医用电子产品、机械仪器仪表等。

港口经贸区共安排重点产业项目 11 项，其中保税物流园区建设方面，目前已引进利嘉物流园、吴钢现代大宗商品进出口仓储物流基地，华电 LNG 产业园，正在对接加拿大福建社团联合总会北美国际综合物流园、金井湾码头运营合作项目等。

电子信息产业园建设方面，依托宸鸿、协力等现有电子信息产业基础，引进川普科技、谊辉光电科技等龙头企业，延展上下游产业链，打造集研发、制造、封测于一体的产业集群。目前重点推动宸鸿科技扩大生产规模，协力科技加速投产，促成名芯半导体科技、川普科技、谊辉光电科技等项目建成运营。

科技孵化园区培育方面，依托台湾创业园为载体，加快建设步伐，加紧出台台创园入驻细则和相关扶持创业政策。

区域总部运营基地建设方面，加大商务营运中心建设力度，重点引进台湾百大企业、跨国公司 500 强、民企百强等知名企业在平潭设立区域运营总部。目前已签订框架协议的公司和项目包括年泰工贸营销总部、台达集团区域总部、华广生技中国总部、台湾化妆品 GMP 行业发展协会中国总部等。两岸货运重要通道建设方面，新开通平潭直达台湾的集装箱定点班轮航线。

加快推动保税展示交易平台、海峡两岸电商园跨境电子商务公共服务平台、海西进出境动植物隔检处理中心、平潭航运业回归工程等项目。

平潭港区是平潭综合实验区开发建设的重要依托，是海峡西岸经济区对台“三通”的主通道、主枢纽、主要口岸之一，是海峡两岸合作交流先行先试的重要平台。

根据 2012 年 4 月获得交通运输部审查通过的《平潭港区总体规划》，平潭港区作为福州港重要组成部分，将以发展对台客货滚装、集装箱、散杂货运输和邮轮经济产业为主，兼顾滨海休闲旅游，逐步发展成为客货兼备、功能完善、特色突出的现代化综合性港区。港区共规划为四个作业区：即金井作业区、澳前作业区、流水作业区和草屿作业区。

近期先行建设金井与澳前作业区，目前澳前作业区已建设完成。平潭港区各作业区功能定位如下：

1. 金井作业区主要以对台客货滚装、国际邮轮停靠和服务港口物流园区功能为主，重点发展海峡客运及车辆滚装、邮轮经济和多用途运输。

2. 澳前作业区规划依托近期平潭对台客滚运输码头、中心渔港及规划选址的支线机场，发展综合商贸、海产品加工及台湾农产品交易中心。澳前作业区重点发展旅游陆岛交通和渔业产业，可作为近期平潭对台客货滚装作业点。

3. 流水作业区建港条件相对薄弱，特别是起步工程投资较大，规划作为远景预留港口岸线。将根据未来平潭综合实验区的发展趋势和前期工作的进一步深入，合理确定其功能定位。

4. 草屿作业区，水域通航条件较好，天然掩护条件较好，具备良好的深水港址建设条件。草屿作业区将根据来平潭综合实验区的发展趋势和前期工作的进一步深入，合理确定其功能定位。

平潭到台湾本岛直线距离仅 68 海里，是大陆到台湾本岛最近的地方，对台货运港口区域优势十分明显。

金井作业区是平潭综合实验区重点港口建设项目，规划建设 9 个泊位，现已建成 2 号、3 号泊位并开港运营，其中 3 号泊位是平潭将投入运营的首个 5 万吨级兼靠 10 万吨级集装箱船深水泊位，金井作业区的开港将平潭港口发展带入新的阶段。4~5 号泊位建设正在推进，即将投产运营，6~9 号泊位也正在加快推进中。

五、高新技术产业区块

岚城片区地处平潭中西部，由原岚城、中原、平洋、幸福洋等四个组团建设指挥部合并组成，实施范围 15 平方公里。

园区的定位是两岸合作建设高新技术产业基地，联动平潭高铁中心站、中心商务区和科技文教区，加快建设研发总部聚集区、海洋产业聚集区、高端轻型制造聚集区等产业功能性平台。

岚城片区开发管理局招商处相关负责人告诉笔者，岚城片区将发挥原产地政策优势，重点发展海洋生物、医疗器械、包装材料和轻型设备制造等高新产业。其中，高新技术产业园区是岚城片区的重中之重。

岚城片区开发管理局相关负责人说，通过高新技术产业园区的建设可以促进产城联动，加强辐射周边的科技文教区，带动人才的集聚，同时也带动中心商务区下一步的发展。可以说，平潭片区岚城园区揭牌，对整个片区的发展将起到一个助推作用。

不仅如此，依托于岚城片区中心商务区和科技文教区，岚城园区未来在资金、技术和人才储备上将更加“近水楼台先得月”。而岚城园区处在实验区老城区的范围内，人流集聚，将提供更多潜在的劳动力和消费力。

（一）高新技术产业园区

一是建设医疗生技园区，目前台湾华广生技、乔本生技等医疗企业已经落户。

二是建设两岸合作高新园，借鉴上海张江科技园区、北京中关村等园区的经验，拟加快启动两岸合作高新园建设规划，探索“放权、放地、放利”的合作模式。重点布局发展电子信息、新材料、新能源、生物医药、服务外包等高新技术产业。

到 2015 年 4 月 21 日平潭自贸片区挂牌，高新技术产业园区共注册企业 203 家，其中内资 193 家，外资 10 家（台资 9 家，澳资 1 家）。行业分布为：建筑与制造业 22 家，高新技术业 31 家，金融业 33 家，贸易业 80 家，文化创意业 9 家，仓储物流业 13 家，服务业 15 家。

（二）新兴服务业聚集区

将大力引进涉外律师事务所、会计事务所、建筑师事务所等专业服务机构，以及金融、担保、咨询、评估、认证、知识产权代办等中介服务机构，为区内产业发展助力。重点发展现代物流、科技研发、信息服务、会展服务等新型现代服务业。

目前，已推动向台湾建筑业全面开放市场，台湾药师、高校教师均可直接执业，台湾律师事务所可以申请设立代表机构，并计划设立海峡两岸仲裁院。

（三）金融商务聚集区

以银行、证券、保险、信托、基金五大传统金融行业为主体，吸引创业投资、基金管理、大型企业财务公司等新兴金融机构，努力建成立足海西、辐射两岸、在全国有较大影响力的资本运营中心；重点发展总部经济、创新金融、跨境贸易电子商务等产业，注重引进台湾银行、设立两岸合资证券公司、推动台企在海峡股权交易中心挂牌交易、引导区内企业开展境外融资、培育离岸人民币回流、境内资金走出去双向通道，大力发展保税展示交易。

同时，区内将配套高端酒店、行政办公、休闲购物、文化娱乐为一体的城市综合体，打造具有国际水准，充满活力和魅力的城市综合服务高地。凝聚人气商气，为金融商务区的商务活动提供服务支持。

六、旅游商贸区块

“澳前旅游商贸休闲区”（以下简称“澳前”）是平潭着力打造的旅游集聚区、商贸集聚区。

2014 年 11 月 1 日，习近平主席调研时登上两岸直通客轮“海峡号”看望台胞的平潭海峡高速客运码头，就在此区块。目前，平潭直航台湾已超过 1000 航次。

澳前位于平潭岛东部澳前组团，北至澳前北路，南至山岐澳，东至坛南湾，西至寨山路，面积 12 平方公里。园区在澳前客滚码头、旅检大楼和台湾免税商品市场建设的基础上，发挥对台“窗口”和优质沙滩、岬角以及沙地等旅游资源优势，联动中心城区和平潭国际旅游开发，着力对接台湾旅游和旅游服务，加快建设滨海旅游聚集区、两岸旅游商贸聚集区、农渔产品加工聚集区等产业功能性平台，提升国际旅游服务水平，重点发展滨海度假、文体旅游、休闲养生、旅游购物等旅游产品，延伸拓展旅游高端业态。

2014 年澳前园区完成产业和公建投资 35 亿元。澳前也是平潭自贸片区距离宝岛台湾最近的园区，也是平潭国际旅游岛的核心区。澳前的主打产业包括 3 个：滨海旅游产业、旅游商贸产业、农渔产品加工产业。澳前片区开发管理局招商处副处长吴康告诉笔者，澳前区块以“高端旅游集聚区、对台商贸集聚区、共同家园生活集聚区”为战略定位，依托平潭自贸区的优势，带动整个澳前区块的发展。

笔者在澳前片区了解到，平潭·台湾商品免税市场、澳前客运码头“海峡号”、海坛古城可以说是澳前几个重要的对台名片。

平潭·台湾商品免税市场是大陆第二个对台小商品免税交易市场，到 2015 年年初，已有 170 多家商户入驻，其中台湾商户约占 60%。自 2014 年 6 月至 2015 年 6 月 30 日，免税市场累积进口台湾商品 6470 万美元，累计销售额约 3.7 亿美元。目前台湾 22 个县市中已有 10 个县市在该市场开设台湾县市主题馆。未来，澳前将进一步培育发展台湾免税商品市场。

据了解，进入免税市场的人员每天可免税购买不超过 6000 元人民币的台湾商品，即原产地为台湾的粮油食品、土产畜产、纺织服装、工艺品、轻工业品、医药品等六大类商品。

此外，“海峡号”“丽娜轮”为两岸同胞往来提供快捷航线，“台福 8 号”实现常态化运营；2015 年 3 月 17 平潭海关成功完成首票从台湾到平潭的海运快件试点测试。下一步，将适时增开航线、航次，进一步培育“小三通”集装箱货运航线，启动台车入闽试点，加快推进平潭海运快件中心、平潭对台邮件处理中心建设，率先试点海运快件国际和台港澳中转集拼业务，积极培育发展“平潭—台中—台北—欧美”邮、快件海空多式联运渠道。

滨海旅游产业是平潭打造国际旅游岛所依托的一个重要产业。开展旅游项目招商，是目前澳前片区一个发展重点。目前，海坛古城建设是其的重要项目，是集“吃、住、行、游、购、娱”全功能宜商宜居的大型旅游文化综合体，已试营业。

国际体育赛事，是平潭的特色旅游产品，如平潭国际风筝冲浪、横渡海峡、国际环岛自行车赛、两岸马拉松赛等体育赛事影响力日益扩大。在此基础上，平潭将拓展文化体育竞技功能，争取网球、高尔夫、赛马等国际体育赛事在平潭落地，延伸旅游相关产业，依托“美丽之冠”等高端国际酒店，提供更为优质的旅游服务；重点开发免税购物、医美养生、体育竞技、极限探险、主题公园等特色旅游产品。

平潭还在积极争取离岛旅客购物免税、境外旅客购物离境退税政策；推动实施部分国家旅游团入境免签政策，率先试点为大陆居民在平潭异地办理赴台旅游出入境手续。

2015 年 6 月 2 日，国家税务总局制定并发布的《境外旅客购物离境退税管理办法（试行）》施行，在全国符合条件的地区实施境外旅客购物离境退税政策。

据了解，平潭区内的企业也可以申请成为退税商店，未来境外游客有望在岚享受购买退税物品按 11%的退税率退还增值税。

服务小达人

海南国际旅游岛部分政策

离岛旅客中的岛内居民每个公历年度最多可以享受1次离岛免税购物政策，非岛内居民最多可以享受2次离岛免税购物政策。

离岛旅客每人每次免税购物金额累计限人民币8000元（含8000元）。此外，离岛旅客在按规定缴纳进境物品进口税的条件下，每人每次还可以购买1件单价8000元以上的商品。

离岛旅客免税购物限额中如有剩余（或未使用），可在征税购买单价8000元以上商品时，予以一次性调剂使用，海关以“离岛免税商店商品零售价格减去剩余免税限额”作为完税价格计征税款。未使用剩余免税限额的，海关以离岛免税商店商品零售价格作为完税价格计征税款。

离岛旅客仅购买1件8000元以上的商品，海关以“离岛免税商店商品零售价格减去8000元”作为完税价格计征税款。

应征税额在人民币50元以下（不含50元）的予以免征。

乘船去台湾旅游每月六航班不受赴台配额限制

以往需回原籍办理的台胞证，现在平潭就可以办理。据最新政策，从平潭搭乘高速客滚船去台湾，每月有6艘次航班不受配额限制，可实现3~5个工作日办好入台证。游客去台湾游玩，将不用再为办理入台证烦恼，真正来一场说走就走的旅行。不过该政策目前只针对旅游团体开放。

七、台湾创业园 两岸创新创业示范基地

台湾创业园是港口经贸区城的重要项目。台湾创业园以搭建两岸产学研交流合作平台、集聚两岸创新创业人才、促进科技成果产业化为目标，发挥实验区特殊政策优势，激励创业、扶持创新、培育创意、推动创造，努力打造台湾元素凸显、独具特色、充满活力的两岸创新创业示范基地。

园区划分为4个功能区，分别为台湾高新技术成果育成中心（产业孵化）、台湾青年大学生创业示范基地，台湾企业大陆区域总部、区域营销中心，台湾高端设计服务、企业技术研发中心，两岸文化创意、跨境电子商务等产业。据了解，进驻企业还可以获得创业园扶持政策。

2014年6月，平潭已出台《关于支持台湾创业园发展的若干政策（试行）》，将从资金扶持、贷款贴息、场所租金等方面给予支持。为了进一步支持台湾创业园发展，近期，平潭综合实验区管委会将出台具体细则，加大对入驻园区企业扶持力度。

对于企业来说，融资难是发展瓶颈。平潭依托台湾创业园为载体，借助“两基金一担保”，即“雏鹰基金”和“雄鹰基金”及平潭综合实验区信平创投担保，来推动意向企业落地，培育孵化科技创新型企业和两岸青年创业项目。基金总规模约10亿元，以孵化和培育创业企业在平潭落地发展，主要解决企业创业融资困难的问题，培育和扶持新兴中小企业发展。

八、两岸医疗合作迎来机遇

平潭自贸片区最大亮点，就是稳打“对台牌”，不少台湾医疗机构

闻风而来，纷纷进驻平潭。福建省平潭综合实验区社会事业局卫生处处长许旺平告诉笔者，由中福海峡（平潭）发展股份有限公司（以下简称“中福海峡”）作为社会资本方与台资合作的平潭耳鼻喉医院、平潭口腔医院、平潭美容医院及平潭康复医院共4家专科医院已获医疗机构设置批准书，将在3年内完成医院筹建。

据了解，目前平潭综合实验区管委会已经拿出40余亩土地用以支持口腔医院和耳鼻喉医院建设。

“台湾在美容、口腔、耳鼻喉等领域的医疗技术水平世界领先，这4个专科填补了平潭医疗领域的空白。”许旺平说。实际上，近两三年，平潭一直在积极推动台资医疗机构入驻。但受到两岸医疗政策不能对接等因素影响，此计划一直未能有实质性进展。

业内人士认为，两岸健保体系不互认，这是最重要的一个原因；此外，按照相关政策，台湾的药品和医疗器械不能进入大陆的医疗机构使用。而台湾医生到大陆执业最大的问题是对大陆的药品和医疗设备参数不熟悉。同时，台资医疗机构也面临社会资本办医普遍遇到的职称评定难，医务人员社保、养老保险等不能享受与公立医院同等待遇等一系列问题，也在一定程度上遏制了台资进入内地的热情。

据了解，台湾医生的工资显著高于大陆，也使得办医成本提升，即便是在内地的台资独资医院，也基本不会全员聘用台湾医务人员的，以国内知名的厦门长庚医院为例，大部分医务人员来自中国内地。

福建省相关部门允许在台取得正规学历并符合有关条件的台湾地区居民参加内地医师资格考试，允许符合条件的台湾地区医师获得内地医师资格认定。截至目前，福建省已认定台湾医师申请大陆医师资格1000多人次。

据了解，上述4家拟建的专科医院中，台方输出技术和管理，中国内地社会资本方投入基建等硬件设施，其中后者持较高比例股比。4家医院均定位为中高端。针对两岸健保体系不能互认、台湾药品和医疗器械不能进入内地医院的现状，平潭已经向福建省相关部门提出建议。这意味着，福建或将成为大陆与台湾医疗合作的突破口。

除了引进台湾领先的技术外，许旺平认为，台湾的医疗管理理念也可以为大陆所吸收，如绩效考核体系。“台湾的绩效考核体系，通过杠杆调节作用，使得科室人员的价值发挥最大。”此外，其信息化等管理模式也是平潭可以借鉴的。

自贸区给两岸医疗合作带来了机会，但许旺平说，台资并不热衷于举办大型综合医院，而对专科医院及个人诊所热情很高。

按照福建省出台的社会资本办医的相关政策，鼓励和支持台资在内地独资举办个人诊所及门诊部。这将使得未来几年，福建省或将迎来台资办个人诊所、专科医院的高潮。

据了解，两岸公私合作办医的模式也在平潭开始探索。2014年8月，平潭县中医院确定与台湾桃源县魔镜诊所合作经营血液透析医疗项目。目前血液透析科室即将开始运作。

此外，平潭国德医疗科技有限公司将与台资合作，在平潭投资建血液中心，目前已经进入装修筹备阶段。许旺平说，充分发挥台湾医疗的特色，让医疗形成产业化，并推向社会。未来，与医疗合作相配套政策也将随着试点的推进陆续推出。未来，还将医疗行业的研发中心、生产基地引入内地。

平潭综合实验区成立5年多来，一直在积极推动两岸医疗、教育、文体的全面对接融合，探索两岸交流合作的新模式，逐步构建台湾民众的“第二生活圈”。早在 2013 年 1 月，平潭县医院与台湾新光吴火狮纪念医院合作开办肿瘤放射治疗中心。而随着自贸区的获批，在“建设两岸共同家园”的目标下，平潭将加速两岸医疗领域的合作与融合。2011 年 3 月上旬，福建医科大学附属协和医院与福建省卫生厅、平潭综合实验区管委会签订了医疗卫生战略合作协议，福建医科大学将在平潭设立分院—平潭协和医院。目前医院即将交付使用。

福建自贸区获批后，加强两岸医疗合作是福建自贸区打造两岸服务贸易示范区的重要举措。那么对平潭来说，有哪些具体政策？

支持自贸区在框架协议下，先行试点，加快实施；对符合条件的台商，投资自贸区内服务行业的资质、门槛要求比照大陆企业；进一步优化从台湾进口部分保健食品、化妆品、医疗器械、中药材的审评审批程序。

2015 年 6 月 12 日，入驻平潭片区的台湾医疗器械企业殷富瑞得贸易有限公司（或一家台湾医疗器械企业）在福建省食品药品监督管理局提交了申请材料，这意味着福建正式开始受理部分涉台“三品一械”产品的审批、备案事项。

国家食品药品监督管理总局已同意将在台湾地区已上市 20 年以上的台湾产中药材注册申请的受理和审批，委托福建省食药监局实施；同意将台湾产的部分第一类医疗器械产品备案委托福建省食药监局实施，同时对委托备案的产品实行目录管理。

随着 2015 年 10 月台湾威尼斯药厂有限公司生产的创可贴在福建备案成功，作为首个在省一级成功备案的台湾第一类医疗器械产品，在取得相关凭证后，该产品即可在中国内地销售。

根据《国家食品药品监督管理总局关于福建省涉台审评审批事项的

批复》和《福建省食品药品监督管理局开展台湾地区产部分第一类医疗器械备案工作方案》两个文件，企业可根据情况自行选择向国家食品药品监督管理总局或者福建省食品药品监督管理局办理第一类医疗器械备案。

首批试点的第一类医疗器械有 27 个品种，包括听诊器、拔罐器、刮痧板、防褥疮床垫、创可贴、妇科检查垫等。申请者需具备以下条件：第一，申请的产品必须是台湾原产并获得台湾食品药品监管部门批准上市；第二，备案人应通过其在福建省的代表机构或企业法人向福建省食品药品监督管理局提出备案申请。

这项政策的发布，标志着福建成为国家唯一一个获得对台湾部分进口“三品一械”产品进行审评、审批和备案权限的省份。而此前，台湾医疗器械要到大陆经营销售，需要到北京备案，审批时间可能长达两年。

据了解，福建已经成立药品审批中心，来承接这项新职能，福建省食药监局行政服务大厅也已专门开辟窗口进行受理。到年底，福建省将实现对这些进口产品全品种、全过程的电子监管。届时，消费者通过扫码就能查询进口产品的产地。

福建也将加强对所审批产品的监管，做到“放得开，管得住”。未来，国家可能继续向福建下放台湾产化妆品、保健食品的审批备案权限。

服务小达人

台资、台湾人如何在内地办医执业?

现在台湾企业只要材料齐全，到福建省食药监局可以当场备案并获取相关许可证。在福建获得审批的台湾企业，经营销售范围可以辐射大陆各个省份。

允许符合规定的持台湾方面身份证明文件的自然人参加护士执业资格考试，考试成绩合格者发给相应的资格证书，在证书许可范围内开展业务。

允许台湾地区其他医疗专业技术人员比照港澳相关医疗专业人员按照大陆执业管理规定在自贸区内从事医疗相关活动。

允许取得台湾药剂师执照的持台湾方面身份证明文件的自然人在取得大陆“执业药师资格证书”后，按照大陆《执业药师注册管理暂行办法》等相关文件规定办理注册并执业。

台湾人可在大陆参加执业医师、执业护士、执业药剂师资格考试，并在大陆执业。

第 5 节　企业案例

——平潭宸鸿科技率先享受政策红利

宸鸿科技 2013 年落地平潭，总投资约 30 亿元人民币，是平潭综合实验区成立以来注册资本和投资额最高的外资企业。2014 年的 2 月 28 日，平潭行政服务中心开辟行政审批“绿色通道”，当场受理宸鸿科技（平潭）有限公司报批手续。2013 年 2 月 28 日，宸鸿科技园区正式动工，开始打桩施工。时隔一年多，2014 年 8 月 25 日，台资企业宸鸿科技集团平潭园区就正式启用，于 9 月份开始试投产。

作为全球最大的触摸屏制造商，宸河鸿科技平潭园区正式启用，标志着平潭综合实验区突破区域限制，对全球高科技产业链的核心资源进行整合迈出了实质性的一步。

宸鸿园区落户于金井湾组团，兴建 5.5 代投射式电容触控感应器厂，包括 3 栋厂房，建设面积约 20 万平方米。园区主要从事各类光学玻璃、导电和非导电玻璃、触控屏电路玻璃及其他相关制品、触控显示器、触控系统、触控组件、触控屏幕、触控技术应用软件、硬件、触控相关周边配件、触控产品相关塑胶组件等的开发、生产。

作为全球领军企业，宸鸿科技对于平潭加快培育实验区高新技术产业具有产业带动效应。

宸鸿科技作为平潭重点引进的产业项目之一，早在 2013 年实验区封关之前即提前享受封关的政策红利，一期项目进口设备享受到 1.4 亿元的退税。2014 年 6 月 11 日，财政部、海关总署、国家税务总局联合发布《关于横琴平潭开发有关增值税和消费税政策的通知》指出，在增值税和消费税退税政策方面，内地销往平潭与生产有关的货物，视同出口，实行增值税和消费税退税政策。

2015年7月15日正式封关运作后，平潭成为全国面积最大、政策最优的特殊监管区域，企业将全面享受各种政策福利，国家赋予的免税、保税、退税以及选择性征税等优惠政策全面落地。8月，平潭国税局成功办理封关后退付的第一笔入区货物退税款，退款金额为58119.66元。这也是平潭退税政策落地后的首笔退款。该批内地入区报关货物为宸鸿科技（平潭）有限公司向东莞购进的40万元生产设备，享受到5.81万元退税。企业取得相关单证后，便及时提交退税申报资料，平潭国税局按照过渡期退税办法，及时审核“两单一票”，即纸质报关单、进境货物清单和增值税专用发票，两日后及时为企业成功退出首笔入区货物退税款。

已量产的宸鸿科技（平潭）有限公司是目前平潭封关运作最大的受益者之一，在平潭可享受进口生产设备免税、基础设施建设物资免税、生产材料保税等政策，仅到封关运作百日时，宸鸿科技仅增值税就减免了25138577美元，减轻了企业税负压力，降低了生产成本。

据了解，截至2015年6月，宸鸿科技（平潭）有限公司入区退税数额达到756.43万元。2015年上半年，宸鸿科技（平潭）有限公司获得了654.46万元的入区退税，其中包括312.09万元的入区货物退税和342.37万元的入区电力退税。

平潭国税局副局长潘奋农介绍，宸鸿科技（平潭）有限公司在入区电力上可享受17%的退税，而在入区货物上，根据国家相关规定宸鸿科技（平潭）有限公司可享受不同额度的退税，最高达17%。

“宸鸿科技购买的器械一般是国家扶持的高科技产品，通常可享受到 11%、15%甚至 17%的入区退税。”潘奋农说。

据了解，现在入区电力退税基本实现次月到款，这对于企业的资金流转很有帮助。在其他保税区可能有类似的福利，但是返还时间没有这么快。此外，企业购入电力应纳增值税税率为 17%，而宸鸿科技（平潭）有限公司在入区电力上享受 17%的退税，相当于说，在入区电力的使用上宸鸿科技是免税的。

公开资料显示，平潭厂园区是宸鸿科技集团第 11 个厂区，也是目前宸鸿科技集团中规模最大的一个厂区。

第6节　自贸区观察
——多轮驱动的福建自贸区

一、平潭更容易画出最新最美的图画

按照福建自贸区总体方案，平潭的功能定位重在对台合作，重点建设两岸共同家园和国际旅游岛，在投资贸易和资金人员往来方面实施更加自由便利的措施。

福建自贸区平潭片区实施范围43平方公里，包括3个功能区，分别是金井湾港口经贸园区、岚城高新技术产业园区和澳前旅游商贸休闲园区。

“自贸区对整个平潭的开放开发可以形成一个倒逼机制，尤其在体制机制方面。所以我们现在工作重点除了国家赋予平潭的特殊政策外，更多的精力是放在制度创新方面。”福建省副省长郑栅洁向笔者表示。

如今，平潭迎来了综合实验区与自贸区两个政策叠加的发展时期。

“自贸区是制度创新的高地，与平潭既有的综合实验区‘政策洼地’的优势叠加起来，不是1加1等于2，而是乘数效应。”平潭片区管委会相关负责人说。

平潭综合实验区设立至今，经过5年的开放开发建设探索与实践，平潭在对台先行先试方面打下了良好的基础，聚集了相当多的台湾因素，如两岸海上客运的主通道、对台金融合作、两岸通关合作、台湾高新技术产业、服务贸易产业等高端产业在平潭落地。

如在医疗领域，探索在平潭小额自由贸易区内制定“三品一械”（药品、保健食品、化妆品和医疗器械）流通的负面清单，单这项政策就比其他地方开放的尺度更大。

今年年初，国家食品药品监管总局拟准许台湾生产的部分台湾中药材、中药饮片（中药配方颗粒）进入平潭对台小额商品交易市场，并对原产台湾非特殊用途化妆品实施备案政策倾斜，委托福建省食品药品监督管理局开展原产台湾第一类居家使用型医疗器械的备案工作，同时将在平潭综合实验区开设受理窗口，推动原产台湾部分中药材、中药饮片、非特殊用途化妆品及第一类居家使用型医疗器械的特殊监管政策在平潭先行先试。

“自贸区试验过程中肯定会遇到一些综合性的问题，别的地方不能试，但平潭可以继续试验。这是政策叠加的结果。”

而此前备受关注的两岸服务贸易协议，在大陆推出的80多项措施中，有十几项是为福建省量身定制的。

但综合实验区设立至今还不足5年时间，平潭开发建设任务依然艰巨。笔者在平潭实地采访中看到，三个园区不少项目都在加紧填海施工。

“四大自贸区总体上都是为新一轮扩大开放服务的，平潭开发与开放的任务相辅相成。但相比其他自贸区，平潭的开发任务更重。”相关负责人说。

事实上，2011年以来，平潭以超常规速度推进着平潭的开发建设。《平潭综合实验区总体发展规划》发布之时，时任福建省委书记孙春兰曾表示，“要举全省之力支持平潭综合实验区开发开放”。按照福建省当初提出的计划，要用20年时间再造一个厦门。

按照规划，2011 年平潭将完成投资 300 多亿元，“十二五”期间，平潭将投资 2500 亿元。彼时，“一天一个亿、一天一个样”的平潭速度。

据报道，从 2011~2013 年，平潭在基建的投资总数约为 1000 亿元，2014 年平潭计划投资超 400 亿元。

按照福建省下发的《关于深化对台交流合作推动平潭科学发展跨越发展的意见》，从 2014 年起的五年内，平潭综合实验区 GDP 年均增长要达到 20%左右，全社会固定资产投资累计新增 3000 亿元。

事实上，在 2009 年之前，平潭的发展还长期处于经济发展基础比较薄弱、产业支撑能力相对不足的状态。

据了解，平潭原来的产业结构主要包括远洋渔业、航运、工程建筑业、房地产业、造船业等。其中，工程建筑业中的隧道工程，平潭企业承揽的工程总量占全国 70%的市场份额。

综合实验区建设之后，高新技术产业成为平潭的主要发展方向之一，积极对接台湾产业，宸鸿科技、台达电子、冠捷科技等知名台资企业纷纷落地平潭。

此外，对台服务贸易业中，特别是中小额贸易是平潭明显集中的版块。滨海旅游产业、两岸金融合作领域等都取得了进展。

近两年，平潭还积极推动台资银行在平潭设立分支机构，推动设立闽台合资全牌照证券公司、闽台合资有限责任制银行；推进赴台发行宝岛债，支持两岸金融机构和企业合作。

“其他片区是很多项目等待政策的创新，但平潭是很多政策要找‘载体’来实验。”但前述负责人认为，平潭的产业基本上是一张白纸，也正因为此，更容易画出最新最美的图画。

“平潭没有化解产能的压力，也没有打造产业链的压力，未来就可以重点朝着新兴产业、新兴业态去发展，比如离岸贸易、服务外包、电商、互联网金融、旅游、航运服务、两岸教育医疗合作等。”

笔者注意到，在《总体方案》中有相当大的篇幅是为平潭量身打造的，平潭被赋予了更多的开放开发任务，包括推进服务贸易自由化、推动航运自由化及建设国际旅游岛。

平潭也遇到了其他自贸区普遍遇到的问题，比如人才短缺。自贸区强调法治先行，而平潭作为福建省的派出机构，在某些方面行使设区市的管理权限，但立法司法、仲裁调节等机制还不建全，这将在一定程度上影响改革的进程和成果。此外，产业发展需要的综合性的环境，不是一蹴而就的，还需要一个过程。

不过在体制机制创新上，平潭也有其他片区所没有的优势，比如平潭扁平化的政府架构，管理层比较少，互相的制约牵制就会少。在部门并联审批的时候，这是一个优势。

此外，在口岸创新方面，平潭作为全国最大的海关特殊监管区，信息化技术应用也是最先进的监管区。对台方面，平潭正在发挥主通道、主平台、主阵地的作用。

在该负责人看来，平潭要进行的是非对称的改革、非对称的发展，而不是面面俱到。什么东西是平潭最急需、最容易出成效的，平潭将重点推进。

“如今的平潭，机会更多，明天更好，服务正在努力完善。”该负责人说。

二、福建自贸区 政策叠加效应明显

实际上，除平潭片区外，福州片区也迎来了政策叠加的优势。

2015 年 9 月 9 日，中国政府网发布《国务院关于同意设立福州新区的批复》，国务院正式批复同意设立福州新区。福州新区因此成为 2015 年国务院批准设立的第 3 个国家级新区，也是中国第 14 个、福建省首个国家级新区。

根据批复，福州新区被定位为两岸交流合作重要承载区、扩大对外开放重要门户、东南沿海重要现代产业基地、改革创新示范区和生态文明先行区。

至此，福州成为自贸区、国家级新区、海丝之路核心区、两岸经济合作示范区四区叠加的重点开放区域。

据了解，福州自贸片区先试先行的诸多政策将被推广到福州新区；而福州新区将自贸区纳入其中，新区的发展也将促进自贸区的成长。

同时，按照福州市的规划，2016 年是福州的“新区建设年”，将推进福州新区与平潭一体化联动发展，加快形成政策共用、利益分享的互利共赢合作机制。目前福州新区内已经形成了电子信息、机械制造、纺织化纤、轻工食品、冶金建材、石油化工、生物医药、电力能源八大产业集群。福州新区与平潭的联动，将使福州与平潭，乃至与台湾的产业对接上，有了更大空间。

尽管福州新区已经囊括福建自贸区的福州片区，但平潭自贸片区现行的最惠税收政策、便捷贸易通关手续等多项对台优惠措施，乃至全国各地的开放经验，都将有可能移植到福州新区先行先试。同时，未来福州新区的优惠政策可以辐射至平潭，承接、放大平潭综合实验区功能，两者将能够互相促进，在发展中实现“双轮驱动”。

对企业来说，这意味着，福州自贸片区内的企业，在多重政策红利的叠加下，将更具发展活力。而平潭与福州的联动发展，也将给身处两个自贸片区的企业带来新的机遇。

事实上，福州、平潭两个片区的多重政策叠加，也是福建发展所面临的机遇期的缩影。

福建省省长于伟国于2015年10月曾表示，目前福建迎来了难得的历史机遇，可概括为“五区”叠加优势。这五区分别是全国文明示范区、平潭综合实验区、海上丝绸之路核心区、中国（福建）自由贸易试验区，以及新获批的福州新区。福建由此成为现阶段大陆最具竞争力和投资优惠的省份之一。

与上海、广东、天津三个自贸区相比，福建自贸区体量小、基础弱、区域辐射能力不足，要奋起直追必须争当改革创新的高地，进行体制机制的创新。福建正在加快形成一批具有福建特色、能在全国推广的创新做法，同时加快形成发展功能。

挂牌近一年，福建自贸区所承担的186项重点试验任务已实施145项，41项正在全力推进。制度创新释放发展红利，截止到2016年1月底，福建自贸区共新增企业16201户，增长4.78倍；注册资本3189.16亿元，增长8.83倍。

在此背景下，福建自贸区要建设成为制度创新的试验田，深化两岸经济合作的示范区和建设21世纪海上丝绸之路的核心区的目标，是令人期待的。

参考文献

[1] 卢国能．浅谈中国自由贸易区（FTZ）的类型及其发展．经济研究导刊，2010-09-25.

[2] 杨伟东，孙洪刚，曹双玺．特殊监管区域监管模式的有效运作．中国检验检疫，2011-01-10.

[3] 张亚楠．进出海关特殊监管区域货物退（免）税政策与申报．中国税务，2012-11-01.

[4] 谢卫群．上海自贸区会是什么样？人民日报，2013-10-14.

[5] 上海自贸区实用36问．中国经贸，2013-12-01.

[6] 张飒，葛佳，陈月石．自贸区内个人境外投资大门打开 操作细则“很快发布”．东方早报，2013-12-03.

[7] 本刊编辑部．解码央行30条．中国外汇，2013-12-15.

[8] 上海自贸区投资办事指南．创新时代，2013-12-20.

[9] 尚启．中国人民银行关于金融支持中国（上海）自由贸易试验区建设的意见．上海企业，2014-02-10.

[10] 高山．南沙金改意见最快下周发布．上海证券报，2014-11-25.

[11] 李婧暄，穗金融宣．探索人民币资本项目可兑换．广州日报，2014-12-16.

[12] 杨柏，邹蓝．中国自贸试验区的溢出效应．深圳商报，2014-12-29.

［13］杨群，王燕．上海自贸区进入“金改 3.0 版”．解放日报，2015-02-13.

［14］潘之怡．上海自贸区推进人民币资本项目可兑换．期货日报，2015-02-13.

［15］颜剑，王媛．自贸区境外融资大松绑．上海证券报，2015-02-13.

［16］赵晓娜，统筹，吴哲．广东自贸区将建设成粤港澳深度合作示范区．南方日报，2015-04-21.

［17］沈则瑾，张忱．沪自由贸易账户外币服务功能启动．经济日报，2015-04-23.

［18］肖林．肖林详解上海自贸区深改方案：更广领域实现改革开放新突破．东方早报，2015-04-27.

［19］张玮，穆玉洁，邓红辉，谢思佳，郭其龙，吴哲．平均每个工作日新增企业约 100 家．南方日报，2015-04-28.

［20］邵芸．自贸区扩容抬升“改革高地”．中国金融家，2015-05-15.

［21］打造融资租赁业“南沙标准”．广州日报，2015-07-01.

［22］崔昊．上半年 1594 家企业入驻厦门片区．厦门日报，2015-07-06.

［23］方辉，孟庆伟．负面清单无先例 自贸区管理层临考．中国经营报，2015-07-13.

［24］夏斌．人民币国际化与经济转型要合拍．小康（财智），2015-08-21.

[25] 吴哲．广东自贸区通关时效提高 50%以上．南方日报，2015-08-25.

[26] 肖林．建设开放度最高的自由贸易试验区．科学发展，2015-10-20.

[27] 前海综合试点管理办法 重点扶持金融物流公益性项目．广东省政府门户网站，互联网文档资源（http：//www. 360doc. co），2015.